金融自由化と
金融政策・銀行行動

斉藤美彦

日本経済評論社

はしがき

　本書は私にとって3冊目の単著となる。もし私の著作の熱心な読者（そんな読者を想定することは難しいが）が本書を見たとしたら若干の違和感を抱くのではないだろうか。斉藤某という著者はイギリスの金融の研究者ではないのかと。これまでの単著2冊はイギリス金融関連のものであり、近年有難いことに原稿を依頼されることが多くなっているが、それはほとんどイギリス関連のものである。

　一方、本書は、私が大学を卒業してすぐに務めた金融関係の業界団体での勤務によりえられた日本の金融に関する知識とその過程で教えられたり自分なりに考えたことおよびその後の証券関係の研究所勤務、大学での勤務の過程で考えてきたことが反映したものである。本書第5章の初出は1992年に出版された『証券研究』であるが、これは1990年頃に全国銀行協会連合会（現全国銀行協会）勤務時代に日本証券経済研究所の現代金融研究会で報告を行ったのをベースにしたものである。この研究会で初めて大先生方を相手に報告した時の緊張感は今でも忘れられない思い出である。その他の本書の論文は、私の経歴を知る人から論文集のお誘いを受けたり、注文原稿ではなく比較的に自由にテーマが選べる大学紀要等の論文を加筆訂正のうえで一書としてまとめたものである。

　本書は3部構成となっており、第Ⅰ部は近年の日本の金融政策をめぐる論争について、内生的貨幣供給説と外生的貨幣供給説との対立として捉えれば、その焦点が見えやすくなるのではないかとの思いから執筆した第1章とそれをもとに実際の近年の金融政策を分析した3章（第2・3・4章）からなっている。ここでは、ベースマネーの供給を金融関係の始点と捉える考え方を批判し、銀行を預金を集め貸出す金融仲介機関と捉える考え方を批判している。ベースマネー供給をすれば勝手に一定と規定されている信用乗数倍のマネーサプライが

形成されるとの考えはいわゆる「量的緩和」政策の失敗により明らかになっていると思えるのだが、通説の座からは降りてはいないようにも思われる。なお、本書第4章は初出時において陳迅君（獨協大学大学院生）との共著で発表したものであるが、論文内容についてはファーストオーサーの私が責任をもつものであり、本書収録にあたっての加筆訂正についても私の責任において行ったことから、陳君本人の了承をえた上で本書に収録したことをお断りしておきたい。

第Ⅱ部は、かつては非常に安定的に思えた日本の金融規制、金融構造（専門金融機関制度）が金融自由化の進展の過程、バブルの形成と崩壊の過程でどのように変化していったかを分析したものである。私が大学を卒業して全国銀行協会連合会に就職したのは1979年のことであるが、当時は日本の金融が現在のような姿になるとはまったく想像できなかった。成功の要因となったものが変化を遅らせ失敗の原因となったということがうまく描けていたらばと思っている。そしてその変化の底流をより大きな視点で分析することの重要性は認識しているつもりである。

第Ⅲ部は、中央銀行、金融政策、銀行行動といったものを考える際のベースとなる理論において私がどのような見解をもっているのかを明らかにしたものである。これについては論争提起的な部分もあるが、それは理論分野で従来見落とされてきた部分を指摘したという面があればよいのではないかと考えている。

本書の内容についてここでこれ以上立ち入ることはしないが、自分なりに読み返してみて吉田暁先生の影響をいかに大きく受けているかということを再確認させられた。私が大学を卒業して勤めた全国銀行協会連合会で直属の上司（調査部長）として御指導いただいて以来、ずっとお世話になり続けである。本書の発想の根源はどこにあるかに興味をもたれた読者には、同じく日本経済評論社から2002年に出版された吉田暁先生の『決済システムと銀行・中央銀行』を一読されることをお勧めする。本書は、単に吉田先生の影響を受けているだけでなくほんの少しだけでも独創性が加わっていればよいと念願しているが、その評価は読者に委ねたいと思っている。もちろん、思わぬ間違いもある

かもしれないが、それは専ら私の責任であることをお断りしておきたい。

　本書は、前記のような通説的見解、すなわちフィリップス的信用創造論を否定し、金融関係の始点を民間非銀行部門の資金需要に応じて銀行が貸出を行うこととし、これが預金の創造により行われることを強調している。そう捉えるならば銀行とは決して預金を集めて貸出す単純な金融仲介機関ではないのである。実は優れた銀行家、中央銀行家は銀行を預金を集めて貸出す単純な金融仲介機関とは捉えていない。しかしながら通説は、それが一般的な感覚とも合致することから頑強であり、その壁は思いのほか厚い。私が10代末の頃から20代にかけて非常に大きな影響を受けた吉本隆明氏は、『言語にとって美とは何か』（1961年、勁草書房）の「序」や「あとがき」において当時優勢であったプロレタリア文学理論への勝利を高らかに宣言していた。私にはとても吉本隆明氏のような自信はもてないし文学理論のその後の展開に十全の知識をもっているわけではないが、本書が少しでも通説的見解、主流派的見解に打撃を与えることができたらと念願している。

　それはともかくとして1999年に日本経済評論社から2冊目の単著を出版してから約7年が経過した。もう少し早く3冊目を出せなかったのかとの思い、天命を知るといわれる齢を超えてまだ単著3冊かとの思いもある。年齢的に引き受けなければならない仕事も多くなってくるとはいえ、それを怠惰の言い訳としてはならない。研究への強い思いがなければそこに待ち受けているのは「研究者としての死」であろう。そうならないために一層の研鑽が必要とされることはわかっているつもりではいる。まだ大丈夫との思いもある。巨匠に決してなれない私のような研究者はまだまだ走り続けなければならないのであろう。

　なお、最後になったが専門書の出版事情が厳しい折、本書の出版を快くお引受けくださった日本経済評論社の栗原哲也社長および編集の谷口京延氏に心からのお礼を申し上げたい。また、現在の職場である獨協大学からは本書の出版に際して助成金（獨協大学学術図書出版助成費）をいただいた。関係者の皆様に感謝したい。

　　　　　　　　　　　　2006年7月　印西の自宅にて　　斉藤　美彦

目　　次

はしがき　i

第Ⅰ部　金融政策の理論と実際

第1章　内生的貨幣供給説としての「日銀理論」
　　　──「量的緩和」論批判に至る系譜── ……………3

　Ⅰ　はじめに　5
　Ⅱ　マネーサプライ論争における翁説　6
　Ⅲ　ゼロ金利政策時における「量的緩和」論批判　8
　Ⅳ　「日銀理論」の系譜　13
　　（1）　横山説　13
　　（2）　外山説　23
　　（3）　西川説　25
　Ⅴ　おわりに　29

第2章　バブル期の金融政策 ……………33

　Ⅰ　金融政策の目的と手段　35
　　（1）　日本銀行法の改正　35
　　（2）　中央銀行の独立性と物価の安定　35
　　（3）　準備預金と銀行預金の関係　37
　　（4）　日本銀行による準備供給の姿　37
　　（5）　金融政策の手段　39
　Ⅱ　自由化と金融政策における変化　41

(1) 金融政策の実際の変化　41
    (2) 準備預金制度の存在の重要性　42
  III バブル期の金融政策と日本銀行の責任　43
    (1) 円高不況懸念と低金利政策　43
    (2) 銀行行動の過熱を抑制できなかった金融政策　45
    (3) 対外均衡優先のツケ　47
    (4) バブル崩壊と金融政策　47

第3章　1990年代の金融政策
　　　　──ゼロ金利政策の採用に至るまで──　……………51

  I　はじめに　53
  II　操作手段と操作目標　54
  III　中間目標と最終目標　61
  IV　マネーサプライ論争　65
  V　ゼロ金利政策と「量的緩和」論　69
  VI　おわりに　74

第4章　「量的緩和」後の金融政策　………………………79

  I　はじめに　81
  II　「量的緩和」政策の導入経緯　82
  III　「量的緩和」政策の実際　84
    (1) 資金需要の増大　86
    (2) 日本銀行の資金供給技術の向上　87
    (3) 外国銀行の日銀当座預金増加　91
  IV　「量的緩和」政策の評価　93
    (1) ターム物金利・長期金利の低下　93
    (2) ポートフォリオ・リバランス効果　94
    (3) 市場メカニズムの麻痺　96

(4) 出口政策　98

V　おわりに　101

第II部　金融自由化と銀行行動

第5章　金融自由化の進展と都市銀行の対応
　　　　──バブルの形成まで──……………………107

I　はじめに──金融自由化の進展　109
II　金融自由化が都市銀行の経営に与えた影響　113
　　(1) 資金調達面における影響　113
　　(2) 資金運用面における影響　118
III　都市銀行の行動面の変化　120
　　(1) 進展する業務多様化・大衆化　120
　　(2) 貸出構造の変化　120
　　(3) 個人取引の重視　125
IV　損益計算書における諸変化　128
　　(1) 資金益の構造変化　128
　　(2) 手数料収支等　132
　　(3) 商品有価証券売買益　134
　　(4) 有価証券関係損益　135
　　(5) 損益計算書様式等の改正　136
V　証券業務の拡大　138
　　(1) 国債大量発行時代の到来　138
　　(2) 新銀行法の成立　143
　　(3) 窓販・ディーリング業務開始後の実績と影響　146
VI　おわりに──BIS自己資本比率規制とそれへの対応　149

第6章　バブル崩壊と金融機関 ……………………157

　I　はじめに——バブル形成の主因　159
　II　バブルの崩壊　162
　III　金融機関の破綻の続出と延命策　167
　　(1)　バブル崩壊型破綻のはじまり　167
　　(2)　2信組処理と後追い型の行政対応　168
　　(3)　大型破綻の続出　169
　IV　住専問題と日本版ビッグバン　172
　　(1)　住専処理をめぐる混乱　172
　　(2)　導入時期を誤った構造改革路線と日本版ビッグバン　176
　V　1997年危機　180
　VI　金融再生法と金融大再編　186
　　(1)　金融再生法による危機対応　186
　　(2)　本格的金融再編成の進展　190
　VII　おわりに　193

第III部　信用理論

第7章　手形交換所型中央銀行論の可能性
　　　　——原理論における支払決済システム——……………199

　I　はじめに　201
　II　中野説の論理構造とその批判的検討　202
　III　原理論における支払決済システム　209
　IV　おわりに　212

第8章　銀行業における信用リスクと流動性リスク ………217

　I　はじめに　219

II　山口−新田・宮沢論争の焦点　220
　III　銀行業における信用リスクと流動性リスク　225
　IV　山口信用論の再検討　230
　V　おわりに　235
　第8章補遺　238

参考文献　245
初出一覧　253
索　　引　255

第Ⅰ部　金融政策の理論と実際

第1章　内生的貨幣供給説としての「日銀理論」
　　　——「量的緩和」論批判に至る系譜——

I　はじめに

　1990年代以降の日本の金融政策については、数多くの論争がなされ多くの論点が提起されてきた。そこにおける日本銀行批判の多くは「量」の面での緩和が不十分ないしは遅れたとのものであった。その基本的な発想は、ベースマネーを供給すればマネーサプライは増加するはずであるとのものである。これにたいして日本銀行の側は少なくとも1990年代までは反論を行ってきた。その際の論点の基本はマネーサプライ自体は民間銀行の貸出行動等により決定され、ベースマネーを供給したからといってマネーサプライが増加するわけではないというものである。

　この論争の要点は、日本銀行を批判する論者のほとんどが貨幣供給が外生的になされていると考えていることにある。そして、その銀行理解も「預金を集めて貸出す金融仲介を行う機関」であるというものである。これにたいして日本銀行は、貨幣供給は民間非銀行部門の需要にたいして銀行部門が審査の上で応じることにより内生的になされていると考えている。そうすると銀行はたんなる金融仲介機関ではなく、信用創造機能がその基本となる。よりわかりやすくいえば「銀行は預金を集めて貸出す機関ではない」のである。始点は、銀行の貸出により預金が創造されることにあり、銀行の預金吸収の意味は貸出により創造した預金が流出するのを取り戻す行動と理解するのが基本となる。

　ところがこのような「銀行は預金を集めて貸出す機関ではない」という理解は、一般的には受け入れられない考え方であろうし、オーソドックスな金融論の教科書とも異なっている。したがって論争において日銀エコノミストがこのような考えを非常にわかりやすい形で前面に押し出すケースはむしろ少ないようにも思われる。さらに理解を難しくしているのは、日本銀行自体が金融政策の失敗を弁解するために理論を組み立てているとしか思われない場面もあることである。しかし、いわゆる「日銀理論」の基本がポスト・ケインジアン的な内生的貨幣供給説であると理解するならば、その金融政策に関する議論もわか

りやすいものとなる。本章では、次章以下においてバブル以降の金融政策運営を分析するに先立って一般には「奇妙な理論」と受け取られることも多い「日銀理論」についてその系譜をたどることにより、金融政策運営の実際や、銀行の本質といった論点にまで言及することとしたい。21世紀には金融サービス業は大きく変貌していくであろうが、その際に銀行の本質とは何かは改めて問いなおされねばならないと考えられるからである。

II マネーサプライ論争における翁説

1990年代前半の金融政策をめぐってなされたいわゆるマネーサプライ論争については多くの解説がなされているので、ここでその内容について詳しくサーベイすることはしない。この論争は1990年代初めにおけるマネーサプライの低迷にたいしてベースマネーの供給によりマネーサプライを増加させるべきとの批判（岩田規久男上智大学教授：当時）が出されたことを発端としている。これにたいして日銀エコノミスト（翁邦雄）は、以下のとおり反論を行った[1]。

まず、日本銀行が採用している後積み方式の準備預金制度の下においては、岩田の想定とは逆に、マネーサプライの太宗をなす預金が準備量を決めているということであり、この方式の下ではベースマネー・コントロールを実用化するのは困難であると翁は主張した。

現行の準備預金制度は各月の預金量の平均残高に対応する準備預金をその月の16日から翌月の15日の1カ月間の平均残高で維持するように求められている。このことはベースマネーにたいする需要は月末時点で確定しているということである（ここでは平均残高ベースでの超過準備の保有はないということをとりあえずの前提としている）。ここで重要なことは、この預金はマクロ的には銀行の貸出（有価証券投資を含む）により創造されるということである。

いま、月初に日本銀行が準備供給を増やし、そのことによってコールレートなどの短期金融市場金利が下がり、これを受けて銀行が貸出しを増加させ、預金も増加したとする。この場合でも後積みの世界では前月の預金量に対応する

準備需要は全く増加しない点が注意されるべきであるとしている。所要準備比で多めの準備供給が維持されたまま積み期間の末期に近づき各銀行の所要準備達成が確実になると、各銀行は所要準備を超える部分（超過準備）を、インターバンク市場で運用しようとする。しかし、マクロ的な超過準備を吸収できるのは日本銀行だけであり、日本銀行が超過準備を吸収しない限り、オーバーナイトのインターバンク金利は確実にゼロないしその近傍まで低下してしまう。逆のケース、すなわち所要準備を日本銀行が供給しないケースにおいては、インターバンク金利はどこまでも高騰するかもしれないとしている。

この翁の主張は、ゼロ金利政策・「量的緩和」政策の採用された時期の状況によりそれが正しいことが証明されてしまっている。超過準備がある状況下において、インターバンク金利はゼロとなっているのである。というよりは、超過準備を供給することにより日本銀行はインターバンク金利をゼロに誘導できているというべきかもしれない。その逆のケースはまだ日本において出現していないため、インターバンク金利がどこまで高騰するかはわからない。筆者としては、現行の準備預金制度においては積み不足の際には、公定歩合プラス3.75％のペナルティを払うという規定があるわけであるから、マクロ的に所要準備が供給されないという状況下においては、そのような選択をする銀行が出てくることも考えられるのではと思っているが、いずれにしても日本銀行が準備供給を過不足のあるように行うのであればインターバンク金利が乱高下することは間違いのないところであろう。

したがって、翁は、日本銀行はインターバンク金利（オーバーナイト金利）を乱高下させるのが適当でないとの判断から、積み期間中における所要準備平残を過不足なく供給していると主張した。前月の預金量と準備率からすでに決まっている所要準備を積ませるということは、マネーサプライの太宗をなす預金が準備量を決めているということであり、ベースマネー・コントロールとは全く逆の想定である。そしてその預金は銀行の貸出により創造されるのである。

ここで出てくる当然の疑問がある。日本銀行が準備供給において受け身であるということは、日本銀行はマネーサプライのコントロールができないのであ

ろうか。銀行は窓口指導や自己資本比率規制がなければいくらでも貸出により預金を創造することが可能なのであろうかという疑問である。

　翁は、だからといって日本銀行は金融政策の手段を持たないわけではないとしている。現実には準備にたいする需要は前月の預金量と準備率から先に決まる。しかし日本銀行は積み期間中の準備供給のペース（いわゆる積みの進捗率）を用いて短期金利を誘導しているというのである。すなわち、通常の場合、積みの最終日においては100％の準備が供給されるわけであるが日本銀行が早く積ませる時は金利上昇傾向、遅く積ませる時は金利低下傾向というシグナルを市中銀行は受け取り、短期金利はそのように誘導されるというのである。

　このように短期金利（インターバンク金利）の誘導が可能であれば、銀行の貸出行動に影響を与えることができ、それによりマネーサプライの太宗をなす預金の量的コントロールが可能であるというのが日本銀行の立場なのである。ここでも要点は、預金は非銀行民間部門の資金需要にたいして市中銀行が貸出を行うことにより供給されるということなのである。金利コントロールによりマネーサプライがコントロールできるか否かについては、期待インフレ率の測定の難しさにより実質金利をどう判断するかという難しさはあるものの、現実の金融調節の姿は翁が主張するとおりであるといってよく、ベースマネー供給により信用乗数（一定）倍のマネーが供給されるという関係にないのは明らかである。

　しかしながら学会、場合においては実務界においても、貨幣供給は外生的になされるとの議論が一般的であり、こうした観点から金融政策運営に疑問が提示されるケースがしばしば発生する。これも、貨幣が内生的に供給されるか、外生的に供給されるかに関しての考えの違いが基本にあると理解できるならば、その多くが誤解に基づくものであることが了解できることになると思われる。

III　ゼロ金利政策時における「量的緩和」論批判

　日本銀行は1991年7月に金融緩和に転じて以来、金利水準を引き下げ、公定

歩合を1995年9月には0.5％という低水準とした。ちなみにバブル時に当時史上最低とされた公定歩合は2.5％であり、この水準には1993年2月の段階で引き下げていたのである。オーバーナイトのコールレート（無担保）については、公定歩合の引下げとあわせて引き下げてきたがついに1999年2月にはこれを限度いっぱいまで引き下げる決定を行い、いわゆるゼロ金利政策を採用した。また、同年4月にはデフレ懸念が払拭できるようになるまではこのゼロ金利政策を継続する方針を発表した。このような政策がとられてきたのは、日本経済がデフレ・スパイラルに陥るのを防ぐためであると表明された。この政策によりデフレ・スパイラルの阻止という目標は達成された。しかしながら、それが精一杯であったことから、マネーサプライを増加させるためにさらなる緩和政策の採用が日本銀行にたいして各所から求められることとなった。

これがいわゆる「量的緩和」論であり、それはより具体的には日本銀行による国債直接引受（現在は財政法により禁止されている）、長期国債の買切りオペの増額、さらには円高防止のために外国為替市場に介入（ドル買い）する際に生じる余剰資金を吸収しないいわゆる非不胎化政策を採用せよ等の要求となっていた。これは当然のことながら金利をこれ以上引き下げる余地がないために、量的な面から金融をさらに緩和するべきであるとの考えからのものであるが、これらの要求も基本的にはベースマネーが供給されればその信用乗数倍のマネーが供給されるはずであるという、外生的貨幣供給説の立場によるものである。

まず事実関係から確認するならば、日本銀行は1999年2月以来、準備預金制度が要求する準備額以上の準備、すなわち超過準備を供給した（図表1-1参照）。ここで注意されなければならないのはこのようなことが可能であるのは、「ゼロ金利」政策により超過準備保有の機会費用がゼロであるととりあえずは考えられるということである。また、これを逆からいえば日本銀行が超過準備を供給することにより短期金利はゼロ近傍に誘導されるということである。それはともかくとして、いわゆる「量的緩和」を求める議論は、これでも不足とし、マネーサプライを増加させるためにさらなる準備供給を求めているといえ

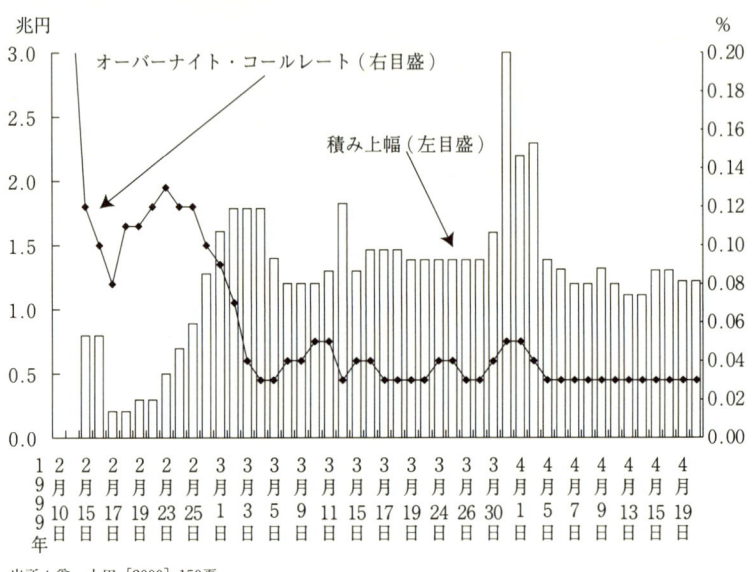

図表1-1 ゼロ金利政策導入後の積み上幅およびオーバーナイト・コールレートの推移

出所:翁・小田 [2000] 150頁。

る（このほかにも長期金利を低下させるためとの議論もあるが、この論点についてはここでは立ち入らない）。

　このような議論は、ほかならぬ日本銀行の審議委員の一部から出ることもあったが、少なくともゼロ金利政策期の日本銀行の政策決定においては、さらなる「量的緩和」の政策効果は否定されていた。また、「量的緩和」論等の日本銀行の金融政策への疑問・批判にたいしては、マネーサプライ論争の当事者であった翁邦雄が「ゼロ・インフレ下の金融政策について」（翁 [1999]）と題する反論を展開していた。以下では、その内容について簡単にみることとする。

　翁によれば、日本銀行の金融政策にたいする批判は、「デフレ的な圧力下では、物価安定を達成するためにマネーサプライを増加させる必要があり、そのためには潤沢にリザーブを供給すべき」というマネタリスト的な発想に基づきなされている。しかし、翁は「現場に近いところからみると、このオペレーショナルな座標軸に依拠すれば無条件でうまくいくようには到底みえない」（翁

［1999］127頁）としている。これは、基本的には、「リザーブ（ベースマネー）供給」がその「信用乗数倍」の「マネーサプライ」に結びつくという外生的貨幣供給説にたいする疑問と受け取ってよいものと思われる。

　翁の判断によれば1990年代のマネーの伸びにたいする大きな制約要因はリザーブではない。「現状では、これまで歴史的にマネーの伸びの主役であった銀行貸出が伸び悩み、銀行は貸出の代わりに国債やその他の資産を買う形でマネーを伸ばしてきている。これまでのところこうしたルートがマネーの伸びを支え、デフレーションを防いできた、と言える」（翁［1999］135頁）としている。

　これは、マネーは銀行の貸出ないし有価証券購入により内生的に供給され、これに対応して必要とされるリザーブを日本銀行が供給するという考えに立つものと解釈できるであろう。「ゼロ金利」という異常事態のもとで、超過準備を供給することは可能であるが、たとえそうしても銀行貸出は増加せず、結果としてマネーサプライが増加するような情勢にはないと判断していたのである。先取り的にいっておくならばこの判断は後の「量的緩和」政策の導入により正しいものであったことが実証されたといえる。

　それはともかくとして、銀行貸出拡大の制約要因と考えられるのが、①銀行の自己資本が不良債権の発生で毀損されていることが銀行のリスクテイクを妨げていること、②利益を生む優良プロジェクトが不足していること、③優良プロジェクトを抱えている企業の多くが他のプロジェクトによる債務に苦しんでいて資金を借りられない（借りられても、まず失敗したプロジェクトの借金を返さなければならない）こと等である。要するに、マネーは民間非銀行部門の資金需要に銀行が応じることにより供給されるが、需要面にも供給面にも制約があり、そのルートを通じるマネーの増加はあまり期待できないということであろう。また、銀行による国債等の有価証券購入には大きな価格変動リスクが存在するし、自己資本比率規制の下においてはその価格下落による自己資本の毀損は貸出の不良債権化と同様の問題を発生させる。

　このような状況においてさらなる「量的緩和」を行ったところで意味はないというのが、翁の主張したいところなのであろう。翁は長期国債の買切りオペ

により長期金利を下げるべきであるという主張にたいしても、長期金利は「原理的にはコントロールできないとは言えないが、フィージビリティはない。この点で、むしろ長期金利は変動相場制移行後の為替相場と同じようなものと考えるべきだ」（翁［1999］139頁）としているが、この点についてはここではこれ以上立ち入らないことにする。

　日本銀行にたいしては、短期金融市場に潤沢にリザーブを供給するのであれば、その効果を減殺するような資金吸収を行わずに量的緩和を行ってはどうかという批判がある。これは外為介入を不胎化するようなオペレーションにたいする批判と同様のものであろう。翁は、これにたいしても翌日物コール市場の消滅の問題点を指摘した後に、1999年2月以降の状況について、日本銀行は「翌日物コールレートを実質ゼロに誘導するのに過不足ないリザーブを供給する」という金融調節方針をとっているとしている。ここでマネーサプライ論争時の議論に触れ、当時翁が「ゼロ金利を通過しないと量的緩和はできない」といっていたことが実証されたと述べているが、これはそのとおりである。「ゼロ金利」政策とは日本銀行が超過準備を供給することにより短期金融市場金利（無担保コール・オーバーナイト物）をゼロに誘導するという政策であり、その水準は当時においては所要準備プラス1兆円であった。しかしこれを逆からみれば「ゼロ金利」なしに超過準備供給は不可能であったということである。後の「量的緩和」政策も基本的には「ゼロ金利」のもとで達成可能となったものなのである。

　また、ベースマネー・ターゲティングや超過準備ターゲティングについても否定的な見解を表明し、特に後者については中央銀行の当座預金にとどまっている限りは、何のリターンも生まない超過準備に働きを期待することはできないとしている。この点については後の章でも触れることとするが、ここでは「量的緩和」政策の有効性は否定されている。そして超過準備が生きるかどうかは、運用機会の有無にかかっているとしたうえで、「この点、金融論の教科書にあるもっともシンプルな信用乗数論の世界では、銀行にとって貸出機会が無限にあるにもかかわらず、準備預金の制約で十分資金が貸せない、というこ

とを想定しているので、中央銀行が準備を供給するとすぐ貸出が増え、結果として所要準備額が増えて超過準備がゼロになる。しかし、超過準備が恒常的に発生し、準備預金の量や銀行の調達金利が銀行行動の制約でなくなっている状況、あるいは、準備預金でなく銀行の自己資本や企業の健全性が銀行与信の制約になっている状況では、超過準備の積み上げが貸出を増やすというメカニズムは担保されていない」(翁 [1999] 147頁) としている。

そして現実のマーケットで生じていることは、超過準備が存在しているといっても、準備預金制度が適用される銀行は超過準備を保有せず、実際には銀行が不要とする資金がディーラーである短資会社の口座に積み上がってしまうという現象であるとしている。だからこそ「量的緩和」は意味がないということであろうが、この事情は短資会社の経営問題に発展する可能性もあり、その意味からも当時は「量的緩和」の拡大はできないとも考えられたのである。

結局のところ、翁の議論は、ほとんどの量的緩和を求める議論は、マネーの供給が外生的になされると考え、金融関係の出発点をベースマネー供給に求める点が誤りなのであり、マネーの供給は銀行貸出により内生的になされるという発想に立つべきとの議論であると解釈できるのである。

IV 「日銀理論」の系譜

(1) 横山説

内生的貨幣供給説に立脚する日本銀行エコノミストの議論は「日銀理論」と呼ばれることが多い。通説的見解からすると奇妙に思えるこの理論の淵源は、原田泰の『日本の失われた十年』(原田 [1999]) によれば戦前期の日本銀行総裁であった深井英五 (深井 [1928]) であるとのことである。その見解は100％内生説といえるものではないが、かなり明確にマクロード的な信用創造論、すなわち銀行の貸出行為それ自体が預金の創造であるという考えを打ち出している。これはまったくの深井のオリジナルというわけではないであろうがこの内

生的貨幣供給説としての「日銀理論」は日本銀行内部で受け継がれつつ明確化していったものと推察される。「日銀理論」が外部にもわかりやすい形で登場してきたのは、1970年代のことであると思われるが、それは標準的な金融論の教科書を批判する内容となっている。代表的なものは1977年に出版された横山昭雄の著書『現代の金融構造』（横山［1977］）であろう。

　同書は、第１章第１節を「通説への疑問」とし、金融論の標準的教科書の説明への疑問を提示している。その具体的内容とは、フィリップス的な信用創造論、すなわち本源的預金の流入が準備率の逆数倍の総預金（本源的預金＋派生的預金）を創出するという説明は誤りであるとのものである。その根本は、そもそも本源的預金は存在するのであろうかというものである。マクロベースで考えるならば、本源的預金が流入するためには市中現金が減少しなければならないはずである。ある銀行（A行）の預金がおろされ別の銀行（B行）に預金されるのであれば、プラスマイナスゼロであり、それは本源的な預金の流入とはいえないからである。したがって本源的預金の流入とは銀行組織全体の外部から預金が流入せねばならず、そのためには市中現金が減少しなければならないのである。しかしながら現実は、市中現金は増加が基本である。このことから考えればフィリップス的な信用創造論は、全く現実的な根拠を持たない謬見であるとしているのである。例外的なケースとしては、一般・外為両面における財政払超が考えられるとはしているが、これについても長期、恒常的にそれを想定することは現実的に無理があるというのである。

　また、「中央銀行が銀行券を発行すれば、それだけ信用創造のベースが増える」という議論についても完全に否定し、事実はそれとは全く逆に「銀行券発行は市中銀行の信用を収縮させる効果を持つ」としている。これは教科書的には銀行券の増加はベースマネーの増加であり、それはマネーサプライの増加へと結びつくと考えられることになるが、現実の世界では、それは銀行の準備預金の減少要因であり、金融市場の逼迫要因であるということであろう。

　このような通説的な議論を否定する横山が出発点とするモデルは非常にユニークなものである。図表１-２は同書の出発点となるモデルである。このモデ

図表 1-2　発達した信用経済における諸経済主体の B/S（モデル I）

(単位：億円)

中央銀行

中央銀行信用	120	準備預金	120
	120		120

金融部門

A 行

準備預金	80	中央銀行信用	80
貸出	600	企業預金	500
社債	200	個人預金	300
	880		880

B 行

準備預金	40	中央銀行信用	40
貸出	300	企業預金	200
社債	100	個人預金	200
	440		440

市中銀行（A・B統合）

準備預金	120	中央銀行信用	120
貸出	900	企業預金	700
社債	300	個人預金	500
	1,320		1,320

非金融部門

企業（統合）

預金	700	借入	900	
機械、設備等	1,300	社債	400	
		純資産	700	
	2,000		2,000	

家計（統合）

預金	500		
社債	100		
家財等	600	純資産	1,200
	1,200		1,200

出所：横山 [1977] 26頁。

ルの特徴点は、銀行券が存在しないこと、および金融システム全体を考えるとき、市中銀行の対民間与信行動が、システム作動の始発点であると考えている点である。ここで銀行とは「預金を集めて貸出す企業」ではなく「貸出により預金を創造する企業」と捉えられている。銀行は主として企業にたいしてまず信用供与を行い、それに見合って自らの負債としての預金を生み出すものとされているのである。この無から有を生み出すメカニズムをここでは「信用創造」と呼んでいる。

　フィリップス的、すなわち本源的預金から派生的預金という形で展開される「いわゆる信用創造」については、横山は完全な謬説としてこれを退けるわけであるが、このような見解が生じるのは支店ベースでは新規の預金獲得が本源

的預金と了解されるからである。しかし、ミクロ的（支店ベース）では本源的預金にみえるたとえば個人預金にしても、その資金源泉をたどっていくならば、結局は銀行組織によってそれに先行して行われた、主として企業向けの与信行動へとぶつかり、それ以外ではありえないとしている。

横山のモデルは、個別行からは一見貸出に関係のない純預金にみえるものも、つきつめて全経済体系で考えれば、貸出の見返りに過ぎない点が強調されている。したがって標準的な金融論の教科書にみられる叙述は、「結局のところミクロの個別銀行の預金吸収行動と、全金融体系のマクロ的な預金創出メカニズムとを混同したことから起った」（横山［1977］31頁）誤謬であると断定している。

横山は次に、預金が貸出により創造されるとしたならば、それは無制限に行われるのかという、そのモデルにたいして投げかけられるであろう当然の疑問にたいして回答している。横山のモデルにおいては、その制約のための重要な機構として準備預金制度が組み込まれている。

横山のモデルにおいては、準備率は10％とされ、これを積むための資金として同額の中央銀行信用が供与されている。これも常識的な理解からは奇妙に思われる設定である。常識的な理解は、銀行は預金を集めるがそのすべてを貸出等で運用せずに準備預金の形態で日本銀行に積まなければならないとのものであろう。そうであるとするならばモデルⅠは、図表1-3（a）のようにではなく図表1-3（b）のようになっていなければならないであろう。

ところが同書は、図表1-3（b）は、ミクロの銀行経営の姿勢、理念としては正しいものの、マクロのベースでは論理矛盾を含んでいるという。というのは、モデルⅠでは預金はすべて貸出によって創出されるわけであり、貸出を上回る預金というのは論理上想定不可能であるというのである。それが想定されるのは、システム外からお金が舞い込んでくる以外にはありえないとしているのである。また、モデルⅠを図表1-3（b）のようにするのであれば、中央銀行勘定は図表1-4（c）ではなく図表1-4（d）のようにならざるをえないが、この資産サイドには何があるかわからないという奇妙なことになると

図表1-3 (a)
市中銀行（A・B統合）

準備預金	120	中央銀行信用	120
貸出	900	企業預金	700
社債	300	個人預金	500
	1,320		1,320

図表1-3 (b)　（単位：億円）
市中銀行（A・B統合）

準備預金	120	預金	1,200
与信	1,080		
	1,200		1,200

出所：横山［1977］34頁。

図表1-4 (c)
中央銀行

中央銀行信用	120	準備預金	120
	120		120

図表1-4 (d)　（単位：億円）
中央銀行

（？）	120	準備預金	120
	120		120

出所：横山［1977］34頁。

している。これこそお金が天から降ってくる、ヘリコプターによるバラマキ貨幣説ということになろうが、外生的貨幣供給説とはこのような議論になってしまわざるをえないのである。

　横山に反対する見解は、当然のことながらモデルの恣意性を攻撃するであろう。しかしながら横山は、アウトサイドマネーの継続的流入という金融論の標準的教科書の想定こそが恣意的であり、かつ「論理的に存在しない」ものであることを強調する。すなわち、銀行券の継続的還収超、一般財政の継続的払超、外貨の恒常的流入という想定こそが無理であり、非現実的であるというのである。したがって、中央銀行預金の見返り勘定となるのは、結局中央銀行信用以外にはありえないというのである。このように考えるならばマネーサプライ論争における翁説というのはきわめて明快に理解することが可能であろう。

　すなわち、この準備預金制度を使うことにより中央銀行は金融政策を遂行する。たとえば金融引締めを行う場合には、公定歩合操作や準備率操作といった政策手段を使用するが、準備預金にたいする需要にたいしてはマクロ的には中央銀行信用（貸出または買いオペレーション）により必ず供給される。しかし、個別銀行にたいする中央銀行のオペレーションや日々の貸出態度が厳しく、各行が期待するような順便な資金繰りができないように追い込んでいけば、各行

の資金繰り態度は著しく警戒的なものに変化し、それにつれて各行の対民間与信態度も必然的に消極的なものとなるとしている。したがって準備預金制度により市中銀行の与信の拡大、すなわちマネーサプライの極端な増加はコントロールできるというのである。ここで注意されなければならないのは、準備預金制度によりマネーサプライの拡大をコントロールするといっても、ベースマネーの供給が準備率の逆数倍のマネーサプライとなるといった関係が想定されているわけではないということである。

　ところでこれまでのところでは横山のモデルにはインターバンク市場は登場していない。これはモデルＩにおいて市中銀行が統合されているからである。モデルＩ（図表1-2）においては市中銀行はＡおよびＢの2行からなっている。この2行のうちＡ行は企業向け貸出に積極的な銀行、Ｂ行は個人預金の比率が大きいという特徴がある。この時点のＡ行においては、新規取引先（丙）を開拓して60億円を貸付け、それが預金に歩留まっているものとされている。丙にとってＡ行から借り入れた資金は業務拡張等のために必要としたものであるから、その資金をそのままにしておくということはありえない。丙はこの資金60億円を他企業（丁）からの機械購入にあてることになる。この丁の取引行がＡ行である場合、丁はたとえば受け取った小切手をＡ行に入金することから、バランスシートに変化はなく、Ａ行にとっての流動性の問題も発生しない。この例では預金の源流が貸出であること（貸出により預金が創造されるのであり、どこかにある貨幣を預金として集めそれらが貸出されるわけではないこと）、創造された預金が消え去ってしまうわけではないことがはっきりとわかるであろう。

　問題が発生するのは丁の取引銀行がＢ行の場合である。丁は60億円の小切手をＢ行の自分の預金口座に入金する。Ｂ行は丁の小切手を手形交換に持ち出し、Ａ行からの支払を受けることになる。この時、丙の預金口座から60億円が引き落とされるが、銀行間の決済は準備預金（中央銀行預金）の振替により行われる。この決済が終了した後のバランスシートの姿が図表1-5である。Ａ行は積極策のとがめが出て企業預金が60億円だけ減って資金運用とのバランスが崩

図表1-5　手形交換決済後の各行バランスシート

(単位：億円)

A行				B行			
中央銀行預金	80→20	中央銀行信用	80	中央銀行預金	40→100	中央銀行信用	40
与信	800	企業預金	500→440	与信	400	企業預金	200→260
		個人預金	300			個人預金	200
	820		820		500		500

出所：横山［1977］53頁。

図表1-6　交換決済後の各行バランスシート（準預調整後）

(単位：億円)

A行				B行			
中央銀行預金	20→74	中央銀行信用	80	中央銀行預金	100→46	中央銀行信用	40
		コールマネー	0→54	コールローン	0→54		
与信	800	預金	740	与信	400	預金	460
	874		874		500		500

出所：横山［1977］55頁。

れ、中央銀行預金も同額だけ減っている。B行は堅実経営が幸いしてか逆に企業預金が60億円増え、中央銀行預金も同額増えている。

　ここでA行においては、預金740億円にたいして中央銀行預金20億円であるから、準備率10％を満たすためにはあと54億円の準備預金を調達しなければならない。一方で、B行においては54億円の超過準備を保有することになっている。超過準備を保有するB行としては、これをベースに業務拡張を図ることも可能であるが（これは超過準備をそのまま貸出すわけではないことに注意しなければならない）、準備預金不足のA行がオファーする金利が魅力的であれば、これを短期的にA行に貸すという選択肢はありうることになる。ここで成立するのがインターバンク市場なのである。

　典型的なインターバンク市場であるコール市場において両行が資金のやりとりをした後のバランスシートが図表1-6である。A行は、表面134億円のマネーポジション（中央銀行借入80億円・コールマネー54億円）、準備預金相殺後のネットベースで60億円のマネーポジション、逆にB行は表面14億円のローンポジション（中央銀行借入40億円・コールローン54億円）、準備預金考慮後では60億円のネット・ローンポジションとなっている。

このようにして登場することになるインターバンク市場金利を誘導することによっても中央銀行は市中銀行の信用拡張を抑制できることとなる。というよりも実際はこのインターバンク金利の誘導が中央銀行にとって中心的な金融調節手段なのである。たとえばこの状況において、インターバンク金利を高め誘導するならば、マネーポジションのA行はコスト上昇によりさらなる信用拡張には慎重となるであろうし、ローンポジションのB行としても資金の余裕から貸出を増加させずに、インターバンク市場での運用を選択することになるであろう。その逆はこれと逆の結果となることはいうまでもないことであり、これが中央銀行が銀行の貸出をコントロールすることによりマネーサプライをコントロールできるその実態を簡略化して示したものなのである。ここでもう一度そのメカニズムを述べるならば、まず一番始めには市中銀行による信用創造（貸出による預金の創出）があり、それに歯止めをかけるものとして中央銀行信用に裏付けられた中央銀行預金が機能しているのである。

ところで横山のモデルには奇妙なことにこれまでのところ銀行券が登場していない。つぎの段階においてはモデルIをより現実に近づけるために、銀行券が導入され、モデルIは修正されている（図表1-7）。ここでは家計が給与を預金ではなしに日銀券で受け取ることを望むということが想定されている。

① まず企業は自らの預金700億円のうち、100億円を、各々の取引銀行から現金で引出し、勤労者に支払う。
② A・B両行は、これまでのようなたんなる預金の振替えでは済まされず、唯一の発券銀行である中央銀行の自らの預金をおろすことにより、これを調達する。
③ 中央銀行では、市中銀行の銀行券引出需要に応じ、これに伴ってその負債勘定に発行銀行券を計上する。

以上の変化を表わしたのが図表1-8（モデルII）であるが、ここで問題が発生することとなる。銀行全体の預金1,100億円にたいして準備預金は20億円しかなく、90億円の追加積立が必要となるのである。個別行として準備不足の場合はインターバンク市場で調達することが可能であるが、マクロ的な準備不

図表1-7 モデル1における給与支払い

(単位：億円)

市中銀行統合

中央銀行預金	120	中央銀行信用	120
与信	1,200	企業預金	700
		個人預金	500
	1,320		1,320

企業

預金	700	借入	900
機械設備等	1,300	社債	400
		純資産	700
	2,000		2,000

家計

預金	500		
社債	100		
家財等	600	純資産	1,200
	1,200		1,200

↓（給与100億円支払後）

市中銀行統合

中央銀行預金	120	中央銀行信用	120
与信	1,200	企業預金	700→600
		個人預金	500→600
	1,320		1,320

企業

預金	700→600	借入	900
機械設備等	1,300	社債	400
		純資産	700→600
	2,000→		2,000→
	1,900		1,900

家計

預金	500→600		
社債	100		
家財等	600	純資産	1,200→
			1,300
	1,200→		1,200→
	1,300		1,300

出所：横山［1977］61頁。

図表 1-8　銀行券発行後の各経済主体のバランスシート（モデルⅡ）

(単位：億円)

中央銀行				市中銀行統合			
中央銀行信用	120	準備預金	120→20	準備預金	120→20	中央銀行信用	120
		銀行券	0→100	与信	1,200	企業預金	700→600
						個人預金	500
	120		120		1,220		1,220

企業				家計			
預金	700→600	借入	900	現金	0→100		
		社債	400	預金	500		
機械設備等	1,300	純資産	700→600	社債	100	純資産	1,200→1,300
	1,900		1,900	家財等	600		
					1,300		1,300

出所：横山 [1977] 62頁。

図表 1-9　銀行券発行後の各経済主体のバランスシート（準預調整後）

(単位：億円)

中央銀行				市中銀行統合			
中央銀行信用	120→210	準備預金	20→110	準備預金	20→110	中央銀行信用	120→210
		銀行券	100	与信	1,200	預金	1,100
	210		210		1,310		1,310

注：企業・家計は図表 1-8 に同じ。
出所：横山 [1977] 63頁。

足は同市場ではどうにもならない。ここでも不足する準備は中央銀行が供給する以外にはないのである。このことを示しているのが図表1-9である。注意しなければならないのはこの銀行券の増発は非銀行部門の需要に依存するのであり銀行（金融機構全体）としては全く受身で応じざるをえないものであるという点である。

そして銀行券増発は、金融機構全体でみるとポジションが悪化するということであり、結局、中央銀行信用がそれに見合うだけ増加しなければならないというのが横山による説明である。すなわち銀行券増発は、金融市場の逼迫要因なのであり、けっして金融論の教科書が説明するようにベースマネーが増加してそれをベースに市中銀行の信用拡張が展開されるといったものではないのである。

以下、横山はモデルをさらに現実に近づけるために財政要因（一般財政およ

び対外関係を反映する外為会計）をモデルに組み込んでいくわけであるが、その内容についてはここで説明することはしない。ここまでの紹介で、その通説との相違の基本が明らかであるからである。その基本は、マネーサプライは銀行組織による非金融部門にたいする与信行為によってのみ創出されるという内生的貨幣供給説の立場であるということであり、この点が通説的見解である外生的貨幣供給説と大きく異なる点なのである。

(2) 外山説

横山説による教科書的な金融論批判が上記のようなものであると確認できれば、マネーサプライ論争以前においてそれと似たような点が争点となった外山－小宮論争もわかりやすいものとなるであろう。この論争は、小宮隆太郎東京大学教授（当時）が、昭和48、49年のインフレーションの原因について、マネーサプライの過大な供給が行われたことによるとし、それは日銀信用の拡大により生じたとの批判を行ったのにたいして、日銀エコノミスト（外山茂）が反論したものである[2]。

小宮の論点は、基本的にマネーサプライの増大はハイパワードマネー（ベースマネー）の増加にあるとし、それは日本銀行が供給したからであるとの論点で、マネーサプライ論争における岩田の論点と方向は逆であるものの、その根は同じものである。金融関係の始点がベースマネーなのである。

しかし、外山は「日本銀行信用は、一般財政や外為特別会計の受払いを一定とすれば、現金通貨が増発となるときに増加する。しかも現金通貨増発は主として預金の引出しという形をとる」（外山［1980］14頁）という。これはまさしく横山のモデルにおける銀行券増発と同じことをいっていることがわかるであろう。そして現金通貨増発に応じて日銀信用が供給されるのは、現行の準備預金制度のもとにおいては当然のことであり、「貸し進む」ことでもなければ、金融引締めと矛盾することではないという。

もちろん預金・現金比率が大きく変化しないとすれば、預金が増加すれば現金もまた増加するであろう。外山は、この時期の「現金通貨増発の原因は、既

往 (46、47年) に市中銀行が信用創造により巨額の預金通貨を供給したことにある」(外山 [1980] 14頁) という。外山の金融関係の始点は銀行による貸出であることがわかるであろう。当然のことながら、中央銀行たる日本銀行は、金融政策の諸手段により、それが不適切であると考えたなら、コントロールすることは可能だったはずである。外山はこの点についての日本銀行の責任については認めているのである。ただし、日銀信用が増加したのはインフレーションの原因ではなくむしろ結果であると主張しているのである。

また、外山はベースマネーのうちの銀行券についてはその増減を日本銀行が操作できないという一方で、準備預金需要にたいしては受身でなく対応する力をもつという。市中銀行の準備需要にたいしては「量の面で寛大に応ずるか厳しくするか、時間的に早めに応ずるかギリギリまで延ばすかという点で裁量の余地を持っている」(外山 [1980] 15頁) という。この部分の前半は準備供給についてアコモディーティブであるというマネーサプライ論争時の翁の議論とは相容れない面があるとも考えられるが、個別行についての対応と考えるのであればそれでよいのかもしれない。これはおそらくは高度成長期の金融調節の実態を反映したものであろう。高度成長期のコールレートの乱高下はここから説明できると考えられるのである。しかし外山は同書の他の箇所においては通常の場合においてはマクロ的な準備不足の分だけの供給を行うことを強調している。いずれにしても外山は日本銀行の準備供給の仕振りが短期金融市場金利に影響を与え、それにより市中銀行の貸出態度に影響を与えることを強調しているのである。

さらに外山は、小宮的なベースマネー・コントロールが可能であるかのような議論についても批判を加えている。その要点は、信用乗数はベースマネーとマネーサプライの数値から事後的に算出されるものであり、これを一定としベースマネーを供給すれば信用乗数倍のマネーサプライとなるという教科書的な理解を批判しているわけであるが、この点については「日銀理論」と通説に依拠するエコノミストの間にいつも存在する溝であることが確認できるであろう。

(3) 西川説

 次に紹介するのが、中央銀行についての本格的な著書である西川元彦の『中央銀行』（西川［1984］）である。まず、その「はしがき」において西川は、いわゆる金融に関する常識に触れ「常識的にペーパー・マネーは金貨と違って印刷機でいくらでも発行できるといわれるが、それで全部と考えるならば非常識の部類に入りそうである。常識の浅い深いは様々である。管理通貨とは何であり、また何であるべきだろうか。それが現代のセントラル・バンキングの根本問題である」（西川［1984］、x 頁）と述べている。

 そして西川は通貨の流通、すなわちその出生と生涯について関説している。貨幣経済といっても、実物貨幣が主流であった時代や、中央銀行が成立していても兌換銀行券を出すだけがその主要業務であった時代においては、通貨の発生も転々流通も、中央銀行の業務運営とあまり関係なく行われていたという。しかし、近代的な信用システムが一連の金融革新を通じて発展してくると、様相は一変する。実物貨幣の代用品であった信用通貨がむしろ通貨の主流となってくる。商業銀行の貸借関係から創出された預金通貨が通貨性を帯び、金・銀の預入れによる預金通貨ではなくなっていく。この預金通貨が中央銀行のセンター機能に助けられて大きく発展し、最後にはセンター機能を可能にする中央銀行券さえも貸借に基づく信用通貨化（不換紙幣化）したとする。

 「こうして、今日の貨幣は発生も消滅も、その回転や流通も、中央銀行を中心軸とする信用システムという地平のなかで営まれており、往年のように天で生まれ天を流れるものではなくなっている。貨幣がまずあって、それが貸借されるのではなく、逆に貸借関係から貨幣が生まれてくる。天与の貨幣は一度生まれると死ぬことはなかった。しかし、それをまねた人為の信用貨幣は、貸借の期限に応じて目に見えないところで生死を繰り返す。その存在量は、ちょうど人口のように出生と死亡の差で増減するともいえる。金とものとの無限の連鎖の裏には貸借の発生と消滅というもう1つの無限の連鎖がある。それが金・銀とはまるで違った信用貨幣の実態であり、それを可能にする中心軸が現代の

中央銀行業務なのである」(西川［1984］94-95頁)。

　以上のように、西川においても内生的貨幣供給説の立場が明確に示されているのである。また、こうした内生説は不換銀行券の性質についても、その信用貨幣性を強調し、国家紙幣とは異なるということが強調されることにつながっている。西川は、不換銀行券といってもそれはただの印刷物ではないことを強調する。それは銀行業務を通じて発行されるのであり、「保証物件」をつうじて、中央銀行の外にある信用関係に深く結びつかなければ発行されない仕組みとなっているというのである。手形の割引という銀行業務そのものが保証物件の取得であると同時に紙幣発行なのである。この銀行業務が健全であり、保証物件が流動性を保持しているかぎり、不換紙幣であることがそのまま不健全でも、それが単なる紙片だというのは正しくないとされる。

　さらに不換中央銀行券が、重層的な経済の営みと密着して生まれる貸借、受与信、債権債務の関係に結びついていることを示し、その債務性を説明している。不換銀行券の債務性については図表 1 -10に基づき以下のように説明されているのである。

　「仮に不換銀行券を実際に弁済すると空想してみよう。その場合は、再割引した手形（保証物件）の弁済を求めざるをえず、商業銀行から問屋やメーカーに弁済請求が準じ及んでいく。最終的な姿は図表 1 -10（原文では図 3 ）の例でいえば、最初の買い手から商品を取り戻し、それで銀行券所持者に弁済することとなる。実際には、そんな不便な回り道をせず、銀行券所有者は市場で商品を買うことによって、銀行券という債権の弁済を受けたと同じ結果を得る。市場でその商品を売った人の手に渡った代金は最終的には当初の借入れ（手形割引）の返済に充てられ、中央銀行勘定のうえでも、実際に、割引債券と銀行券という債務の双方が消滅する。空想上の弁済と同じことが間接的には市場取引で実現するわけである」（西川［1984］47頁）。

　以上のように、西川にあっては内生的貨幣供給説を基本として不換銀行券が国家紙幣とは異なり信用貨幣であることが一貫した論理で語られているのである。

図表1-10 銀行券保証発行の信用関係

(1) 手形の通貨化・典型的なプロセス

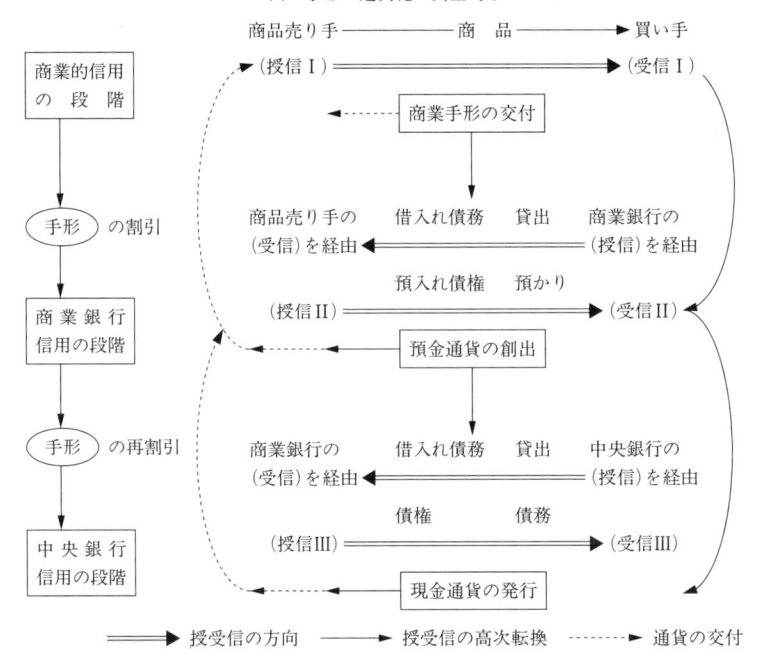

商業的信用の段階 → 手形の割引 → 商業銀行信用の段階 → 手形の再割引 → 中央銀行信用の段階

商品売り手 ──── 商品 ──→ 買い手
(授信Ⅰ) ══════════════⇒ (受信Ⅰ)
      ←······ 商業手形の交付

商品売り手の　借入れ債務　貸出　商業銀行の
(受信Ⅱ)を経由 ←──────── (授信)を経由
　　　　　　預入れ債権　預かり
(授信Ⅱ) ══════════════⇒ (受信Ⅱ)
      ←······ 預金通貨の創出

商業銀行の　借入れ債務　貸出　中央銀行の
(受信Ⅲ)を経由 ←──────── (授信)を経由
　　　　　　債権　債務
(授信Ⅲ) ══════════════⇒ (受信Ⅲ)
      ←······ 現金通貨の発行

授受信の高次化プロセス（Ⅰ→Ⅱ→Ⅲ）

══⇒ 授受信の方向　──→ 授受信の高次転換　······→ 通貨の交付

(2) バランスシートで再現・2つのケース

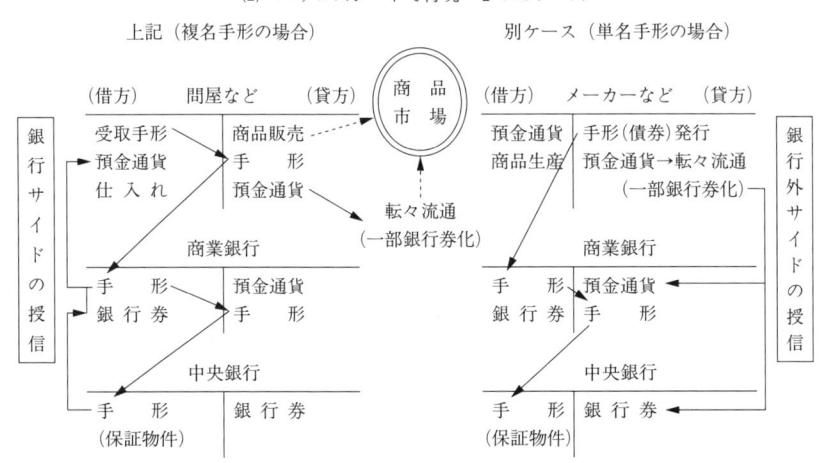

上記（複名手形の場合）　　　　　　　　別ケース（単名手形の場合）

銀行サイドの授信

(借方) 問屋など (貸方)
受取手形 ｜ 商品販売
預金通貨 ｜ 手　形
仕入れ ｜ 預金通貨

商業銀行
手　形 ｜ 預金通貨
銀行券 ｜ 手　形

中央銀行
手　形 ｜ 銀行券
(保証物件) ｜

商品市場　転々流通（一部銀行券化）

銀行外サイドの授信

(借方) メーカーなど (貸方)
預金通貨 ｜ 手形(債券)発行
商品生産 ｜ 預金通貨→転々流通
｜ （一部銀行券化）

商業銀行
手　形 ｜ 預金通貨
銀行券 ｜ 手　形

中央銀行
手　形 ｜ 銀行券
(保証物件) ｜

出所：西川［1984］46頁。

なお、西川の不換銀行券の債務性の強調については、建部正義による批判がある（建部［1997］）。その中心的論点とは、「ほんらい、銀行券の債務性とは、銀行券の発行者とその所持者とのあいだの直接的な債権・債務関係に求められるべきである」（建部［1997］69頁）とのものである。要するに債務であるならば支払請求にたいして応じる仕組みがなければならないということであり、西川の説明は、「『真正手形』の再割引をつうじて不換銀行券が発行される場合には、その背後に生産・流通上の裏付けがあるということを確認しただけのものにすぎない」（建部［1997］69頁）し、「これは、兌換銀行券発行下でも同様にみうけられることがらであった」（建部［1997］69頁）というのである。そうであるならば、兌換銀行券と不換銀行券の差異を強調することもないようにも思われるが、建部は不換銀行券はなんらの債務性も負わない文字通りの不換紙幣であるとし、その通用力の根拠は法貨規定によるとするのである。

これにはいわゆる不換銀行券論争における多数派の見解が反映しているのであろうが、吉田暁は中央銀行券を政府紙幣ととらえる考え方を批判している（吉田［2002］）。吉田は政府紙幣とは国家権力により政府の購買手段として流通に投じられるものであるが、中央銀行券を含む銀行券は金融取引を通じてしか流通に投じられることはない点を強調している。そして、「金融取引を通じてしか、ということは誰かが負債を負うことによってしか、の意味であるから、銀行券の発行者はそのような負債を債権として、自らの負債（銀行券）と交換に取得し、リスクを負うのである。これは相手方の預金口座に記帳することによって貸出しを行う預金銀行の信用創造と本質的には同様である。政府紙幣の場合にはその弁済可能性は徴税権によっているが、銀行券の場合には発行の原因となった債権の返済可能性に依存するのであって、預金銀行の場合と同様である。中央銀行による国債の引き受けが禁止されるのも、それが事実上銀行券を政府紙幣化する途であることが感知されているからといえるであろう」（吉田［2002］169頁）と自説を展開している。

筆者としては、基本的に内生説の立場に立つ以上、西川・吉田の見解が自然であると考えられるし、やはり不換銀行券の性格にとってなにより重要なこと

はその発行の態様であると思われる。その意味で不換銀行券はその基本的な性格は信用貨幣とみなしてよいものと思われるが、他方でたとえば中央銀行による国債直接引受のように事実上の国家紙幣的性格を帯びてしまう状況も想定される。だからといってその本質は国家紙幣とはならない。建部の見解は債務の実際的履行という観点にとらわれすぎて、不換銀行券の本質を見失っているように思われるのである。

Ⅴ　おわりに

　以上、本章においてはいわゆる「日銀理論」の基本が銀行学派的、ポスト・ケインジアン的な内生的貨幣供給説であることをその系譜とともに明らかにし、それによりマネーサプライ論争や「量的緩和」論批判における日銀エコノミストの主張がより明快に理解できることを明らかにした。このことは結局、銀行をどうとらえその信用創造機能をどうとらえるかに帰着するように思われる。
　銀行が支払準備以上の発券や預金残高を保有できることは古くからゴールドスミスの原理として知られてきたが、近代的銀行の本質的機能は自らにたいする一覧払債務を創出して、これを貸し付けることにあるという預金創造理論をはじめて明らかにしたのは19世紀のイギリスの地方銀行家のマクロードであった。
　近年ではこの銀行の信用創造機能はともすれば軽視され、金融仲介機能のみが重視される嫌いがあるが、日本においても三井銀行の社長、全国銀行協会連合会の会長を歴任した板倉讓治は、その著書『私の金融論』（板倉［1995］）において、「資金というのは貸借の『借』に当るものであって、銀行の貸が起ることによって『借』つまり資金が信用機構の中に生まれ出て、貸が存続するかぎり存続し、貸が消滅する時に同時に消滅する。貸借は常に両建で信用機構の中に存続するものであるから、貸しの増加があれば同時に必ず同額の借りつまり資金が増加し（100％の信用創造）、貸借残高は、累増してゆくものであって、銀行の『貸し』がいくら増えても『中央銀行の金融政策によって資金不足が作

り出されない限り』、『それ自体の原因』では資金不足ということは起こらない」(板倉 [1995] ix頁) と100％の内生的貨幣供給説を主張している。

　板倉は、銀行を金融仲介機関とみる考え方についても批判し、銀行はあらかじめ資金を用意していなくても貸出は可能であるとする。「予め余裕資金などは一文も持たないにかかわらず、銀行が健全な貸出需要さえあればいくらでも新たな貸出に応じることが出来るのは、貸出をすることによって、貸出の元手になる資金が信用機構の中に新しく生れ、これはかならず預金かコール・マネーの形で自行にとり寄せることが可能なことが分っているからなのである」(板倉 [1995] xi頁) としている。また、フィリップス的な信用創造論についても「従来の『金融論』では、当初貯蓄が形成されて、これが銀行の『本源的預金』となって貸出しが行われ、これから『派生的預金』が想像されると説明されているようであるが、この『初めに本源的預金ありき』という前提は『初めに預金がなければ貸出しは出来ない筈である』という先入観があるために已むを得ず考え出された論理ではないかと想像している。『初めに預金ありき』という前提は不必要なのである」(xi頁) と批判している。

　また、周知のとおり中央銀行家であったジェラルド・コリガンは、ミネアポリス連銀総裁時代に発表した「銀行は特別な存在か？」(Corrigan [1982])において、銀行とは①決済勘定の提供、②他のすべての経済主体にたいする流動性の最終的供給源、③金融政策の伝播経路という点で特別であるとした。この2番目の点は銀行のみが信用創造によりマネーを供給できるということであり、それは1番目の決済勘定の提供に支えられているのである。ここで注意しなければならないのは、コリガンは上記の機能を果たしていれば現在の商号如何にかかわらずそれは銀行と認識されるべきであるとしている点である。そのように認識されるかぎりにおいて規制・監督のイコール・フッティングが要求されるとしているわけであるが、この観点はニューヨーク連銀総裁時代に発表された「金融市場構造の長期的展望」(Corrigan [1987])においてもその基本は不変である。さらに2000年に発表した「銀行は特別な存在か？――再訪」(Corrigan [2000])においても金融市場や金融サービス業の状況は変化した

としても基本的には1982年のエッセイの内容を変更する必要はなく依然として「銀行は特別な存在である」としているのである。

　近年世界各所において金融サービス業は大きく変貌している。そして従来的な分業関係は大きく変化している。純粋な金融仲介機関や証券市場の果たす役割はますます重要なものとなっていくであろう。しかし、21世紀においてもコリガンのいうとおり「証券市場の役割が非常に限定されている金融システムは想像できるが、信用仲介が金融および経済全体の中で重要な役割を果たしていないような金融システムを考えるのは難しい」（Corrigan［1987］：邦訳『金融財政事情』1987年3月16日号、54頁）のではないだろうか。企業が証券発行によって資金を調達するといっても、その調達する資金というのは結局は銀行預金なのであり、発行証券そのものによって資材・商品が購入できるわけではないからである。であればこそ、マネーの供給はいかになされるのかについて再度検討される必要があろうし、そこから金融政策運営の実際を再検討する必要もあろう。その意味で、いわゆる「日銀理論」の系譜をたどることは意味のあることであると考えられるのである。

注
1) 論争当事者の主張については岩田［1993］および翁［1993］を参照されたい。
2) 論争当事者の主張については小宮［1988］および外山［1980］を参照されたい。

第 2 章　バブル期の金融政策

I 金融政策の目的と手段

(1) 日本銀行法の改正

1997年6月に日本銀行法案が参議院本会議で可決、成立し、1998年4月から施行された。金融自由化が進展し、銀行法をはじめとする多くの金融関係の法律が改正されていながら、戦時体制下に制定された中央銀行の根拠となる法律の改正が、この時点までなされなかったということは不思議なことであるが、それには大きな利害対立があったであろうことが想像される。

改正日本銀行法は最高意思決定機関としての政策委員会の権限を強化し、その議事録の公開によって金融政策の改定プロセスの透明度を高めるとともに、大蔵大臣（後に財務大臣。以下同じ。）による総裁解任権、業務停止命令権や日本銀行への立入り調査権などが排除され、その独立性は高まったとされている。改正日本銀行法については、政策委員会への政府委員の出席が認められ（議決権はない）、同委員による議決延期請求権が認められること、大蔵大臣による監督権の存続や信用秩序維持のために必要な場合には、大蔵大臣は日本銀行にたいして、金融機関への貸付などの業務を要請することができるという規定等について、その独立性を侵害するものであるとの批判も存在する。

(2) 中央銀行の独立性と物価の安定

それでは、なにゆえに中央銀行の独立性が問題とされるのであろうか。これは、当然のことながら、中央銀行（日本銀行）の目的と関連してくる。旧日本銀行法においては、その目的は「通貨価値の安定（通貨の調節）」と「信用制度の保持、育成」とされていたが、改正日本銀行法においては、その第2条において「通貨及び金融の調節の理念」として「物価の安定を図ることを通じて国民経済の健全な発展に資すること」が挙げられている。「信用秩序の維持」に関しては、第1条の目的規定において金融機関の資金決済の円滑の確保を図

ることにより、それに資することが挙げられている。なお改正日本銀行法においては「通貨価値の安定」ではなく「物価の安定」という言葉が用いられているが、「通貨価値」には対内的価値である物価と対外的価値である為替レートの二つの側面があり、改正法においては対内価値である「物価」を優先することを明示したものであると説明されている。

　もちろん、金融政策にとって重要なのは何よりも「物価の安定」であるが、この目的を達成するために中央銀行の独立性が必要とされるのである。すなわち、このことは中央銀行に独立性が存在しなければ「物価の不安定」が引き起こされる可能性が高くなるということを示している。中央銀行は確かに「半官半民の奇妙な混合物」ではあるが、その債務である銀行券はあくまで信用貨幣であり、小さく分割された無利子の国債ではないのである。

　この「物価の安定」という目的を達成するために行われる金融政策は、中央銀行と市中金融機関の間の取引を通じて行われる。その取引の手段とは、預金、貸出、証券売買といった行為である。これらの行為のとりあえずの目的は準備預金（銀行の中央銀行預け金）の調節である。この中央銀行における準備預金の調節は日々の中央銀行と市中金融機関との間の取引を通じて行われるわけであり、金融政策は、結局のところこの日々の取引（金融調節）をどのようなスタンスで行うかという問題なのである。

　この段階において中央銀行の独立性が確保されないことは、結局、銀行による貸出の増加の拡大がマネーサプライを急拡大させ、それが「物価の不安定」に結びつく危険性を増大させるということにつながる。なぜなら、銀行は貸出を行う際には、借り手に対して預金を設定する（信用創造）ことにより行うからであり、マクロ的な預金の増加は結局のところ銀行の貸出が増加するかどうかにより決定されるのである。バブル経済は、主として資産価格に関連して「物価の不安定」が出現した（銀行が不動産関連貸出等を急拡大させたことにより）という事態なのであり、その崩壊の過程で種々の問題が噴出したのである。

(3) 準備預金と銀行預金の関係

ここで準備預金（中央銀行の負債であり銀行にとっては資産）と銀行の預金（銀行の負債であり預金者にとっては資産）の関係を考えておきたい。日本においては「準備預金制度に関する法律」により、準備預金制度に加盟する金融機関は預金に一定の準備率を乗じた額を日本銀行の当座預金（準備預金）として積み立てることを義務づけられている。そして日本銀行は、各国中央銀行と同様に、この準備預金制度を巧みに利用することより短期金利のコントロールを行う。それにより銀行の貸出態度に影響を与え、マネーサプライのコントロールを行うというルートにより「物価の安定」を達成しようとしている。

この日本銀行の当座預金として積み立てられている準備預金のマクロ的な変動要因としては、市中金融機関と企業、家計等との間での現金通貨（主として日本銀行券）の流出入および政府と家計企業等との間での財政資金の受払や外国為替市場での介入が基本となる。コール市場や手形市場といったインターバンク市場は、銀行間で準備預金をやりとりする市場であるが、これらの市場は日本銀行を除いて考えるならばゼロサムゲームの世界であり、一方（取り手）の準備預金が増加すれば、他方（出し手）のそれは減少するわけであるから、マクロ的な増加ないし減少要因とはならないのである。

日本銀行は、このマクロ的な準備預金の変動に対しては、これを相殺するように活動する。すなわち、マクロ的に準備預金が不足した場合にはこれにたいして種々の手段を用いてそれを供給し、逆に余剰気味となった場合にはこれを吸収する。結果として、準備預金の月平均残高は、準備預金制度が要求する残高とほぼ一致するというのが通常の姿である。

(4) 日本銀行による準備供給の姿

各銀行におけるこの準備預金の所要（平均）額は、カレンダーの月ごとの預金の平均残高に準備率をかけて計算される。そして、その所要準備額を実際に積み立てる期間は、その月の16日から翌月の15日となっており、半月遅れて所

要準備を積むことから「後積み制度」と呼ばれている。この方式においては各月末において預金の平均残高が確定するため、準備預金の所要額も確定する。そして各銀行は15日までの間に準備預金の残高が準備預金制度が要求する残高となるように行動するわけであるが、日本銀行は現実問題として銀行の準備需要にたいしては受動的に応じざるをえない。

というのは、マクロ的に不足している準備預金を日本銀行が供給しなければ、銀行間の準備調整の場合であるインターバンク市場は資金不足ゆえに極端に逼迫し、そこにおける金利はどこまでも上がってしまうかもしれないからである。この反対に、マクロ的に余剰である準備預金を吸収しないとするならば、銀行が超過準備を持つというインセンティブがない以上、インターバンク金利はどこまでも下落するかもしれない（このことにより達成されたのがゼロ金利政策であり「量的緩和」政策によるインターバンク金利のゼロ近傍への誘導なのである）。このような短期金利の乱高下は通常の中央銀行としては容認できない以上、日本銀行は銀行の準備需要にたいして受動的に応じざるをえないのである。

このことは金利調節において日本銀行が無力であることを意味するわけではない。準備預金の積立期間中を通じて見るならば、日本銀行の金融調節は受動的たらざるをえないわけであるが、日本銀行は「積みの進捗率」の操作により短期金利を望ましいと考える水準に誘導しているのである。この「積みの進捗率」とは、所要準備預金の平均残高に積み期間の日数（28-31日）をかけたものと、日々の準備預金残高の合計（積数）を対比して得られるものであるが、積み期間を30日とするならば毎日3.3％ずつ積ませるというのがもっとも安定的な調節ということになる。

個別の銀行は短期金融市場の金利の動向をにらみながら準備預金の不足分を調整するわけであるが、マクロ的な準備預金の不足分は日本銀行が供給する以外にない。ここで日本銀行は、金融市場の需給を引き締めインターバンク市場金利を上昇させたい場合には、「積みの進捗率」を遅らせ気味にするように金融調節を行い、その逆にインターバンク市場金利を引き下げたい場合には、そ

れを標準より早めるように金融調節を行うのである。ただし、どのような調節を行う場合においても準備預金の積み最終日における「進捗率」は、通常の場合ほぼ100％となっているが、ともかくこのようにして準備預金制度は短期金利をコントロールするためのものとして重要な役割を果たしているのである。

以上のような過程が実際の日本銀行による金融調節の姿であり、標準的な金融論の教科書とは異なり、ハイパワードマネー（ベースマネー）は通常時における操作変数ではない。したがって、金融政策の手段の一つである預金準備率操作もこのような観点から捉え返されねばならないのである。

(5) 金融政策の手段

まず通常の順序により金融政策の手段について、準備預金の調達の観点から検討する。金融政策とは結局のところ、銀行の準備預金の調達にかかわることであり、それにより銀行による信用創造に影響を与えマネーサプライを変化させ、「物価の安定」を達成しようとするものだからである。

まず、公定歩合操作は、準備預金供給のひとつのルートである日本銀行貸出の条件を変更することである。その変更にはコスト効果とアナウンスメント効果があると通常は説明される。しかし第3章で詳しくみるとおり、日本銀行は1995年7月以降は、貸出政策を通常時の金融政策の手段としては使用しないと表明した。また、現実の1997年9月末時点の日銀貸出残高は、いわゆる特融残高を含めても約8300億円であり、これにたいして国内銀行の預金残高は470兆円強、総資産は750兆円弱であるから、それのみのコスト効果はその変化幅が通常は1％以内であることを考えるならば微々たるものにすぎないのは明白である。

ここでも標準的な金融論の教科書的な説明において、公定歩合の引上げはコストの上昇から市中金融機関のインターバンク市場からの調達需要を増加させることにより同市場の金利を上昇させるとされていることには疑問符をつけざるをえない。また、コスト上昇の影響は微々たるものであることに加えて、日本銀行貸出の実態は完全に日本銀行の裁量により実行されているわけであり、

公定歩合の引上げは市中金融機関の資金調達行動を日本銀行借入からインターバンク市場からの調達へと変化させるといったことはないのである。実際は、日本銀行による公定歩合操作は、アナウンスメント効果をつうじてインターバンク市場金利の水準に影響を与えることが重要なことなのである。

次に、標準的な金融論の教科書において説明される金融政策の手段は、通常は公開市場操作であるが、日本銀行の信用調節は公開（オープン）市場ではなくインターバンク市場が従来は中心であったから、日本においてはインターバンク市場操作と言い換えた方が適切である。それはともかくとして、手形や債券の売買操作はそれにより準備預金の量が直接に影響されることとなる。オープン市場での売買操作が銀行以外の企業や個人の債券保有量を増減させても、売買代金は市中銀行の預金量と準備預金量を増減させるからである。そしてこの日々の操作は日本銀行貸出の実行、回収と並んで準備預金の積みの進捗率に影響を与える。さらに、売買の過程での債券価格の変化自体により市場金利が変化するのである。

ここで改めて、日本銀行の金融政策の手段のひとつである準備率操作についてみるならば、ここでも金融論の標準的な教科書的な「銀行は準備率の逆数倍の信用創造ができる」という類の説明は、因果関係を逆に捉えたものとしかいようがないこととなる。たとえば準備率の2倍の引上げがあったとするならば（2％→4％）、教科書的には貸出を半分にすることにより預金を減少させなければならず、貸し渋りどころではない大パニックが起きてしまうのである。

しかし、実際の世界ではこのようなことは起こらない。日本銀行は受動的な金融調節を行っているわけであり、日本銀行は準備率を上げれば、これに伴いマクロ的に増加する所要準備については供給するし、準備率を下げれば余剰準備をなんらかの手段で吸収するのである。より具体的には、準備率の変動は積みの進捗率に影響を与え、結局のところインターバンク市場金利に影響を与えるための手段となっているのである。その意味ではこの政策手段においてもアナウンスメント効果が大きいということになる。

もちろん預金準備率の引上げは、銀行の側からみれば無利息の日本銀行預け

金の残高が増加するということであり、コスト増（逆の場合はコスト減）となるわけである。このコストに与える影響が自由化の進展する過程で問題が生じるようにもなり、その理由についてより詳しくは次節で検討するが、1990年代以降、日本銀行のみならず世界各国の中央銀行においては、準備率の固定化ないし縮小化の方向がみられるのである。

II 自由化と金融政策における変化

(1) 金融政策の実際の変化

　それでは金融政策は、自由化の過程、バブルの発生の過程でどのように変化したのであろうか。高度成長期、すなわち金利規制が機能していた時期における金利政策は、公定歩合の変更が預金金利、貸出金利へと波及するというルートがあり、これを補完し、主として引締め効果を確実にするために銀行の貸出量を直接的に規制する窓口指導が行われた。また、特に高度成長期においてはインターバンク市場金利をかなりに高めに誘導するということがしばしば行われたが、これは取り手の都市銀行の貸出態度に大きな影響を与えただけでなく、出し手の地方銀行等についてもインターバンク市場への資金放出が相対的に有利化したことから貸出増加へのインセンティブを失わせることとなった。

　このような環境は、自由化の進展とともに変化することとなった。まずは、公定歩合の変更と預金金利および貸出金利の運動関係が不明確なものとなり公定歩合が市場金利の変動を後追いするような事態もありうることとなってきた。

　また、自由化の進展により新たな短期金融市場としてのオープン市場が発展してくると、日本銀行のインターバンク市場金利の誘導は、オープン市場の金利にも裁定関係を通じて波及する。その逆に、オープン市場における操作（公開市場操作）がインターバンク市場へも波及することになり、中央銀行（日本銀行）による金融調節が有効に機能するようになってきたのである。オープン市場はその名のとおり銀行以外の一般企業等も参加可能な市場であり、それら

の主体にとっての資金の運用、調達の場であることから、その金利と銀行の預金金利、貸出金利とは競合することになり、結局は銀行の貸出行動を規制することとなってきたのである。

(2) 準備預金制度の存在の重要性

このような環境ができあがったこともあり、従来からオーソドックスな金融政策の手段ではないとの評価が通常であった窓口指導（銀行の貸出増加額規制）は1991年6月になりその廃止が決定された。

預金準備率については1986年7月にそれまでの単一の準備率（預金種目によっては異なる）から超過累進制に改められ、その負担が軽減された。これは金融政策の手段の遂行ということでは必ずしもなく、同時期に行われた預金保険料の引上げによる負担を考慮して実施されたものであった。直接の関連がなく、制度の運営主体が異なる両者が関連づけられたというのは、大変に問題であるが、ここで確認されたのは無利子の日本銀行預け金を積まなけらばならないという準備預金制度はレギュラトリー・タックスのひとつであり（預金保険料もそのひとつである）銀行にとっては負担であるということである。その意味で、準備率操作、特にその引上げは容易には使えない金融政策の手段であるということである。

事実、そのあと準備率の引上げは行われず、以後準備率操作という政策手段は使用されていない。準備預金制度については世界各国においても準備率の引下げ、固定化の方向にあるようであるが、これは自由化、国際化が進展する過程で、銀行のみに課せられるレギュラトリー・タックスとしての準備預金の存在が、種々の金融商品の間での競争条件にとって不平等要因となることの問題が指摘されるようになってきたことがそのひとつの理由である。また、決済システムの発展が銀行にとって必要な準備額（これは制度がなくても無利子の中央銀行の預け金という形態をとる必要はないものの必要とされるものである）を減少させる傾向にあることも影響しているように思われる。

しかし、この過程で明らかとなったより重要なことは、準備預金制度という

枠組みの存在それ自体が重要であるということであり、この枠組みがあるならば日本銀行はそれを利用して金利コントロールを行うことが可能であるということなのである。

III バブル期の金融政策と日本銀行の責任

(1) 円高不況懸念と低金利政策

1980年代後半のバブルの発生は通常1985年9月のプラザ合意におけるドル高是正合意以来の金融政策と関連づけられている。そもそもプラザ合意が必要とされたのは「強いアメリカ、強いドル」を標榜するレーガン政権の経済政策により、国際収支の不均衡が拡大したことによったのであった。アメリカはもはやドル高はドルにたいする信認の現れであるなどとはいっていられなくなり、主要各国は為替市場への協調介入により、ドル高を是正せざるをえなくなったのであった。

プラザ合意後の協調介入は効果を上げ、急速にドル高は是正された、合意直前の時点で1ドル=240円台であった為替相場は、1987年2月のルーブル合意の時点には1ドル=155円程度にまで円高ドル安が進行した。この過程は日本銀行が公定歩合を連続して引き下げた過程でもあった。日本銀行は、1986年1月末公定歩合を0.5%引下げ4.5%としたのをはじめとして、1987年2月までの間に計5次にわたるその引下げを行い、その水準を日本銀行はじまって以来の低い水準である2.5%としたのであった（図表2-1）。

このような金融緩和政策がとられたのは、円高により輸出産業が打撃を受け、景気が低迷することが懸念されたからであった。ドル高是正が行き過ぎ、ドル暴落となることを防ぐために、日米の金利差を維持することが求められた。アメリカの金利の名目値の水準はその景気に与える影響や発展途上国の累積債務問題等もあり高水準とするわけにはいかないという事情があり、日米金利差の維持のために日本には超低金利が求められたのであった。しかしながら、1980

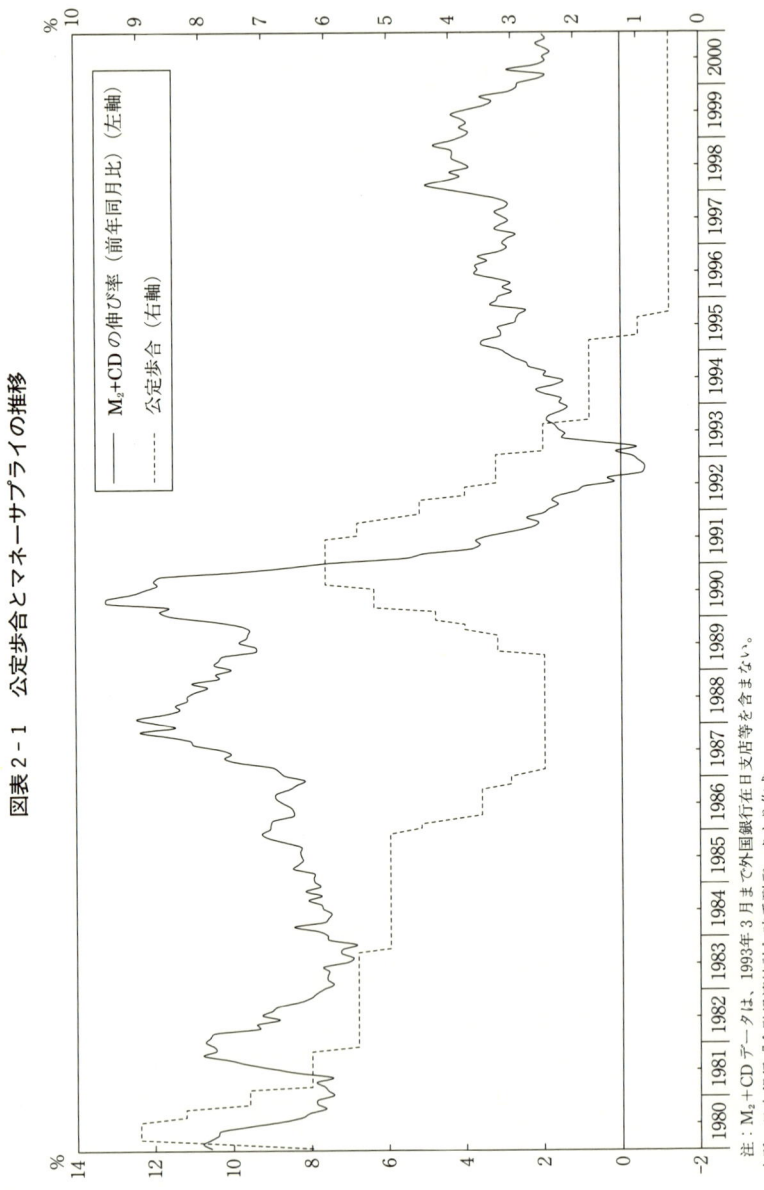

図表 2 - 1　公定歩合とマネーサプライの推移

注：M₂＋CDデータは、1993年3月まで外国銀行在日支店等を含まない。
出所：日本銀行『金融経済統計』時系列データより作成。

年2月の公定歩合の引下げは不要であったとの評価が当時においても結構存在したのである。

(2) 銀行行動の過熱を抑制できなかった金融政策

ところで、この低金利状態は、すぐには企業の資金需要の増大へとは結びつかなかった。低金利により資本市場を通じる資金調達、とりわけエクイティ・ファイナンスが活発化し、事実それにより資金を調達した企業においては、銀行からの借入を返済する動きもみられた。貸出の返済は銀行のバランスシートにおいて預金と貸出の双方を減少させることになるわけであり、それにより「金余り」が発生するわけではない。

このような事態に対応してとった銀行の行動は、新たな貸出先の開拓であった。それはいうまでもなく不動産関連や財テク資金関連の融資であり、これにより大手銀行の貸出関連の顧客層は大きく変化した。この過程は、銀行が非銀行部門の資金需要に応じて貸出することによりマネーを供給するといった事態では必ずしもなく、銀行のイニシアティブが大きかったようにも思われるが、それでもこれは「金余り」の結果として行き場を失ったマネーが流れ込んだと解釈すべきものではない。あくまで銀行貸出の積極化がマネーサプライの急増へと結びついたのである。それは前章で検討した預金増加のメカニズムを考えれば明らかであるが、通俗的にはこのような過程は「金余り」と表現されてしまうのである。

銀行貸出の積極化の結果としてマネーサプライは急増し、この過程で地価をはじめとする資産価格は急上昇した。この間、一般物価は安定していたが、それは円高により輸入物価が下落していたこと、ドル建ての原油価格の安定等の要因によるものであった。もしこの時期にインフレーション・ターゲティングが導入されていたとしていても、消費者物価指数がターゲットレンジ内にあるということで金融引締めは難しかったかもしれない。しかしながらバブル期においては金融引締めが必要だったのである。

たしかに一般物価対比では通貨価値は安定していたが、資産価格対比では通

貨価値は不安定化していたのである。その意味では、資産価格が急上昇したにもかかわらず、マネーサプライの急増にストップをかけることをしなかった日本銀行の責任は大きいといわざるをえない。もちろんその際の政策手段は、ベースマネー供給を減らすことではなく、金利を引き上げることであった。

　実際、日本銀行は1987年秋に、短期金利の高め誘導を行ったが、10月19日のブラックマンデーにより金利の引上げは困難となった（現時点で考えるならば当時ブラックマンデーの影響は大きく思われすぎであった）。しかしその後日本銀行は1989年5月末まで公定歩合の水準を2.5％に据え置いたままとした。そしてこの間、マネーサプライの急増および資産価格の急上昇を放置したのであった。このため土地・株といった資産価格にはバブルが発生することとなったのであった。

　もっとも日本銀行としては、この間においても金利引上げの意向を持ち、そのチャンスを窺っていた。しかしながら大蔵省サイド等がアメリカへの配慮から公定歩合の引上げを見送るように圧力をかけ、その圧力のうちでもっとも日本銀行に対して有効だったのは、次期総裁人事についてのものだった等の噂も伝えられている。これらのことはあくまで噂話であり、その実際は当事者以外にはわからないものであるが、これらが仮にすべて本当だとしても日本銀行の政策の失敗の責任は減少するものではない。むしろ法律に基礎を置くわけでもない不透明な人事慣行を守るために、中央銀行としての最大の責務を放棄したということになれば、その責任は逆に大変に重いものであるといわざるをえないのである。

　1998年には民間銀行からの過剰接待を賄賂と認定され、日本銀行の営業課長が逮捕され、総裁、副総裁が辞任するという事態となり、とりあえず不透明な人事慣行にはストップがかけられた。しかし、日本銀行や大蔵省（財務省）さらには民間金融機関における悪弊としかいいようのない日本的慣行が一掃されるかはまだわからないといってよいであろう。

　なお最近では、1989年に消費税を導入するにあたって、政府が経済の混乱を避けたいとの観点から日本銀行に利上げを半年遅らせるように圧力をかけたと

の証言も登場している[1]。政府にとって長年の懸案であった消費税の導入前に景気の後退を懸念させるようなことがあってはならず、物価上昇が始まりつつあることに世間の関心を向けてはならなかった。そして日本銀行はこの政府の要請を金融政策の観点から拒絶することはできなかったということであろう。政府と中央銀行の関係、中央銀行の独立性について考えさせられる証言である。

(3) 対外均衡優先のツケ

ところで、1980年代後半の時期において日本がアメリカと対立するような政策を果たして取りえたのであろうかという問題は当然のこととして存在する。しかしながら国内均衡を優先してアメリカと対立する金融政策をこの時期において取り続けた中央銀行が存在する。西ドイツ（当時）の連邦準備銀行は、日本銀行がようやく史上最低の公定歩合を0.5％引き上げた1989年5月末までの間に、88年7月、8月、89年1月、4月と計4次にわたり公定歩合を2％引き上げていた（2.5％→4.5％）のである。旧東ドイツとの統一という重荷を引き受けたその後のドイツと日本の経済パフォーマンスを比較するならば、この時期の政策としてどちらが優れていたかは明白であろう。

ドイツはワイマール期の超インフレの経験からインフレーション抑制への国民的なコンセンサスが存在し、中央銀行の独立性も高いとされている。すなわち「物価の安定」を第一義として中央銀行が行動し、政治的圧力等を跳ね返すような仕組みとなっていたということであろう。日本においても、バブルの発生と崩壊の経験が、金融政策の運営に生かされることが期待されるのである。国内均衡よりも対外均衡を優先した政策のツケの重さは、今後忘れさられることがあってはならないであろう。

(4) バブル崩壊と金融政策

日本銀行プロパーの三重野康が大蔵省OBの澄田智に代わって第26代日本銀行総裁の座についたのは1989年12月のことであった。その直前の10月には日本銀行は公定歩合を5月に続いて引上げ3.75％（引上げ幅0.5％）としていた。

この10月は大蔵省からも金融機関に対し土地関連融資に関する指導強化の通達が発出されていた。

この年においては金利引上げにもかかわらず、一般物価にたいする大きな懸念要因が存在した。それは春以降のドル高、円安の進行である。これには新年度において外貨証券投資については原価法の採用を可能とするという経理基準の変更がなされたことが大きく影響している。これにより対外証券投資の拡大、為替の「ヘッジ外し」等からドル高、円安が進行したのであった。

このような状況もあり、日本銀行は三重野総裁就任直後の1989年12月25日に公定歩合を0.5％引き上げ4.25％とした。90年においては、3月（1％）と8月（0.75％）の2度の引上げを行い、公定歩合は6％となった。この年においては3月に大蔵省より金融機関の不動産関連融資の総量規制が発出され、この極めて大きな効果とともに、資産価格のバブルは崩壊に向かった。

バブル崩壊以降は、一般物価も上昇率を低下させ、資産価格対比においても一般物価対比においても通貨価値は非常に安定した状態を続けている。1990年代末以降のいわゆるデフレもその水準自体はそれほどヒステリックに騒ぎ立てるほどのものではないのかもしれない。しかしバブル崩壊の過程で金融機関の不良債権は増加し、多くの金融機関は経営危機に追い込まれ、1997・98年には大型金融機関の倒産の続出という事態まで発生した。

このような状況に対応して、日本銀行は公定歩合を6％から順次引き下げていき、以後の金融政策は基本的に緩和基調が継続してきているわけであるが、その過程で日本銀行の金融政策についての関心が従来になく高まることとなり、種々の非難が浴びせられることにもなっているのである（詳しくは第3章参照）。

ところで、1990年代以降においては日本銀行はバブルを極端な形で崩壊させるべきではなかったという非難もみられる。これにはバブル期に人事を人質にされ対応が後手にならざるをえなかったルサンチマンが必要以上のバブル崩しに向かったとの解説がなされることさえある。ルサンチマン云々はともかくとしても、いったん発生してしまったバブルをどの程度まで収縮させるかという

のは、それが政策当局の意図どおりに進展するかどうかも含めて難しい問題である。オランダのチューリップ恐慌やイギリスのサウスシーバブルの経験は、バブルの後には長期の停滞が余儀なくされること、その過程の構造改革は厳しいものであることを教えてくれている。

　日本銀行にとっても金融機関にとってもバブルの経験は厳しいものであった。バブル期の金融機関の無秩序な行動、そしてそれを許す金融政策を取った日本銀行が招いた事態というのが、不動産融資規制という自由化の理念がどこかにいってしまう資金配分にかんする直接規制である。自由経済の下において国その他により金融機関の資金配分が直接的に規制されるというのは、金融システム全体として恥ずかしいことと認識するべきなのである。

　金融ビッグバンの標榜する自由化とは、金利その他の価格についての規制や業務分野規制を行わないということであり、規制についても営業活動の結果としての自己資本比率の規制を中心に行うとのものである。しかし、この自己資本比率規制の国際統一基準の導入もまた、バブル期における日本の銀行の海外におけるボリューム重視という規制時代そのものの行動様式が招き寄せたといってもよいものであった。

　そしてこの国際基準の合意の過程で日本銀行を含めた日本の金融当局の主張により日本だけが採用することとなった、株式の含み益の45％を自己資本の補完的項目として算入するという規定もまたバランスシート規制としては問題のあるものであった。この種の規制は本来的にカウンター・サイクリカルであるべきなのに、株価上昇時には含み益の増加により銀行により拡張的な行動を可能とし、株価下落時にはさらに抑制的な行動を取らすべく機能する。すなわちプロ・サイクリカルな規制であったことも事態を悪化させる要因となってきた。

　近年においては金融をめぐる技術革新が急速に進展しているが、マクロ的にマネーを増加させることができるのは銀行のみであるという事態に変化はない。1990年代以降においては世界的にディスインフレ基調が顕著となっているが、この傾向が逆転する可能性は常にあるといってよい。通貨価値の安定のために中央銀行が果たすべき役割を見失うことがあってはならないというバブルの経

験が忘れさられてはならないのである。やはり通貨は大切である。レーニンが言い、ケインズが肯定したように「ある国家を堕落させるには通貨を台無しにすることである」というのは真理であり、そうならないために中央銀行は存在し、それには政府からの独立性が与えられることが是とされてきたのである。

注
1) 「潮目変わる量的緩和(下)」(日本経済新聞2005年5月24日)に引用されている日銀OBの発言による。なお、山家［2005］においても利上げが遅れ、異常な低金利の修正が1989年5月と同年4月の消費税導入後に持ち越された原因として、同税導入時の混乱を政府が避けたかったことが影響したのではないかとの解説がなされている。

第3章　1990年代の金融政策
――ゼロ金利政策の採用に至るまで――

I　はじめに

　1990年代の日本の金融政策は、種々の意味で注目を集めることになった。1980年代のバブルは、レーガノミクスによるアメリカの経済政策のミスを為替調整という人為的な方策により解決することを強いられ、結果として生じる不況対策として金融緩和が求められたことこそが発生の淵源であった。そしてアメリカの圧力に屈し金融緩和政策を必要以上に長期間にわたり続けバブルを肥大化させたことへの反省が1990年時点における日本銀行の認識であったように思われる。そしてバブルをいわばオーバーキル（これは金融政策のみの責任ではないが）させて以降は、金融緩和を続けざるをえず、ついには操作目標である短期金融市場金利を名目ゼロにするという世界的にも歴史的にも例のないゼロ金利政策の採用に踏み切らざるをえないこととなった。これは高度成長期以後はあまり可能性が想像されなかったデフレ・スパイラルの懸念が現実化したからである。ゼロ金利政策および物価下落の継続といった事態は全経済学につきつけられた難問である。ここで必要とされるのは、管理通貨制下における通貨供給システムと金融政策についての正しい認識なのであり、そこから近年の事態をどう分析するかということなのである。

　ベースマネー供給がまずあり、それにより一定とイメージされている信用乗数倍のマネーサプライが形成されるという因果関係が存在しないのは明らかになってしまった。また「量的緩和」論にいう中央銀行は準備供給を潤沢に行うべきであるという主張は、「銀行は預金を集め、それをすべて貸出にまわすわけにはいかないことから一部を準備預金として中央銀行に預けておく」というよくある説明とは整合的ではない。準備とは中央銀行が供給するものであるということが明らかとなり、それは広く認められるようになった。

　おそらくここでもう一段の理解が必要なのは、銀行は預金を集めてそれを貸出す単純な金融仲介機関と捉えられるべきではないということである。そうではなくて、まず出発点としては銀行の貸出が預金すなわちマネーの供給となっ

ているということを認識することが必要となってくる。この内生的貨幣供給説に立脚するならば1990年代に生じた事態は比較的明確に分析可能であると思われるし、金融政策当局の認識もそのようなものであると思われる。一方、これにたいする非難は一般的にいって外生的にマネーを供給するようにとの圧力である。

この古くて新しい内生的貨幣供給説と外生的貨幣供給説との対立は、1990年代の金融政策をめぐる論争のキーワードともなっているが、本章では以下で金融政策の実際を検討するとともに、そこから浮かび上がってきた理論的な問題点についても以下で検討することとしたい。

II 操作手段と操作目標

金融政策の運営主体は通常は中央銀行であり、それは政府からの独立性が必要であるとされている。そして金融政策は、他の経済政策、たとえば租税政策が権力的強制を伴うのにたいし、市場での取引を通じて遂行される。金融政策の最終目標は持続的経済成長を実現するための通貨価値の安定、すなわち物価の安定であるとされるが、これを中央銀行が直接統制により実行しようとすることはない。最終目標の実現のために中間目標（マネーサプライの伸び率等）が置かれ、中間目標の達成のために操作目標（短期金融市場金利）が置かれる。そして操作目標は操作手段を駆使することにより達成されるわけであるが、これは基本的には市場における取引なのである。

金融政策の手段とは、公定歩合操作を含む貸出政策、債券等の売買操作、準備率操作であるが、以下ではそれらの1990年代における実態を追うことにしたい。

日本銀行は、バブル期の公定歩合の引上げの遅れを埋め合わせようとでもするかのように1989年5月から1990年8月の間に5次にわたり計3.5％の公定歩合の引上げを行い6％とし、その水準を約1年間維持した。これについては前述のとおりバブルをオーバーキルさせたとの評価が一般的であるが、その後は

バブルの崩壊に伴い景気が減速するとともに金融機関の不良債権が増加したこともあり、公定歩合は1990年代中引下げが続き、1995年9月には極めて低水準の0.5％となり、その水準は1990年代中維持された。世紀転換後の2001年2月および3月にはその水準はさらに引き下げられ0.25％となり、同年9月にはついに0.1％となった。

一般に公定歩合の変更にはコスト効果とアナウンスメント効果があるとされるが、前者は1990年代においては大きなものではない。日本銀行による公定歩合による貸出の実行および回収は、通常は日本銀行によるオプションにより行われ、市中金融機関の側が要請して行われるものではない。また、公定歩合による貸出の付利方式は「両端入れ」と呼ばれる方式であり、貸出実行日および返済日の両日ともが貸出期間に算入される（民間金融機関の場合はそのどちらかのみが算入される「片端入れ」である）。このため、公定歩合による貸出を行い、これをオーバーナイトで回収すれば、その実質金利は公定歩合の2倍となり、これを日本銀行は特定銀行へのペナルティとしてしばしば用いてきたといわれている。

ところがこのようなペナルティは、公定歩合がインターバンクレートよりも低い場合で市中金融機関が日銀貸出に依存している場合にのみ有効であるが、1990年代においては日銀貸出は両当事者にとって重要なものではなくなっていった。日本銀行は1995年7月以降原則としてオペレーション中心の金融調節を行うと表明し、新規の公定歩合による貸出は行われなくなった。また、無担保コールのオーバーナイト物金利はこれと同時期に公定歩合よりも低位に誘導されるようになり、1999年2月のゼロ金利政策へと移行していった。そして1996年1月には都市銀行を対象としていた貸出限度額制度を廃止したが、これは日銀貸出を拡張しようとの意図ではなく、逆に縮小および通常時における廃止を意図したものであった。しかし1997年末の金融危機は情勢を一変させた。金融調節のためではない危機対応のための日本銀行法第38条（旧法第25条）に基づく日銀特融が一時3兆8000億円超に拡大した。またこの時期には通常の日銀貸出も再開され、残高も急膨張するとともに、その金利計算方法も一時的に「片

端入れ」とされるなどの危機対応策がとられた。しかし、その後1998年危機以降においては日銀貸出の残高は縮小している（図表3-1参照）。

　結局のところ、公定歩合の変更は日本銀行の操作目標である短期金融市場金利のアンカーの役割にある。金利が自由化される以前は、公定歩合の変更はすぐに預金金利そして貸出金利へと波及していった。しかしながら金利の自由化以後は、公定歩合をアンカーとしつつ金融政策の諸手段の発動により操作目標である短期金融市場金利を誘導し、それが他の市場に波及したり、銀行の貸出行動等に影響を与えることにより金融政策の中間目標や最終目標が達成されるという本来的姿が期待されるようになってきたのである。

　金融自由化時代の金融調節のためには短期金融市場の整備が不可欠である。インターバンク市場については、同市場における取引ニーズの変化を踏まえて、1988年11月に広範囲な見直し措置が実施され、コール・手形取引の取引期間の多様化や金利設定方式の見直し（気配値方式からオファー・ビッド方式へ変更）が行われ、各金融市場間の金利裁定取引の円滑な実行が意図された。また、日本銀行が手形買いオペ期間を短縮化（1〜3カ月から1〜3週間を中心とする）することにより、金融調節をよりきめ細かく行いうるための環境整備も意図されていた。

　また、オープン市場の整備も行われたが、1990年代後半において育成の中心となったのは債券レポ取引市場であった。短期金融市場の発展には実際のところ税制が大きく影響する。1989年5月より実施されていた現金を担保とする債券の貸借取引に対する付利制限が1995年12月に撤廃されたのを契機として、1996年4月より債券レポ取引がスタートした。債券レポ取引市場は、皮肉なことに1990年代後半に金融システム不安が増大したことから金融取引の有担保化の流れが強まったことや、1997年秋以降、日本銀行が国債レポ取引を資金供給ルートとして積極的に活用したこともあり急拡大した。短期金融市場の市場規模の推移を図表3-2でみるとコールは1990年代中葉に拡大したもののゼロ金利政策導入以後は急速に縮小している。また伝統的市場であった手形市場は1990年代後半にはインターバンク市場としては後退し、これに代わってレポ市

図表3-1　日銀貸出

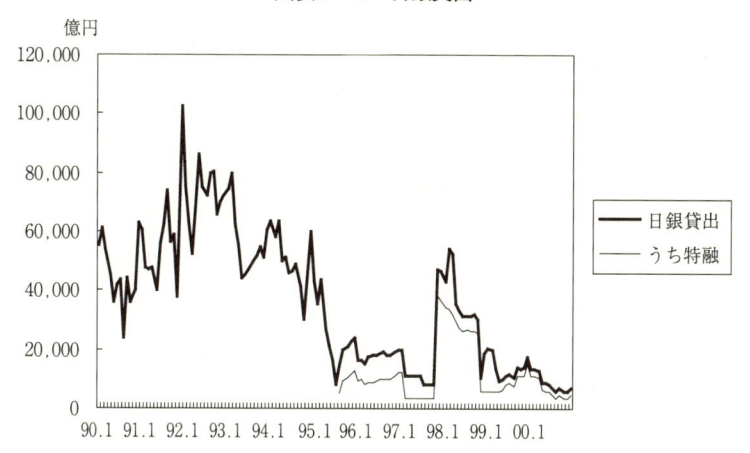

図表3-2　短期金融市場残高（末残）

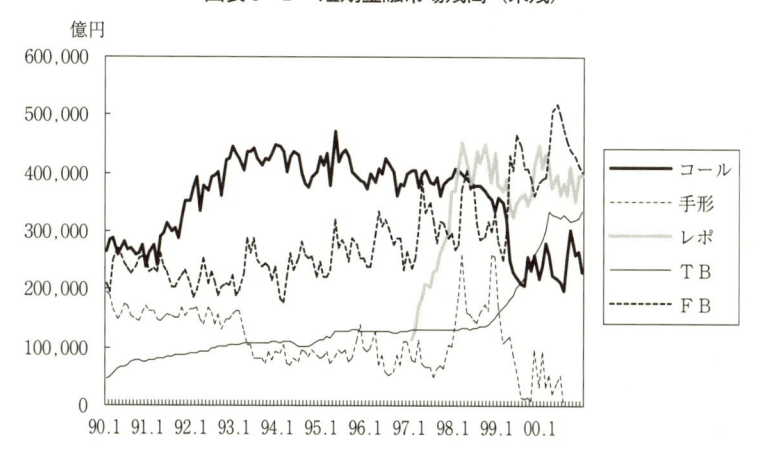

場が拡大してきている[1]。

　ゼロ金利政策導入後のコール市場の縮小は当然のことであり、インターバンク市場の機能不全をもたらすという同政策への非難もここからきている。また、短期金融市場における主役の交替は日本銀行の金融調節方針に則ったものであった。1990年代半ばより日本銀行がとってきた方針は、①オペ対象となった市

場の自律的な金利形成を阻害しないために指値方式から入札方式に切り替える、②オペレーションの核となる短期金融市場を育成し、オペを中核市場に集約させていくというものであり、これがレポ市場の育成という方針となったものである。日本銀行の金融市場調節の実際を図表3-3でみても資金過不足の調整においてレポ（現金担保付国債借入）の役割が1990年代後半に急速に高まり、フローのみならず残高ベースでも急拡大している。金利自由化等の自由化措置に対応した短期金融市場および中央銀行の金融調節の姿が明らかになったといってよいであろう。

このほか重要なこととしては、1999年4月に政府短期証券（FB）の発行方式が公募入札制へ移行したのを契機として、従来の割引短期国債（TB）とFBの売り現先オペを統合して短期国債オペが創設され、同年10月にはその買切りおよび売切りオペが追加された[2]。

次に預金準備率の推移をみると、1986年7月に超過累進制の導入による実質引下げが行われた（これは預金保険料引上げの代替措置といわれており、制度的に違うものの間で調整がなされたとしたならば問題があるといえる）後、1991年10月に引下げが実施された以後は変更が行われていない。これは準備預金制度は、制度が存在することにより短期金融市場金利の誘導を日本銀行が行いうることにその意義があるということが明確に表明されるようになったことも影響している。また、金融自由化の進展は預金と他の金融商品との間の競争を激化させ、預金のみに高率の準備率を課すことは競争上の問題を引き起こすおそれがあることから、準備率については低率に固定しておくべきであるとの考え方が一般化してきたことも影響している。歴史的には預金者保護として出発した準備預金制度は、長期的な金融基調の変化を必要とする場合に有効な金融政策の手段として認識されるようになった。それは国際収支の黒字国において外貨買い入れにより市中銀行の準備が過剰になるおそれが生じたり、そこからインフレーションの懸念が発生したりする際に、準備率の引上げが有効な手段であったということもあろう。その意味でディスインフレーション傾向が鮮明となり、デフレスパイラルが懸念されるような状況が発生した1990年代におい

第3章 1990年代の金融政策　59

図表3-3　レポオペ導入後の金融調節

(単位：億円)

	資金過不足	国債買入	短国買入	レポオペ	(参考)国債借入残高
1997.11	−26,680	5,130		3,519	3,519
12	−115,099	4,907		22,203	25,722
1998. 1	21,634	4,930		15,982	41,704
2	34,206	4,676		22,278	63,982
3	87,209	4,905		4,560	68,542
4	23,084	5,049		−13,379	55,163
5	21,569	4,835		−11,153	44,010
6	−1,959	5,116		−16,783	27,227
7	−56,878	4,836		−429	26,798
8	−16,948	4,960		9,262	36,060
9	−16,045	4,645		13,771	49,831
10	30,106	5,515		−3,715	46,116
11	57,748	4,843		8,003	54,119
12	−74,615	4,829		714	54,833
1999. 1	−7,942	4,525		−13,884	40,949
2	−10,779	4,228		−251	40,698
3	63,602	4,835		314	41,012
4	23,438	4,543		−19,966	21,046
5	−5,422	4,853		−4,100	16,946
6	−16,485	4,221		−4,311	12,635
7	−70,624	4,518		8,177	20,812
8	−38,120	4,564		−4,439	16,373
9	−15,037	4,387		463	16,836
10	−52,170	4,421		8,315	25,151
11	−50,625	4,384	4,923	31,671	56,822
12	−194,356	4,230	13,819	42,731	99,553
2000. 1	30,256	4,696	3,000	−18,797	80,756
2	−52,309	4,501	10,914	−11,290	69,466
3	37,693	4,288	1,545	9,915	79,381
4	−36,111	4,561	3,003	−62,686	16,695
5	−15,427	4,049	0	38,300	54,995
6	4,425	4,492	0	7,219	62,214
7	−65,697	4,615	0	3,754	65,968
8	21,719	4,150	0	11,284	77,252
9	−38,692	4,134	0	4,226	81,478
10	−13,017	4,156	0	35,461	116,939
11	−27,795	4,390	0	30,509	147,448
12	−87,116	4,544	0	36,330	183,778

出所：日本銀行『経済金融統計月報』。

て準備率操作、とくにその引上げは可能な政策手段ではなくなってきたといいうる。

　以上が1990年代における金融政策の諸手段の発動形態の概要であるが、周知のとおり高度成長期には非本来的な金融政策の手段といわれる窓口指導がその効力を発揮した。これは市中銀行の貸出を量的さらには質的にコントロールすることにより経済の過熱やインフレーションを抑えこもうとするものであった。1980年代以降、日本銀行は金融自由化の進展等により窓口規制は効力を失っており従来的な形態では存在していないとのメッセージを数回発表していたが、1991年7月には窓口指導の廃止を最終的に表明した。したがって1990年代の金融政策の手段としては窓口指導は存在していないといってよいであろう。

　以上のような政策手段（操作手段）の発動により意図されたのは操作目標の誘導である。1990年代においてそれは無担保コール市場（1985年7月創設）におけるオーバーナイト物であると明確に表明された。これは1988年11月にインターバンク市場において、コール・手形取引の取引期間の多様化や金利設定方式の見直し等が行われ、各金融市場間の金利裁定取引の円滑な実行が行われるような環境整備が行われたことが影響している。もちろん以前においても日本銀行の金融政策の操作目標はインターバンク金利であったが、貸出金利等が硬直的であったために金融政策の効果の波及経路はいわば単線的であった。一方、1990年代においては自由化時代における中央銀行として最短期のインターバンク金利を誘導することにより金利裁定関係を利用して中間目標そして最終目標を達成するというオーソドックスな手法を採用しうる環境を作り上げることができたのである。

　実際のコールレート（無担保オーバーナイト物）の推移をみるならば1990年代の前半においては日本的には正常といえる状態、すなわちコールレートが公定歩合を上回っているという状態であったが、1995年9月に公定歩合が0.5%になった頃からコールレートはほぼそれと同水準となりさらにその後1998年秋以降公定歩合を下回る水準とされ1999年2月以降のゼロ金利政策の採用、さらには2000年8月のその解除以降は0.25%近傍での誘導からその引下げ、そして

「量的緩和」政策の採用へ移行している。もちろんこのような動きがイールドカーブに日本銀行が目指したような影響を与えたかには議論はあり、折角オーソドックスな手法を採用しうる環境ができたにもかかわらず、金融調節の実際はオーソドックスから離れる方向となってしまったのであった。

III　中間目標と最終目標

　金融政策の中間目標としてマネーサプライを位置付けることは適当かというのは大きな問題である。日本銀行はマネーサプライを公式に金融政策の中間目標と位置付けてはいないが、金融論の教科書的にはそれは中間目標とされることも多い。ただし1990年代の現実は金利自由化等の影響からマネーと物価の関係が不安定化し、各国においてマネーサプライの政策判断上の位置付けは低下した。しかしそれは政策判断上の重要な要素であることは事実であり、一応その動きを追ってみると1980年代後半のバブル期のマネーサプライの高い伸び率から1990年代初めにはその伸び率は急激に低下し、1992年から93年にかけてはM_2+CDの前年比伸び率はマイナスとなった。その後マネーサプライの伸び率は回復し2％台から4％台の伸び率となっている（図表3-4参照）。ただしその要因を見るならば1990年代中頃の日本経済が自律反転の兆しを見せていた時期には市中銀行の貸出による部分が一定程度あったものの、橋本内閣の構造改革路線の導入以降は、むしろ市中銀行による国債購入によるものがほとんどとなっている（図表3-5参照）。これは貸し渋りとも批判されるものであろうが、不良債権により銀行の自己資本が毀損されている状況下でしかも自己資本比率規制という制約のもとでは、個別の資本としてはリスクテイクに慎重になるのはやむをえない行動であるともいえる。また、資産価格の暴落は非銀行企業の側の行動にも大きな影響を与えている。たとえ本業の経営状態が健全であっても保有資産価格の下落がある場合は、当該企業の優先順位は資産関連の借入金を返済しネガティブ・エクイティの状態から脱出しようとのものになるのも個別資本の立場からは当然のことである。そして1990年代の日本には利益を

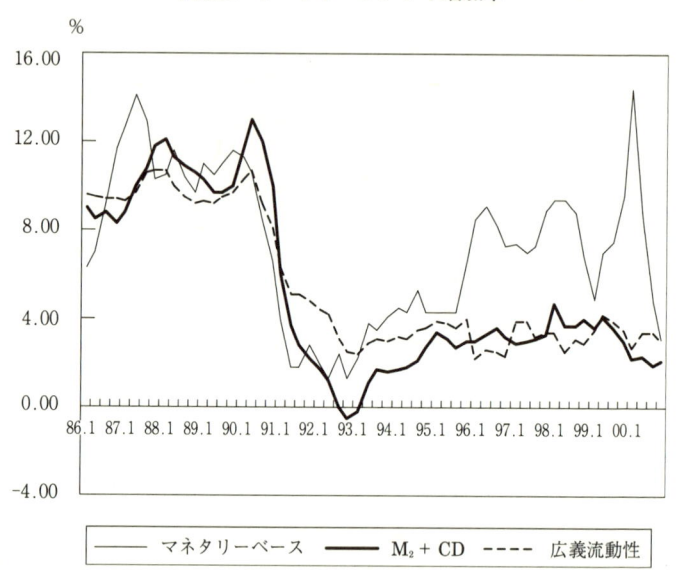

図表3-4 マネーサプライ増加率

―― マネタリーベース　―― M_2+CD　---- 広義流動性

生む優良なプロジェクトが不足していた可能性がある。このような状況は銀行貸出の増加をもたらしにくくしたといえるであろう。

　このことは日本銀行がいくら操作目標であるインターバンク市場金利の低め誘導を行っても（事実異例なゼロ金利政策まで導入している）、貸出によりマネーサプライが増加するという状況にはないということにつながる。一方、金利低下は保有国債の下方への価格変動リスクを小さくしたが、超低金利状況は金利反転時における潜在的価格下落リスクを増加させているということには注意しなければならない。

　次に金融政策の最終目標である物価の安定が1990年代において達成されたかについて検証してみることにしよう（図表3-6）。先進資本主義国は総じて同様の傾向にあるが1980年代以降物価上昇率は低下傾向にある。バブル期には上昇するものの、1990年代を通じて物価上昇率は低下トレンドにあるといってよい。1997年における物価の一時的な上昇は消費税引上げという特殊要因によるものであった。そうすると1990年代の日本銀行の金融政策は大きな成功を治め

図表3-5 M₂+CD 増減と信用面の対応

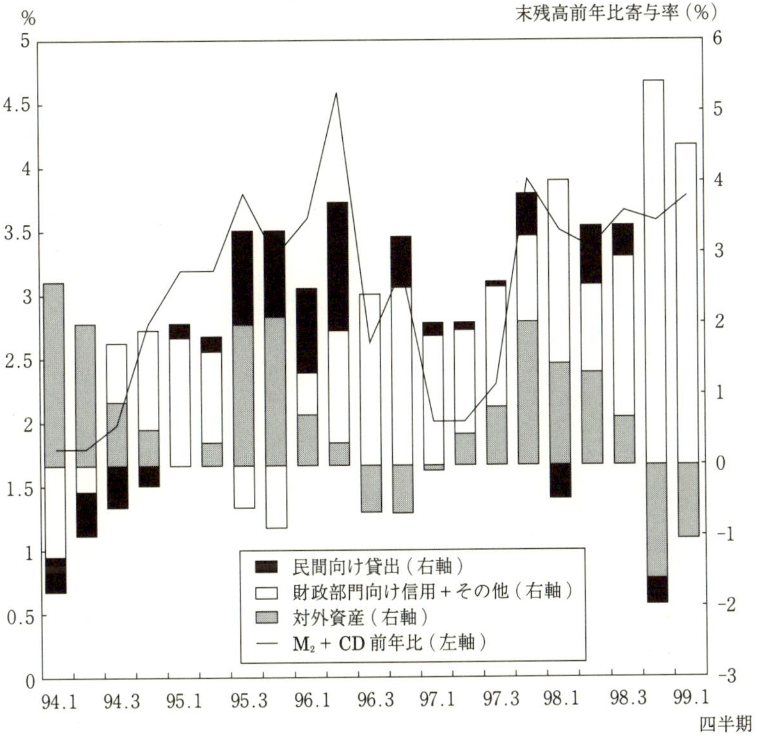

注：(1) M₂+CD 末残高前年比≒対外資産寄与+民間向け貸出寄与度+(財政部門向け信用寄与度+その他寄与度)
　　その他＝金融債+信託勘定借+信託・投資等+金融機関預金
注：(2) 寄与度分解については、比較的マイナーな「地方公共団体向け信用」と「貸出以外のの民間信用」を省略している。したがって、グラフ中の寄与度の和は厳密には M₂+CD 前年比に等しくならない。
出所：翁［1999］136頁。

たといえそうであるが、問題はそれほど簡単ではないのは周知のとおりである。1999年以降は消費者物価指数の上昇率はマイナスに転じており、これは物価の安定とはいえず、マクロ経済の安定といった側面からも問題視される事態ではある。また近年では消費者物価指数には統計上の誤差、すなわち上方バイアスがあるということがいわれている。これは同指数には最先端の商品や販売形態を完全に把握できないために、実勢よりも高い数値が出るというものであり、

図表 3-6 物価指数の推移

(前年比：％)

	国内卸売物価指数		総合卸売物価指数		消費者物価指数		市街地価格指数	
	95年＝100	前年比	95年＝100	前年比	00年＝100	前年比	90年＝100	前年比
1980	109.0	15.0	120.3	17.7	75.2	7.7	52.8	8.4
1981	110.5	1.4	122.0	1.4	78.8	4.9	57.4	8.7
1982	111.0	0.5	124.2	1.8	81.1	2.8	61.5	7.1
1983	110.3	−0.6	121.4	−2.3	82.5	1.9	64.4	4.7
1984	110.4	0.1	121.1	−0.2	84.4	2.3	66.5	3.3
1985	109.5	−0.8	119.7	−1.2	86.1	2.0	68.3	2.7
1986	104.4	−4.7	108.8	−9.1	86.7	0.6	70.2	2.8
1987	101.1	−3.2	104.7	−3.8	86.7	0.1	74.1	5.6
1988	100.6	−0.5	103.6	−1.1	87.3	0.7	81.5	10.0
1989	102.5	1.9	106.3	2.6	89.3	2.3	87.6	7.5
1990	104.1	1.6	108.5	2.1	92.1	3.1	100.0	14.2
1991	105.1	1.0	107.8	−0.6	95.1	3.3	110.4	10.4
1992	104.2	−0.9	106.1	−1.6	96.7	1.6	108.4	−1.8
1993	102.6	−1.5	103.0	−2.9	98.0	1.3	102.4	−5.5
1994	100.8	−1.8	101.1	−1.9	98.6	0.7	97.7	−4.6
1995	100.0	−0.8	100.0	−1.0	98.5	−0.1	94.1	−3.7
1996	98.4	−1.6	100.1	0.1	98.6	0.1	90.0	−4.4
1997	99.0	0.6	101.6	1.5	100.4	1.8	86.3	−4.1
1998	97.5	−1.5	100.0	−1.6	101.0	0.6	83.3	−3.5
1999	96.1	−1.4	96.7	−3.3	100.7	−0.3	79.3	−4.8
2000	96.1	0.0	96.6	−0.1	100.0	−0.7	74.7	−5.8

注：各暦年末値（市街地価格指数については各年3月末値）。
出所：内閣府［2001］『平成13年版　経済財政白書』268頁。

日本の場合はこの誤差は約1％という推計がある[3]。これを勘案するならば日本の消費者物価は1994年以降下落しているということになり、これに金融政策は対応すべきであるという議論が登場してきたのはある意味で当然かもしれない。

　もちろんこのような長期トレンドを金融政策の力のみにより逆転させることは可能であるかは疑問であるし、もともと「金融政策は紐であって棒ではない」とか「馬を水辺に連れて行くことはできても水を飲ませることはできない」といわれるように金融緩和政策は引締政策より効果が現れにくいという問題点がある。1990年代の日本銀行の金融政策は、引締政策の遅れへの焦りから

かそれを急いだ後は一貫して緩和政策を取り続けてきたといってよい。しかしそれへの非難は基本的には緩和が不十分であるというものが多かった。1990年代末の物価下落を問題視する論者は、日本銀行に追加緩和策を要求し、インフレーション・ターゲティングまで要求した。しかしその基本的な論点は1990年代前半のいわゆるマネーサプライ論争と同一のものが多い。そしてそれは貨幣供給方式をどうみるかという金融論における大きな理論的対立にもかかわるものであった。

Ⅳ　マネーサプライ論争

　1990年代の日本銀行による金融政策については、政治家や民間経済人さらにはアカデミシャンから多くの論評がなされることとなった。まずその前半においてはバブルをソフトランディングさせなかったことにたいする非難や、公定歩合を6％に引き上げた後にその水準を維持する期間が長すぎるとの非難、さらには緩和のスピードが遅いとのものがあった。代表的なものは1992年2月の金丸自民党副総裁（当時）の「公定歩合を引き下げない日銀総裁の首を切れ」発言であるが、政治からの金融政策への圧力には非対称性があり、緩和要求のほうがはるかに多い。「低金利により年金生活者が困っている」との類の非難は一般的ではなく、必ずしも本気で引締めを要求しているものではない。

　1990年代前半における金融政策に関する非難とこれへの日本銀行の対応で興味深いのがいわゆるマネーサプライ論争である。これについてはすでに第1章で論じたところではあるが、繰り返しになる部分を短くし、新たな論点となる部分を中心に以下で検討することとしたい。この論争は、1990年代の前半においてマネーサプライの伸びが低迷してることを問題視した岩田規久男上智大学教授（当時）が、それは日本銀行がベースマネー供給を抑制しているからであり、その供給によりマネーサプライを増加させるべきであるとの非難を行ったことをその発端としている。

　これにたいして日本銀行のエコノミスト（翁邦雄）は、概略以下のとおり反

論した[4]。まず、日本銀行が採用している後積み方式の準備預金制度の下においては、岩田の想定とは逆に、マネーサプライの太宗をなす預金が準備量を決めているということであり、この方式の下ではベースマネー・コントロールを実用化するのは困難である。

現行の準備預金制度は各月の預金量の平均残高に対応する準備預金をその月の16日から翌月の15日の1か月間の平均残高で維持するように求められている。このことはベースマネーにたいする需要は月末時点で確定しているということである。ここで重要なことは、この預金はマクロ的には銀行の貸出（有価証券投資を含む）により創造されるということである。

いま、月初に日本銀行が準備供給を増やし、そのことによってコールレートなどの短期金融市場金利が下がり、これを受けて銀行が貸出を増加させ、預金も増加したとする。この場合でも後積みの世界では前月の預金量に対応する準備需要は全く増加しない点が注意されるべきであるとしている。所要準備比多めの準備供給が維持されたまま積み期間の末期に近づき各銀行の所要準備達成が確実になると、各銀行は所要準備を超える部分（超過準備）を、インターバンク市場で運用しようとする。しかし、マクロ的な超過準備を吸収できるのは日本銀行だけであり、日本銀行が超過準備を吸収しない限り、オーバーナイトのインターバンク金利は確実にゼロないしその近傍まで低下してしまう。逆のケース、すなわち所要準備を日本銀行が供給しないケースにおいては、インターバンク金利はどこまでも高騰するかもしれないとしている。

この翁の主張は、ゼロ金利政策の採用によりそれが正しいことが証明されてしまっている。超過準備がある状況下において、インターバンク金利（無担保コールのオーバーナイト物）はゼロとなっているのである。というよりは、超過準備を供給することにより日本銀行はインターバンク金利をゼロに誘導できているというべきかもしれない。その逆のケースはまだ日本において出現していないため、インターバンク金利がどこまで高騰するかはわからない。しかし日本銀行が準備供給を過不足のあるように行うのであればインターバンク金利が乱高下することは間違いのないところであろう。

したがって、翁は、日本銀行はインターバンク金利（オーバーナイト金利）を乱高下させるのが適当でないとの判断から、積み期間中における所要準備平残を過不足なく供給していると主張した。前月の預金量と準備率からすでに決まっている所要準備を積ませるということは、マネーサプライの太宗をなす預金が準備量を決めているということであり、ベースマネー・コントロールとは全く逆の想定である。そしてその預金は銀行の貸出により創造されるのである。

ここで出てくる当然の疑問がある。日本銀行が準備供給において受け身であるということは、日本銀行はマネーサプライのコントロールができないのであろうか。銀行は窓口指導や自己資本比率規制がなければいくらでも貸出により預金を創造することが可能なのであろうかという疑問である。

翁は、だからといって日本銀行は金融政策の手段を持たないわけではないとしている。現実には準備にたいする需要は前月の預金量と準備率から先に決まる。しかし日本銀行は積み期間中の準備供給のペース（いわゆる積みの進捗率）を用いて短期金利を誘導しているというのである。すなわち、通常の場合、積みの最終日においては100％の準備が供給されるわけであるが日本銀行が早く積ませる時は金利上昇傾向、遅く積ませる時は金利低下傾向というシグナルを市中銀行は受け取り、短期金利はそのように誘導されるというのである。

ただしこの点については岩田から疑問が提示されている。その要点は、市中銀行がもし日本銀行の準備供給がアコモデーティブであると認識しているのなら、積みの進捗率が積み期間の前半において抑制的であろうとも、最終日には100％供給がなされるわけであるから、インターバンク市場における調達を急ぐ必要はなく、したがって金利は上昇しないはずであるというものである。

しかしこれは現実の世界においては市中銀行は複数あり、積み期間の後半における予想金利が不確定であり、積みの最終日近辺の日本銀行の調節方針も不確定であるから、積みの進捗率が抑制気味であるときは、個別銀行としては高めの金利で調達することは合理的な行動である。それでも積みの最終日近辺まで資金調達を抑制気味に行い、市場環境が緩和した時点をねらって低い金利で調達を行うという機会主義的行動をとる銀行があっても不思議ではない。しか

しこのような場合、日本銀行としてはこうした銀行が日銀貸出により準備預金を積みたいと希望してもなかなかこれに応じないというような制裁（これは「焼き鳥」と呼ばれている）を行うことが可能である。また、前述のとおり日銀貸出の金利計算方式は「両端入れ」と呼ばれる方式のため、貸出をオーバーナイトで回収すればその実効金利は公定歩合の2倍となり、制裁のためにはこのような方法も使用しうる。1998年に日本銀行営業局課長が過剰接待関連で逮捕されたが、接待を行っていた銀行は先に述べた機会主義的な行動を行っていた銀行であり、それに関連してとられたペナルティの早期解除がその目的であった。筆者としては金融調節に関連して、このような機会主義的行動をとる銀行にたいする日本銀行のペナルティは一定程度容認できると考えている。その意味で接待汚職の問題は大きいと考えているわけではあるが、マーケット全体としては積みの進捗率のコントロールを通じての短期金利の誘導は可能であるし、それが現実であると考えて差し支えないと考えている。

　このように短期金利（インターバンク金利）の誘導が可能であれば、銀行の貸出行動に影響を与えることができ、それによりマネーサプライの太宗をなす預金の量的コントロールが可能であるというのが日本銀行の立場である。ここでも要点は、預金は非銀行民間部門の資金需要にたいして市中銀行が貸出を行うことにより供給されるということなのである。金利コントロールによりマネーサプライがコントロールができるか否かについては、期待インフレ率の測定の難しさにより実質金利をどう判断するかという難しさはあるものの、現実の金融調節の姿は翁が主張するとおりであるといってよく、ベースマネー供給により信用乗数（一定）倍のマネーが供給されるという関係にないのは明らかである。さらにいえばベースマネーが供給されれば、それがそのまま貸出等に向かう等の議論は全くの謬論である。なぜならば準備預金が供給されても銀行はそれを現金（日銀券）化してそれをそのまま企業等に貸出すということは絶対にないからである。準備の水準に応じて新規の貸出等を当座預金の設定により行うというのが現実の銀行行動なのであり、これによりバランスシートが拡大し増加した預金に対応した準備が必要とされるわけであるが、マクロ的に必要

とされる準備は中央銀行により供給されるのである。

しかしながら学会、場合においては実務界においても、貨幣供給は外生的になされるとの議論が一般的であり、こうした観点から金融政策運営に疑問が提示されるケースがしばしば発生する。これも、貨幣が内生的に供給されるか、外生的に供給されるかに関しての考えの違いが基本にあると理解できるならば、その多くが誤解に基づくものであることが了解できることになると思われるが、1990年代後半以降における金融政策をめぐる論議の実際はそのようなものではなかったのであった。

V ゼロ金利政策と「量的緩和」論

日本銀行は前述のとおり1991年7月に金融緩和に転じて以来、金利水準を引き下げ、公定歩合は1995年9月には、史上初めての低水準である0.5％とした。オーバーナイトのコールレート（無担保）についても、1999年2月にはこれを限度いっぱいまで引き下げる決定を行い、いわゆるゼロ金利政策を採用した。また、同年4月にはデフレ懸念が払拭できるようになるまではこのゼロ金利政策を継続する方針を発表した。このような政策がとられてきたのは、いうまでもなく日本経済がデフレ・スパイラルに陥るのを防ぐためである。この間の政策によりこの目標は達成された。しかしながら、それが精一杯であったことから、マネーサプライを増加させるためにさらなる緩和政策の採用が日本銀行にたいして各所から求められることとなった。

これがいわゆる「量的緩和」論であり、それはより具体的には日本銀行による新発国債の引受（現在は財政法により禁止されている）、長期国債買切りオペの増額、さらには円高防止のために外国為替市場に介入（ドル買い）する際に生じる余剰資金を吸収しないいわゆる非不胎化政策を採用せよ等の要求となっている。これは当然のことながら金利をこれ以上引き下げる余地がないために、量的な面から金融をさらに緩和するべきであるとの考えからのものであるが、これらの要求も基本的にはベースマネーが供給されればその信用乗数倍の

マネーが供給されるはずであるという、外生的貨幣供給説の立場によるものである。

まず事実関係から確認するならば、日本銀行は1999年2月からそのとりあえずの終了である2000年8月までの間、準備預金制度が要求する準備額以上の準備、すなわち超過準備を供給した。ここで注意されなければならないのはこのようなことが可能であるのは、ゼロ金利政策により超過準備保有の機会費用がゼロであるととりあえずは考えられるということである。それはともかくとして、いわゆる「量的緩和」を求める議論は、これでも不足とし、マネーサプライを増加させるためにさらなる準備供給を求めたものである。これは通常の金融緩和としては操作目標金利をゼロとする以上のことはできない（金利の非負制約）から、金融を量的に緩和することにより何らかの効果が出てくると考えているといえる。これは市場の期待に働きかけることにより長期金利を低下させるということを想定している議論やインフレーション・ターゲティングを宣言することにより何かが変化するはずであるとのものであるが、長期金利の引下げ効果はともかくとして、その他の議論はそれがどうしてどのような経路でマネーサプライを増加させデフレを食い止め、景気を回復させるかという道筋は示されていない。

このような議論は、ほかならぬ日本銀行の審議委員の一部からも出ることもあるが、1990年代における日本銀行の政策決定においては、さらなる量的緩和の政策効果は否定されていた。また、量的緩和論等の日本銀行の金融政策への疑問・批判にたいしては、マネーサプライ論争の当事者であった翁邦雄が「ゼロ・インフレ下の金融政策について」（翁［1999］）と題する反論を展開している。これについても第1章ですでに検討した点ではあるが、繰り返しを少なくすることを意識しつつその内容について簡単にみることとする。

翁によれば、日本銀行の金融政策にたいする批判は、マネタリスト的な発想に基づきなされているが「現場に近いところからみると、このオペレーショナルな座標軸に依拠すれば無条件でうまくいくようには到底みえない」（翁［1999］127頁）としている。これは、基本的には、「リザーブ（ベースマネー）

供給」がその「信用乗数倍」の「マネーサプライ」に結びつくという外生的貨幣供給説にたいする疑問と受け取ってよいものと思われる。翁の判断によれば近年のマネーの伸びにたいする大きな制約要因はリザーブではなく銀行貸出の伸び悩みである。

これは、マネーは銀行の貸出ないし有価証券購入により内生的に供給され、これに対応して必要とされるリザーブを日本銀行が供給するという考えに立つものと解釈できるであろう。「ゼロ金利」という異常事態のもとで、超過準備を供給することは可能であるが、たとえそうしても銀行貸出は増加せず、結果としてマネーサプライが増加するような情勢にはないとしているのである。このような状況においてさらなる「量的緩和」を行ったところで意味はないというのが翁の主張したいところなのであろう。翁は長期国債買切りオペにより長期金利を下げるべきであるという主張にたいしても、長期金利は「原理的にはコントロールできないとは言えないが、フィージビリティはない。この点で、むしろ長期金利は変動相場制移行後の為替相場と同じようなものと考えるべきだ」（翁［1999］139頁）としている。

第1章ではこの点について立ち入らなかったが、長期金利を直接の操作目標とすることに慎重であるのは中央銀行として当然のことである。また、中央銀行が財政赤字をファイナンスする機関となってよいのかという問いにたいしては大多数のエコノミストは否定的に回答するであろう。長期国債の買切りオペの増額により長期国債の需給関係に影響を与え、長期金利を引き下げることが政策の狙いであるならば「金額の大きさから見て、政府の新規国債発行の満期構成を短期化するほうがはるかに効果的であろう」（白川［2001］47頁）との日銀エコノミストの指摘はそのとおりである。実際、日本銀行の保有する中長期国債の残高は民間保有分の15％程度しかなく、それを若干増やしたところで国債の価格形成にたいする影響力は限定的であろう。仮にそれが可能であるとするならば、中央銀行が本格的に国債価格支持政策に乗り出すということになる。アメリカでは1951年に財務省と連邦準備制度の間でアコードが成立し、国債価格支持政策を行わないこととなった。その理由は公開市場操作の機能不全

であるが、国債価格支持政策をも行えとの要求は、アコード以前に戻れという要求に等しいということを論者は理解しているのであろうか。また、財務省にたいして国債の満期構成を変化させるべきであるとの要求が政治家からもエコノミストからもあまりみられないのも奇妙なことである。

　日本銀行にたいしては、短期金融市場に潤沢にリザーブを供給するのであれば、その効果を減殺するような資金吸収を行わずに「量的緩和」を行ってはどうかという批判がある。これについても第1章で指摘したとおりの批判を展開している。また、ベースマネー・ターゲティングや超過準備ターゲティングについても否定的な見解を表明し、特に後者については中央銀行の当座預金にとどまっている限りは、何のリターンも生まない超過準備に働きを期待することはできないとしている。超過準備が生きるかどうかは、運用機会の有無にかかっているとしたうえで、「この点、金融論の教科書にあるもっともシンプルな信用乗数論の世界では、銀行にとって貸出機会が無限にあるにもかかわらず、準備預金の制約で十分資金が貸せない、ということを想定しているので、中央銀行が準備を供給するとすぐ貸出が増え、結果として所要準備額が増えて超過準備がゼロになる。しかし、超過準備が恒常的に発生し、準備預金の量や銀行の調達金利が銀行行動の制約でなくなっている状況、あるいは、準備預金でなく銀行の自己資本や企業の健全性が銀行与信の制約になっている状況では、超過準備の積み上げが貸出を増やすというメカニズムは担保されていない」（翁［1999］147頁）としている。

　そして現実のマーケットで生じていることは、過剰準備が存在しているといっても、準備預金制度が適用される銀行は過剰準備を保有せず、実際には銀行が不要とする資金がディーラーである短資会社の口座に積み上がってしまうという現象であるとしている。だからこそ「量的緩和」は意味がないということであろうが、この事情は短資会社の経営問題に発展する可能性もあり、「量的緩和」の拡大はできないとも考える向きもあったが、2001年3月以降のいわゆる「量的緩和」政策の採用以降は第4章でみるとおり種々の奇妙な方策が用いられたり、信用不安が高まったりしたことからかろうじてそれが可能となって

いるのである。

　結局のところ、この時点における翁の議論は、ほとんどの「量的緩和」を求める議論は、マネーの供給が外生的になされると考え、金融関係の出発点をベースマネー供給に求める点が誤りなのであり、マネーの供給は銀行貸出により内生的になされるという発想に立つべきとの議論であると解釈できるのである。

　ところで1990年代末において採用すべき有力な政策目標として登場してきたのがインフレーション・ターゲティングである。これは1980年代において中間目標としてきたマネーサプライと物価との関係が不安定化してきたことから、高インフレに悩んできた諸国において物価上昇率を直接的に目標として掲げる政策が1990年代において導入されたものである。このインフレーション・ターゲティングを導入している国はイギリス、ニュージーランド、カナダ、オーストラリア、スウェーデン、フィンランド等であるが、高インフレに悩み、またそれが自国通貨の信認危機へとつながった経験を有している。

　ところが日本においてはこれら諸国とは事情が異なり、デフレーション回避のために中央銀行がプラスの物価上昇率を目標とすべきというものであり、論者が否定しようともその実際は調整インフレ政策であるといえる。

　このインフレーション・ターゲティングをめぐっては様々な角度から議論がなされてきた。そのひとつは物価指数の信頼性およびどのようなものを目標値とすべきかとのものである。通常考えられるものは消費者物価指数から変動の激しい生鮮食品等を除いた指数ということになろうが、これには技術的問題から１％程度の上方バイアスがあることが指摘されている。したがって仮に名目の消費者物価指数上昇率で１〜３％のレンジでのインフレーション・ターゲティングを導入した場合、実際のレンジは０〜２％となってしまう。それが望ましくないとするならばさらに上方のターゲットが設定されることになる。そもそも物価を上昇させるようなターゲティングは「物価の安定を通じて国民経済の発展に寄与する」という日本銀行法の目的からして疑義が生じかねないものである。

　もちろん、「物価の安定」とはデフレーションを回避することも含まれるわ

けであるが、典型的にはパソコンの価格のように生産性の上昇を反映したものであるならば、それは日本銀行法の目的に背馳するわけではない。またプラザ合意以降の円高を反映して日本の製造業は海外とくに賃金コストの低廉なアジア諸国に生産拠点を移転してきた。ユニクロ現象に象徴されるようなこのような安価な海外製品の流入増加もまた同法の目的に背馳するわけではないであろう。問題はこうした部分的な物価下落が一般物価指数の下落へとつながるかということであろう。これに関しては、輸入品等およびそれとの競合品の価格下落は、消費者需要がその他の商品に振り替わり、結果としてその他商品の価格が上昇することにより一般物価水準は変化しないはずであるとの見解もある。しかし近年の研究（渡辺［2001］）においては、一般物価水準はこのような状況下では緩やかに下落するとのことであり、それを需要不足による深刻なものと評価するのは誤りであるということになる。

いずれにせよ1990年代の後半以降、物価上昇を目標として掲げよというインフレーション・ターゲティングを求める議論までが出てきたのは、日本経済の危機がそれだけ深刻なことの現れであろうし、それを重要な構成要素とするグローバル経済が綱渡りを続けている証拠でもあろう。そして21世紀に明らかになるのは進化する危機における金融政策の役割の限界であるかもしれないし、禁じ手を使ったときの副作用の大きさかもしれないのである。

VI おわりに

日本における1990年代の金融政策は国内的のみならず世界的にも注目を浴びることとなった。アメリカの中央銀行がその政策対応を詳細に分析したというのは単なる噂とは思われない[5]。1990年代は先進諸国においてディスインフレ傾向が鮮明となった時期であった。その中で日本にはこれをデフレーションと呼んでよいかは議論はあるにしても緩やかな物価下落が生じた。これにはバブル崩壊後の日本経済が回復軌道に乗ることができないことが根本原因であるが、これへの政策対応について金融政策に過剰な役割を担わせようとしている議論

が多いのは事実であろう。

　こうしたことは日本銀行にたいして政治的な圧力が加えられるということであり、1990年代において独立性を強める方向に改正された日本銀行法を独立性を弱めるように改めようとの動きまで与党側からは出現した。金融政策の手段の独立性は認めつつもその目標（物価上昇率等）は政治の側で決定しようとのものであるが、この構想には大きな難点があるといわざるをえない。すなわち実現するには通常の金融政策では無理であるような目標を押付けられた状態で、手段の独立性などといっても意味がないからである。

　このような環境は日本銀行を追い詰めたように思われる。21世紀に入り2001年3月に日本銀行はその政策を転換した。すなわち操作目標をコールレートから日銀当座預金残高へと変更し、その残高を高めに維持することおよび消費者物価指数の上昇率が安定的にゼロ以上となるまでこの政策を継続すること等を決定した。これは実質的にはゼロ金利政策への復帰であり、従来意味のないとしていた超過準備目標の設定であった。さらには一種のインフレーション・ターゲティング的な政策とみなすことも可能であろう。たしかに中央銀行には政治的圧力等を避けるために戦略的レトリックが必要とされる場合もある。この決定はゼロ金利政策への復帰という表現をとりたくないもののようにも受け取れた。しかしながらその後生じた事態は金融政策にとって望ましくないものとなった。

　この点については次章で本格的に検討するが、そこにおける問題点のひとつとして指摘できるのが短期金融市場の機能不全である。

　短期金融市場関係者（短資会社）である加藤出は2001年3月の政策転換直後に、この措置は短資会社を諫早湾のムツゴロウのようにしてしまうと関係者がいっているとの話を紹介していた[6]。その後の展開をみるならばその通りの事態が発生しているといってよい。金融政策の目的はマクロ経済の持続可能な成長に寄与することであり、マーケットを守ることではないという言い方は確かに可能であるかもしれない。しかし諫早湾の干潟（マーケット）を守り、そこで活動する業者（ムツゴロウ）を守ることはより大きな日本経済（有明海）を

守ることに通じるのではないかとの思いが強い。さらにそこから1990年代の金融政策をみるならば、ゼロ金利政策という禁じ手を使ったことがそもそも誤りであったのではないかと思えてくる。それは日本銀行が強調する緩和効果よりもマーケットに与えた負の効果の方が大きかったのではないか。そして「量的緩和」政策の採用へとつながっていったといえるのではないだろうか。

金融政策は引締めにおいては有効でも実体経済が傷み沈滞傾向にある場合にはできることには限りがある。そこに無理な圧力を加えて異例な政策をとるということは、もはやその政策は金融政策の範疇を超えるものになるということである。そしてそれは中央銀行制度を作ってきた資本主義の叡智の否定につながるといってよい。それにもかかわらずゼロ金利政策以上の追加的な金融緩和政策が要求され、中央銀行がその要求に従わざるをえなかったということ自体が日本資本主義がいかに1990年代において疲弊していたかの証拠であり、それが重要な構成要素となっているグローバル資本主義がいかに危うい状況にあるかの証拠でもあろう。

注
1) レポ市場については、欧米においては通常はオープン市場に分類されるし日本においても事業法人等の参加が禁止されていたわけではないが、1990年代においては租税特別措置法第8条で国債の利息について源泉徴収不適用を認められた金融機関しか参加できなかったためインターバンク市場となっていた。レポ市場のその後の状況については第4章を参照されたい。
2) この短期国債オペと本来的には成長通貨の供給を目的として行われる長期国債の買切りオペ（無条件買入れが行われるようになったのは1996年2月からのことである）は、量的緩和のための重要なツールとなっていった。
3) 白塚［1998］および渡辺［2001］参照。なお白塚［2005］は、2000年の基準改訂以降、日本のCPIの上方バイアスは縮小傾向にあるとしている。
4) このいわゆる「マネーサプライ論争」について詳しくは、岩田［1993］および翁［1993］を参照されたい。
5) 実際、米連邦準備制度のディスカッションペーパー（Clouse et al.［2000］）においては、名目短期金利がゼロとなった場合の金融政策についての検討を行っ

ている。
6) 加藤［2001］2頁。

第4章 「量的緩和」後の金融政策

I　はじめに

　バブル崩壊以降の日本の金融政策は緩和に継ぐ緩和を続けてきている。ゼロ金利政策の解除といってもそれは引締めへの転換ではなかった。こうしたなかで金融政策の運営主体である日本銀行には一貫して緩和が不十分であるという非難が浴びせ続けられてきた。それはバブルの時期に引締めを求める圧力があまりなかったのとは対照的である。景気が悪化し、大規模金融破綻が続き、さらに1990年代末以降消費者物価指数の前年比上昇率がマイナスとなるという事態もあり、日本銀行は2001年3月以降、いわゆる「量的緩和」政策を採用した。これは世界的にも歴史的にもあまり前例のない政策であり、おそらくはその効果について明確なパスが見出されて導入されたものではなかった。そして少なくとも「量」そのものによるポジティブな効果はみいだされてはいなく、極めてわかりにくい政策といえた。結局、2006年3月に消費者物価指数（コア）の前年比上昇率はプラスとなってきたこと等からその解除が表明され、通常の短期金利調節による金融政策へと復帰することとされた。本章では、以下で「量的緩和」政策の導入経緯およびそれがどのように実施されてきたかを検証した後に、その評価を行うこととしたい。そのことにより短期金利をゼロにする以上の追加緩和政策を求める議論、デフレーションからの脱却のためにインフレーション・ターゲティング政策を求める議論に正当性があったのかを検証することとしたい。また、この間の議論は中央銀行の独立性とは何か、金融政策の守備範囲はどこまでか、効果が明確ではなく副作用のおそれがある政策は採用すべきか、不換銀行券の唯一の発行主体である中央銀行のバランスシートの健全性は重要か等々の問題点を浮かび上がらせてきてもいる。本章ではそのすべてに明確な回答を与えることはできないにしても一定の原則を提示できたらと考えている。

II 「量的緩和」政策の導入経緯

　金融政策の操作目標として「金利」を採用するか「量」を採用するかは金融理論における古くからの論争問題であった。しかしながら実際の金融政策の運営においては各国中央銀行は「金利」（短期金融市場金利）を操作目標としてきた。「量（マネーサプライ）」を運営目標とするとした1979年のボルカー・ショックにしても、それは政治家等から金利引上げ圧力をかわすための方便であったとボルカー本人が日本経済新聞の「私の履歴書」において告白している[1]。しかしながら標準的な金融論の教科書においてはベースマネー・コントロールが書かれている。IS-LM分析におけるLM曲線を右側に移動させるという議論においてもベースマネーを中央銀行が供給するならばマネーサプライは増加するということが当然のこととして前提されている。1990年代前半におけるマネーサプライ論争は、標準的な金融論をベースとする非難にたいして、金融政策の実務の立場からの反論がされ、そこから金融政策の始点（あるいは金融そのものの始点）は何かが問われたというのがその本質であったのではないだろうか。すなわちその際に意識されていたのは金融の始点は「銀行による貸出はそれ自体マネー（預金）の創造であるということであり、準備は結果として需要され、マクロ的なその不足にたいしては中央銀行しかこれを供給できない」ということが認められるかということが問題の本質であったのである。

　マネーサプライ論争の一方の当事者であった翁邦雄がゼロ金利政策期に発表した「ゼロ・インフレ下の金融政策について」（翁［1999］）においては、マネーサプライを増やすためにリザーブを増やせばよいという考えは「無条件にうまくいくようには到底みえない」（翁［1999］127頁）と評価されている。「金融論の教科書にある最もシンプルな信用乗数論の世界では、銀行にとって貸出機会が無限にあるにもかかわらず、準備預金の制約で十分資金が貸せない、ということを想定しているので、中央銀行が準備を供給するとすぐ貸出が増え、結果として所要準備額が増えて超過準備がゼロになる」（翁［1999］147頁）。

ここで準備増はそのことによって貸出が増加し、これが銀行の預金創造（信用創造）により行われ、結果として所要準備が増加すると説明されていることは重要である。市中銀行は超過準備を中央銀行券に換え、それをそのまま貸出す（そうすると超過準備は解消しないことに注意は必要であるが）わけではないのである。それはともかくとして近年の日本の状況は準備増即マネーサプライ増となるような状況ではないことは明らかである。したがって「中央銀行の当座預金にとどまっている限りは、何のリターンも生まない超過準備にどのような働きを期待しうるのか」（翁［1999］127頁）というのは当然の疑問なのである。

しかしながら「量的緩和」政策は実施され続けた。それは2000年8月のゼロ金利政策の解除以降の経済情勢が予想と違ったことにより、ゼロ金利政策へ戻らざるをえない情勢となったことにたいするものとして出てきたものであるように思われる。「量」をターゲットとする政策は、日本銀行（これが何を意味するのかはかなり難しいが）自身が望んで進んで採用したというよりは、そこに追い込まれたというのが実態であるように思われる。

もっともゼロ金利政策期において、「量的緩和」政策を主張していた日本銀行の審議委員は存在した。中原伸之審議委員（当時）は、物価目標を明示（インフレーション・ターゲティング）した上でのベースマネー・ターゲティング等の「量的緩和」政策の採用を主張していた。それに期待できる効果として、①ターム物金利の低下を通じての短期的な効果、②金融機関のポートフォリオ・リバランス効果（日本銀行が資金供給を増やせば、市中金融機関の超過準備が拡大するため、超過準備を抱える金融機関はいずれ資産構成を変化させ、日銀当座預金から、債券、株式、あるいは貸出を増やす可能性がある）、③期待インフレ率の上昇で、実質金利を低下させる効果（企業の設備投資が刺激されGDPを押し上げることが期待される）、④為替を円安方向に誘導する効果（その理由としては、一部の機関投資家は為替売買に日米のベースマネーの絶対額の比率（いわゆるソロスチャート）を参考としている）、⑤株価が上昇することによる資産効果等を表明していた（中原［2002］）。

しかしながら少なくともゼロ金利政策期まではこのような議論は日本銀行の審議委員のなかでは多数派ではなかった。ただし日本銀行の外部（経済学者、政治家、海外）においては「量的緩和」を求める声は、それが真に多数派であったかについては議論もあろうが非常に大きなものがあった。

その代表はクルーグマン［1998］であるが、日本銀行は長期間にわたり（15年間）ある程度のインフレーション（4％）を目標とすると公言することにより期待を変化させるべきとの提案である。そのための具体策としては結局のところベースマネーを増やすことが必要とのものであった。これは中央銀行はデフレをインフレにするために、長期的な目標を掲げ、そのためには長期国債の買切りオペの増額だけでなく、土地でも株でも何でも買う、無責任となることを公言しなければならないというものである。その結果おそらくは金融政策と財政政策の境目はなくなるし、唯一の発券銀行である中央銀行のバランスシートは悪化する可能性が大きくなる。問題となっているデフレの害は日本経済を奈落の底に落としかねないものである以上、そのような点は気にしている暇はないはずである。そもそもインフレもデフレも貨幣的現象であることは明らかである以上、デフレであれば「お札を刷ればよい」（刷れば銀行券の市中保有残高が増えるかどうかは検討されてはいないが）はずであり、日本銀行は何をためらっているのだという声が大きくなっていった。

ゼロ金利政策解除後においてアメリカの景気後退の影響が日本に及んだこともあり、「デフレ懸念が払拭されていない」のにゼロ金利政策の解除が行われたとの認識が強まり、日本銀行は追い込まれていった[2]。単純にゼロ金利政策への復帰という選択肢ではなく、2001年3月に「量的緩和」政策を導入せざるをえなくなり、その際にはかつて中原審議委員が述べていたような効果が期待されると表明したのであった。

III 「量的緩和」政策の実際

「量的緩和」政策が導入された当時、日本銀行の公式見解においては主に以

図表 4-1　日銀当座預金残高目標額の拡大

年月日	当座預金残高目標	事件　他
2001. 3 .19	5兆円	
8 .14	6兆円	
9 .11		同時多発テロ
9 .18	6兆円超	
12 .19	10〜15兆円	
2002.10.30	15〜20兆円程度	
2003. 3 .20		日銀福井総裁就任
4 . 1	17〜22兆円	
4 .30	22〜27兆円	
5 .20	27〜32兆円	
2004. 1 .20	30〜35兆円	
2005. 5 .20		残高目標下限割れ容認

下の4点が強調されていた。すなわち、第一に、金融市場調節の主たる操作目標を、無担保コールレート（オーバーナイト物）から日本銀行当座預金残高に変更したこと。第二に、この新しい金融調整を、消費者物価指数（全国、除く生鮮食品）の前年比上昇率が安定的にゼロ％以上となるまで継続すること。第三に、日本銀行当座預金残高を所要準備以上に増やすことの結果、無担保コールレート（オーバーナイト物）が通常ゼロ％近辺で推移することが予想されること。第四に、円滑な資金供給が必要な場合には、銀行券発行残高を上限に長期国債の買い入れを増額することである。

　こうした措置が取られてから、経済環境の変化に伴い、日本銀行は度重なる追加緩和を実施した（図表4-1）。これはゼロ金利政策とは異なり、大量の超過準備が日本銀行によって市中金融機関に供給されたということである。

　ここで疑問が発生する。ベースマネーは中央銀行が供給しようと思えばいくらでもスムーズに供給できるものなのであろうか。日本銀行はゼロ金利政策期において、短期金融市場金利をゼロ近傍に誘導しようとしたが、その際にはオペにより資金を供給しようとしても市中がこれに応じずにいわゆる「札割れ」に悩まされていたのではないだろうか。以下では、資金の需給関係の両面から、日本銀行の金融調節の実態について検証し、いかにして「量的緩和」が可能と

なったかをみることとする。

(1) 資金需要の増大

ゼロ金利政策期において日本銀行が「ゼロ金利」という政策目標を守るためには、資金供給に四苦八苦していたことはよく知られている。その理由としては、しばしば市中金融機関の資金需要がないと説明されてきた。それではなぜ「量的緩和」に切り替えた以後、日銀当座預金目標が達成できたのであろうか。その一番の理由としては資金需要の増大が指摘されている。

資金需要の増大の背景には、まず金融不安の高まりが挙げられる。周知のように、2000年半ば以降、いわゆる「ITバブル」が崩壊し、アメリカ経済のリセッションなどもあり、外需依存度の高い日本経済は深刻なデフレ状況にあるとの見方が高まっていた。また、アメリカでの同時多発テロ、アフガニスタンやイラクでの戦争、一部地域での疫病発生など、外部状況の先行きに不透明要素が多かったほか、国内では中間期末や年度期末を迎えるたびに、多大な不良債権を抱える金融機関の経営体力が疑われていた。一部金融機関の窮境や企業倒産なども社会に大きなインパクトを与えていた。

こうした金融不安のもとで、金融機関においては流動性確保への不安感が増大していった。流動性確保への不安感は資金需要が平常時より増大することへと帰結し、調達意欲が高まるようになった。それとともに、短期金融市場での金利が極端に低いなか、資金の出し手になることも敬遠された。市場での資金調達が不確実になる一方、運用意欲が低下すれば、コストの安い日本銀行のオペに応じるのも当然のことになる。

この傾向は、2001年9月11日にアメリカで発生した同時多発テロ事件直後にはっきりと現われた。ゼロ金利政策期においては、日銀当座預金のうち超過準備は主に短資会社などに滞留していたことがしばしば指摘されてきた。しかし、「量的緩和」政策期においては同時多発テロの発生を契機として超過準備が準備預金適用先である銀行等（とくに大手銀行）に保有されるように、保有先の変化が明瞭に現われてきた（図表4-2）。逆にいえばこのような不安感が無け

図表4-2 超過準備の保有先の変化

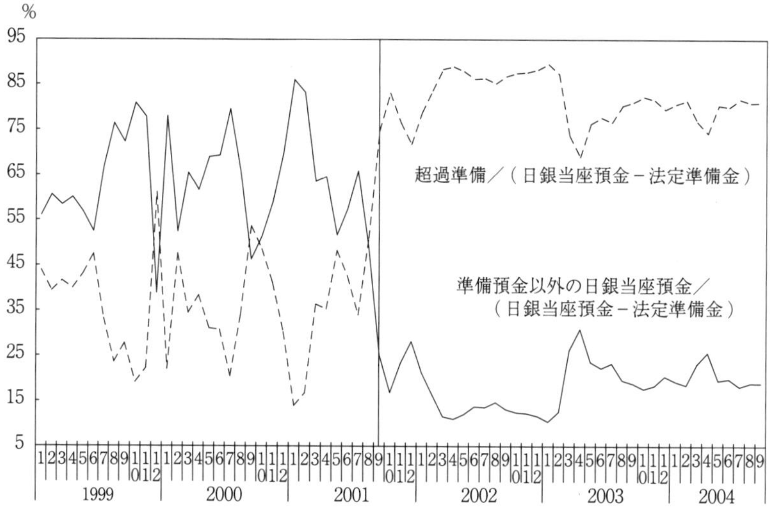

注：月中平均残高から算出。日銀当座預金＝法定準備金＋超過準備＋準備預金以外の日銀当座預金。
出所：日本銀行『金融経済統計』時系列データより作成。

れば銀行が超過準備を保有したかどうかは明らかではない。そして一旦このような事態が発生すれば、そこには不可逆性が生じることとなったように思われる。銀行における超過準備保有は資金ディーラーにおける一種の規律の喪失が発生させたものともみなせるのである。そしてそのことは短期金融市場の機能の喪失とも同義であった。

(2) 日本銀行の資金供給技術の向上

「量的緩和」政策の実施は結局のところ、短期名目金利をゼロ近傍に誘導した。このため金融機関にとって日本銀行の短期オペに応じることにうまみが少なくなり「量的緩和」政策の実施当初においてはいわゆる「札割れ」が頻発した。これに対処するため、日本銀行はオペの応札レート最低刻みの細分化やオペの期間延長を実施した。日本銀行は2001年5月18日、オペ応札レートの最低刻み幅を0.01％から0.001％にすることを発表し、同年9月、短資会社がコールレートの刻み幅を同様に切り下げた。これにより、オペの落札レートは

0.001％にまで低下するようになり、応札条件は改善し「札割れ」は解消した。これは同時に超過準備をコール市場で運用するインセンティブも失わせ、これが「量的緩和」を可能とした。また2001年12月以降の準備需要の増加の要因として日本銀行関係者自身が「オペにインプリシットな『補助金』が生まれた可能性」（白川［2002］178頁）を指摘している。このことはオペの落札金額を有利なものにし、それが「札割れ」が生じなかった理由であることを日本銀行が告白していることを意味する。これは後述の長期国債の買切りオペの増額においてより有効に機能したものと思われる。日本銀行はまた、手形買入オペの期間を6カ月から1年に延長するなど、金融機関により長めの資金供給を供給するようにした。その結果、オペの平均期間は「量的緩和」前の2.5～3倍となった。このような日本銀行の資金供給技術の向上は、短期金融市場の破壊を伴いながらも「量的緩和」をなんとか可能としていった要因となった。

　長期国債の買切りオペの増額は、外野からの要求が最も激しかったものであり、「量的緩和」政策の実施時において日本銀行が約束せざるをえないものでもあった。月額4000億円であった長期国債の買入額は、2001年8月に6000億円に増額され、同年12月、2002年2月および10月にそれぞれ2000億円ずつ増額され、それ以後月額1.2兆円の長期国債が買い入れられている。もっとも日本銀行が長期国債を買いたいと思ったとしても売り手がいなければこの取引は成立しない。オペへの入札は権力の発動ではなく強制できないからである。その際に先述したインプリシットな「補助金」の存在は大きなものであることが想像される。

　なお、長期国債の買切りオペの増額に関しては、その保有額を銀行券発行残高を上限とするという「日銀券ルール」の厳守を日本銀行は強調しているが、2002年以降はその余裕はなくなりつつある（図表4-3）。ここで強調されるべきは近年の日銀券の発行残高は対GDP比でみてもアメリカとの比較においても非常に大きなものであるということである。それは超低金利のもとで日銀券保有の機会費用が発生しないことおよび金融不安を反映したものであるが、その意味では日本銀行は十分に「お札を刷って」いるのである。ただしそれは市

図表4-3　日銀券発行残高と長期国債保有額

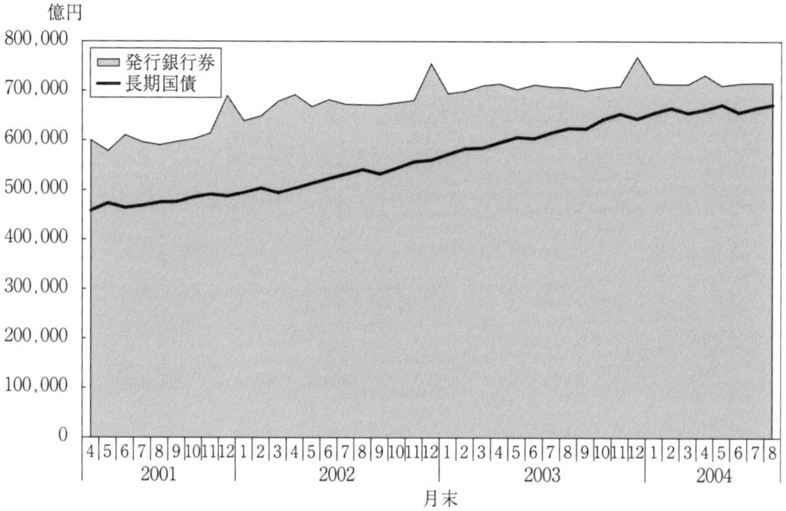

（グラフ：縦軸 億円、0〜800,000。横軸 2001年4月〜2004年8月の月末。発行銀行券と長期国債の推移を示す）

出所：日本銀行『金融経済統計』時系列データより作成。

中が需要した結果であって日本銀行が刷って無理やり持たせたわけではないことに注意は必要ではあるのだが。それはともかくとして超低金利や信用不安が解消したとするならば日銀券は還流しその残高が急減少することも予想される。一方、いわゆる「出口政策」において長期金利の急騰を抑えるためにも長期国債の大量売却は難しいと予想される。そうするとこの規律としての「日銀券ルール」は廃棄されることになるかもしれない。それは「量的緩和」を拡大させた日本銀行への信認のさらなる低下へと結びつくかもしれないのである。

この長期国債の買切りオペの増額はそれが「成長通貨の供給」のためではなくなってきたことは明らかであるが、単に「量」の供給を目指したものともいい難くなってきている。まず2002年1月には日本銀行は長期国債の買入れオペの対象銘柄を「発行後一年以内のものを除く」から「直近発行二銘柄を除く」に変更し、拡大した。これは限りなく国債直接引受けに近づいたものとみなせるであろう。そして年間14.4兆円の買入れは既発債であろうが国債消化に日本銀行が大きく協力していることを意味する。それは金融政策と財政政策の区別

を曖昧化させる事態といってよい。さらにオーソドックスな金融政策運営と異なり、それは長期金利に直接的な影響を及ぼすことを目的とした政策であるとの疑いを禁じえない。

　ところで日本銀行は長期国債の保有増に対応して会計上の処理についても変更した。すなわち2004年度から長期国債の評価方法を満期保有を前提として従来の低価法から償却原価法に変更したのである。これにより長期金利の上昇により国債価格が低下しても評価損は発生せず、したがって自己資本が毀損されることもない。その評価は難しいがそれを必ずしも会計処理上のごまかしと評価するのは適切ではないであろう。

　なお、日本銀行は長期国債の評価方法の変更に先立って「新現先方式によるレポオペ」を2002年11月に開始し、「国債の補完供給制度」を2004年5月に導入した。前者は1999年3月に有価証券取引税が廃止され、従前の「現金担保の貸借形式によるレポ市場」から「売買形式による国際標準のレポ市場」の創設が可能となったことにより、2001年4月に旧現先が再編され新現先が創設されたことから可能となったものである。後者は国債の特定銘柄の需給を緩和させることにより、国債相場の安定と国債流動性の向上を目指したものである。これらの措置は「量的緩和」の解除も睨みつつ金融調節の中心を新現先方式のレポオペとしていくことを明らかにし、そのための市場整備を行ったということにはなろう（「量的緩和」の拡大はそのことをみえにくくさせてはいるが）。しかしこれらは「量的緩和」政策の採用後の日本銀行が国債管理政策により深くかかわらざるをえなくなったことによるやむをえざる措置とみなすことも可能なのではないだろうか[3]。

　それはともかくとして「量的緩和」政策を採用したといってもそれは宣言すれば自動的にというものではなく、一方では市中金融機関の規律の喪失を伴う資金需要増、他方では日本銀行の資金供給技術の向上によりなんとか当座預金残高目標は達成されてきた側面が大きいことをみてきた。しかし日銀当座預金の増大にはその他の要因も存在した。それは日本国および日本の金融機関にとって悲しい要因であった。

図表 4-4　外国銀行の日銀当座預金残高の推移

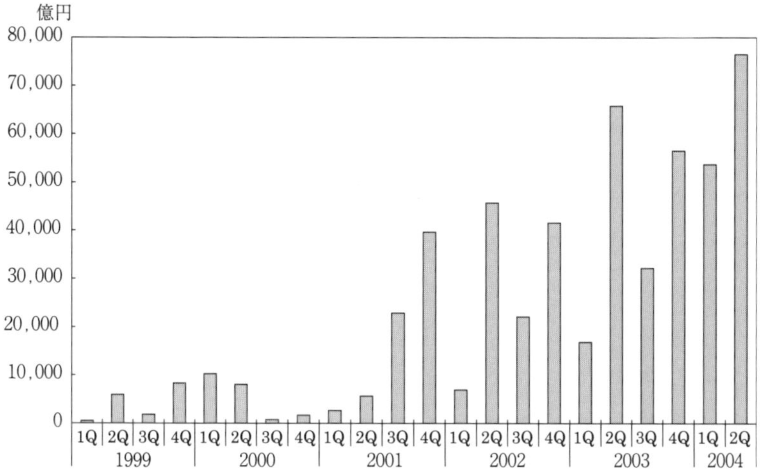

出所：日本銀行『資金循環統計』より作成。

(3) 外国銀行の日銀当座預金増加

「量的緩和」政策の実施後在日外国銀行の日銀当座預金残高は膨らんだ（図表4-4）。2004年6月末時点でみるならば、外国銀行の日銀当座預金残高は7.65兆円に達し、日銀当座預金全体（33.73兆円）の22.68％を占め、日本銀行の金融調節目標額の維持に大きく寄与した。

その仕組みは以下のとおりである。為替スワップ取引においては外国銀行は提供したドル資金の金利を日本の銀行に要求する一方、円資金を外国銀行に提供した日本の銀行は外国銀行に円資金の金利を求める。しかし、日本の銀行には旺盛なドル資金需要があるものの、金融システム不安などにより信用力が非常に低下していた。そのため、日本の銀行がドル資金を調達する際、為替スワップ市場で円資金を担保にドルを借りることになるが、外国銀行が日本の銀行に信用リスクプレミアムを多めに課す結果、その円資金調達コストがマイナスになりやすかったのである。特に、アメリカでのドル資金需要が拡大する時に、東京の短期金融市場にそうしたマイナス金利の拡大がしばしば観察されたと指

摘する市場関係者もいる。また、その金利は最大でマイナス10％になるケースもあったというのである。

外国銀行は調達金利がマイナスであるゆえに、そうした円資金を無利子の日銀当座預金の形で保有しても利鞘は確保できる。また、短期金利がほぼゼロであるため、コール市場などで資金を運用する意欲も低い。結果として在日外国銀行の日銀当座預金残高は増大することとなった。

ところで在日外国銀行は本店の指示で、日本銀行に対しても信用枠（クレジット・ライン）を設定している場合がある。日本の中央銀行の信頼感も低いものであると嘆くしかないが、このような場合どうしても資金放出をしなければならないこととなる。それがたとえマイナス金利であったとしても利鞘が稼げる場合もあることから、2003年1月24日に、コール市場においてマイナス金利の取引が成立し、その後恒常化することとなった。そして日によってはそのような取引が大量に行われ無担保コールのオーバーナイト物の加重平均金利がマイナスとなる日さえ生じたのであった。名目金利の非負制約というのはここでは成立していないのである。

なお、2003年4月に日本郵政公社が発足したことに伴い、同公社と日本銀行は当座預金の保有について民間金融機関とほぼ同様の計算式による額を保有する旨の契約を締結した（ただし日本郵政公社は準備預金制度の適用先ではない）。このためそれ以降は日銀当座預金は増加したが、それは所要準備が増加したのとほぼ同様の意味合いを持つものとみなすことが現実的である。

ところで日本銀行に「量的緩和」を求める議論において長期国債の買切りオペの増額と並んでよくいわれたのが外為介入の非不胎化であった。一方、2003年には財務省は大規模な円売りドル買い介入を行った。この間において日銀当座預金が急増したことから、それは外為介入の非不胎化によりもたらされたものとの解釈がなされた場合もあるが、日本の場合、非不胎化介入は制度的に成立しない仕組みとなっている。財務省は介入資金を基本的にFB（為券）の市中発行により調達しており、円売り介入により供給された円資金はFB発行により不胎化されているのである[4]。したがって日銀当座預金の増大には外為介

入の非不胎化は貢献していないのである。

IV 「量的緩和」政策の評価

(1) ターム物金利・長期金利の低下

　2001年3月に採用されて以来約4年が経過した「量的緩和」政策は、それを求めていた層や当初の目論見と比較してどのような効果があったとみなすべきであろうか。とりあえずは全面的な金融不安や流動性危機は回避はされてきたが、それが「量的緩和」の貢献であるか否かについては検証することはできない。

　まずはターム物金利・長期金利の低下を通じての短期的な効果から検証することとしよう。「量的緩和」政策は、実態としてゼロ金利政策であり実施直後から無担保コールレート（オーバーナイト物）が限りなくゼロパーセントに近づき、その後も概ね0.001～0.002％の区間で推移した（図表4-5）。日本銀行の須田審議委員はその講演において「量的緩和政策に移行した時点では『金利』をもう少し活かした政策にする意図があった」[5]としているが、その意図は実現してこなかったといってよい。

　ただし、この「量的緩和」すなわち実質ゼロ金利政策の長期継続というコミットメント（時間軸効果）は期待理論を前提とするならばターム物金利・長期金利の低下、イールドカーブのフラット化をもたらすこととなるはずである。実際に長期金利の推移をみるならば2003年5月まではそれは低下した。しかしながらそれ以降ゼロ金利が持続する一方で日銀当座預金残高が拡大していくにもかかわらず長期金利は上昇に向かった（図表4-5）。米・中両国の経済が堅調であることを受け景気がやや上向きになったことおよび消費者物価指数（CPI）の前年比上昇率のマイナス幅が縮小したといった要因から「出口」が意識されるようになってきたこともあろう。しかしながらここでの関心は「量」そのものがターム物金利・長期金利の低下に貢献したか否かである。そ

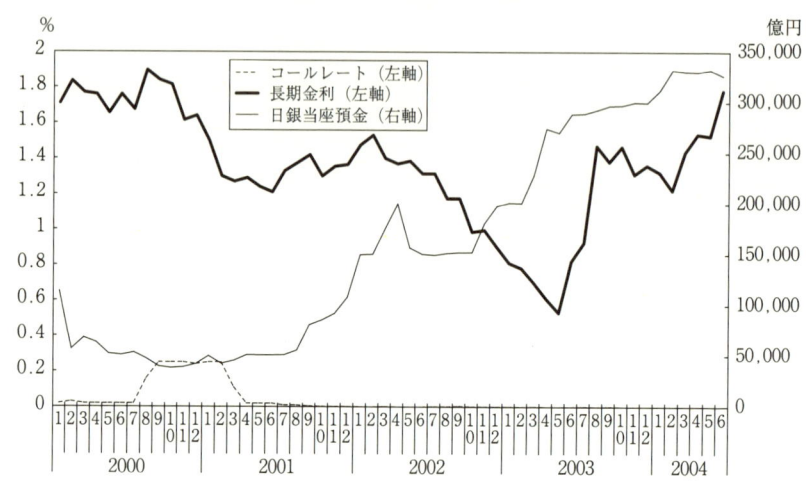

図表 4 - 5　長短金利の動向

注：コールレートは翌日物の加重平均値、長期金利は長期国債（10年物）新発債利回りの月末値。
出所：日本銀行『金融経済統計』時系列データより作成。

の意味では「量」の効果は否定されざるをえない。その意味で2003年5月までの長期金利の低下についてもそれは「ゼロ金利政策の長期継続期待」によりもたらされたものとみなすべきであり、「量的緩和」政策の効果とみなすことはできないであろう。「量的緩和」政策のターム物金利・長期金利への影響はゼロ金利政策を超えるものではなかったのである。

(2)　ポートフォリオ・リバランス効果

それでは「量的緩和」政策に期待されていた金融機関のポートフォリオ・リバランス効果についてはどうであろうか。日本銀行が資金供給を増やせば、市中金融機関の超過準備が拡大する。これについては既に確認済みである。それでは超過準備を抱える金融機関は資産構成を変化させ、日銀当座預金から、債券、株式、あるいは貸出を増やしたのだろうかといえばそれは確認できてはいない。そもそもこのポートフォリオ・リバランス効果というのは誤解を与えかねない言葉である。超過準備を抱えるある金融機関がそれを債券、株式等と単純に交換したとして、それにより日銀当座預金は減少するわけではない。他の

銀行の日銀当座預金（準備預金）にそれは振り替わるだけなのである。

　ここで本当に期待されるべきなのは準備の余裕を基礎として銀行が貸出（有価証券保有でもよい）を行い預金を創造することなのである。この信用創造（ここでのこの用語はフリップス的意味でのそれではなく銀行が貸出を行うことはそれ自体として預金の創造であるという意味であることに注意されなければならない）により預金（すなわち貸出等）が増加する（すなわちマネーサプライが増加する）ことが期待されたそのことであった。このことにより所要準備が増加すれば超過準備が減少し、「量的緩和」政策が「超過準備ターゲティング」であるとするならばそれは減少するし、マネーの全体的な増加に応じて日銀券発行残高が増加すれば日銀当座預金そのものの減少要因となるが、ここではそのことにこれ以上触れないこととする。問題は銀行の貸出の伸びが悪いこと、すなわちマネーサプライの増加率の低いことの要因が「準備預金」の「量」的制約によるものであったか否かである。その解答は既に示されているといってよい。もしそうであるならば「量的緩和」政策は劇的な効果を発揮し、マネーサプライは急上昇し、日本銀行は引締め政策に転換しなければならなかったはずであるからである。しかし現実に発生した事態は、ベースマネーが増加してもマネーサプライは増加しなかったこと、結果的には信用（貨幣）乗数が急低下したことであった（図表4-6）その意味ではポートフォリオ・リバランス効果というのは日本経済の実態から考えるならば期待されたこと自体がおかしいものであり、「量的緩和」を実施したからといってその効果が観察されるわけもなかったのである。準備は貸出増＝マネーサプライ増の制約要因ではなかったのである。

　ただし近年のマネーサプライの増加率はマイナスではない。その主たる要因は銀行の国債保有の増加であった。しかし、一方、日本銀行も自ら設定した当座預金残高目標を達成するために、優良資産としての国債を市中銀行から買い続けた。金利の長期低下に伴い資金の運用難に直面（これがターム物金利・長期金利低下の負の効果であった）した市中銀行はそこで利益が確定できるオペに応札もした。そして大量の資金供給にともない、日本銀行の資産規模も大き

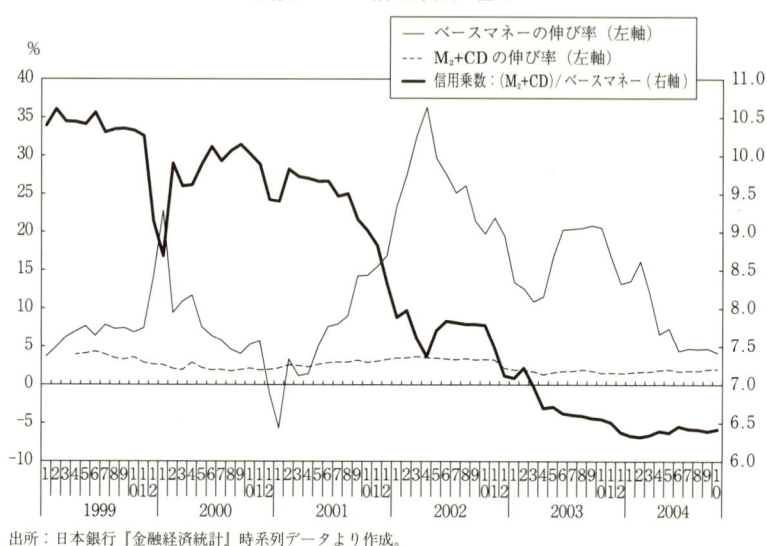

図表 4-6　信用乗数の低下

出所:日本銀行『金融経済統計』時系列データより作成。

く膨張し2004年11月においては約150兆円に達している。これはGDP対比でみても他の中央銀行と比較しても異様な規模である。そしてそのうちの約65%にあたる約98兆円は国債保有残高になる（図表4-7）。これが「量的緩和」政策の結果として出現した事態のひとつなのである。

(3)　市場メカニズムの麻痺

「量的緩和」政策に期待されていたその他の効果のうち、為替を円安方向に誘導する効果や株価等の資産価格を上昇させる効果については、この間観察されていないわけであるが期待インフレ率を上昇させる効果についてはどうであろうか。基本的にはこれについてはよくわからない点が多いが、最低限日銀当座預金の「量」との相関関係はないということはいいうるであろう。期待インフレ率とは理論的には全国民のインフレ期待の総平均であるが、実は「量的緩和」政策の国民の認知度は極めて低いものがある。2004年9月に日本銀行が行った「生活意識に関するアンケート調査」によれば実に42.8%が「聞いたこと

図表4-7 日本銀行の総資産と国債保有残高

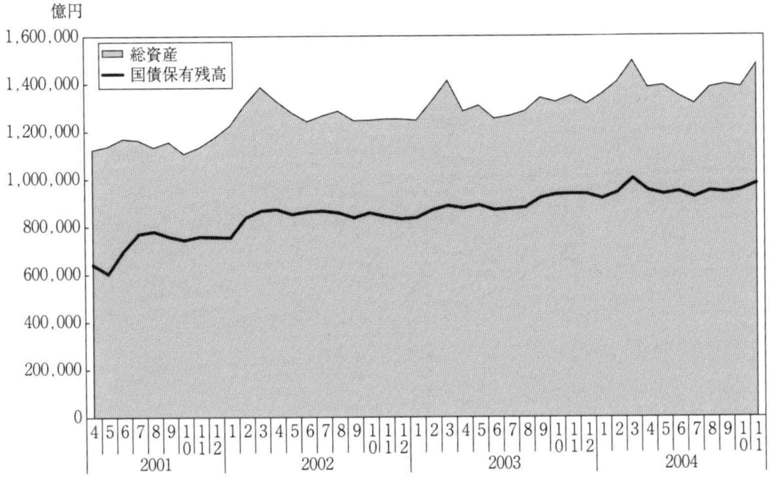

出所：日本銀行『金融経済統計』時系列データより作成。

がない」と答え、31.7％が「聞いたことはあるがよく知らない」と答えている。「量的緩和」政策の実施について知らない以上、たとえ日銀当座預金残高目標を増額したとしても国民の期待インフレ率は変わりようがなく、その効果はあるほうが不思議なのである。これは日本銀行の広告宣伝戦略がまずいのであろうか。実はインフレーション・ターゲティングを導入している諸国においても、その国民の認知度はあまり高くはないようである。多くの国民にとって金融政策というのは関心の外にあって当然だからである。その意味でインフレーション・ターゲティングとは金利調節への政治等の介入を防ぐために、またその達成のためのパスが明確な場合にのみ有効となるのではないだろうか。

それはともかくとして「量的緩和」政策にはほとんどポジティブな効果はなかったわけであるが、ネガティブな効果については多く指摘されてきた。その代表が短期金融市場の機能低下を指摘する声であった。これは「ゼロ金利」政策期においても指摘されていたことではあるが、コールレート（無担保オーバーナイト物）が、0.001％まで低下している状況では、仮に100億円をオーバーナイトで運用しても、金利収入は273円しかない。これでは事務コストをカバ

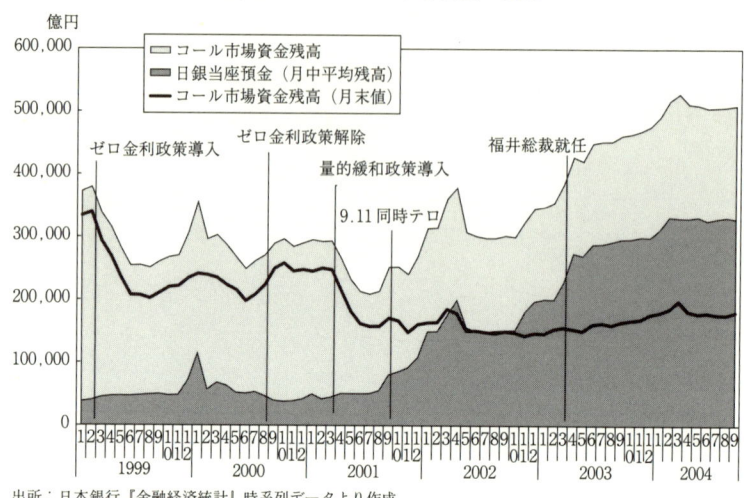

図表4-8 コール市場規模の変化

```
億円
600,000
         ■ コール市場資金残高
         ■ 日銀当座預金（月中平均残高）
500,000  ― コール市場資金残高（月末値）

400,000  ゼロ金利政策導入  ゼロ金利政策解除      福井総裁就任
                          量的緩和政策導入
300,000
                          9.11同時テロ
200,000

100,000

     0
      1 2 3 4 5 6 7 8 9 10 11 12 ...
        1999    2000    2001    2002    2003    2004
```

出所：日本銀行『金融経済統計』時系列データより作成。

―できるわけもなく資金余剰の金融機関は敢えてリスクを取ってコール市場などでの資金運用を行う必要などない。一方、借り手はほぼゼロ金利で日本銀行から資金が調達できることからコール市場での資金調達意欲は減退した。需給両方の行動がもたらす結果として、コール市場での取引が減少し、市場が萎縮してしまった。日本銀行が短期金融市場の機能を代行したことが日銀当座預金を増加させた。図表4-8は「量的緩和」政策の実施後コール市場資金残高が急速に縮小し、その後回復をみせていないことを表している。福井総裁就任後、たしかにコール市場残高と日銀当座預金残高の合計額は増加しており、その限りでは日本銀行が短期金融市場を代替しただけという評価は適当ではないかもしれない。しかしながらそれは銀行の資金ディーラーの機能および規律の喪失という代価により達成されたもののように思われる。長期間にわたるゼロ金利の継続は市場から経験者を奪い去ってしまったのではないだろうか。

(4) 出口政策

以上、「量的緩和」政策の暫定的評価を行ったわけであるが「量」そのもの

の緩和効果は発見することはできなかった。それではなぜ日本銀行は「量的緩和」政策の実施後に当座預金残高目標額の引上げを行い、それが一般的には一段の金融緩和と受け取られてきたのであろうか。それはそもそも「量的緩和」を求める議論そのものにおいて政策の実施とその結果についての明確なパスが存在しなかったからに他ならない。そして現実が証明したことはそのようなパスは存在しないということであった。日本銀行は外部の見解のマジョリティが誤っていることを認識しながら、その誤りを指摘せずに屈服し、さらに誤りを利用して自らに対する批判を弱くすることを狙ったのではないかとの疑いさえ生じてくる。

　こうしたなかで短期金融市場関係者の間では「量的緩和」政策の緩和効果に疑問を呈する声が大きくなり、加藤［2004b］によればそれは「ギミック」すなわち「インチキ・まやかし」に過ぎないとの認識が一般化していたというのである。このような状況において2005年には消費者物価指数（CPI）の前年比上昇率のマイナス幅が縮小したことから「量的緩和」政策の出口が意識されるようになった。

　ここでの議論においても「量的緩和」を早期に解除することは大変な引締効果を生じさせるから慎重に行うべきとの声は大きなものがあった。実は「量的緩和」には効果がないことは考慮されてはいなかったのである。そしてデフレからの脱却のためにはインフレーション・ターゲティングを採用すべきとの意見にかわって「量的緩和」を早期に解除させないためにプラス２％前後の「インフレ参照値」を日本銀行が示し、その程度の物価上昇率となるまで「量的緩和」の解除を行わないと宣言すべきとの議論まで出ていた。この議論にはCPIには統計上１％程度の上方バイアスがあるといわれていたことが影響しているようであるが、そのことから明らかになるのはむしろ「指数は所詮指数にすぎない」ということではないであろうか。そうした指数の前年比上昇率が若干のマイナスとなっていることにヒステリックに反応し、債務デフレ論などを持ち出し日本経済が今にも奈落の底に転落するような議論、そして指数がプラスになればそこに日本経済にとっての天国がやってくるような議論がそもそも間違

っていたのではないだろうか。その意味で「量的緩和」政策の解除時期を必要以上に遅らせるべきではなかったのである。

　しかしながら一方では、長期金利への影響を考慮しなければならないであろう。また、「量的緩和」の緩和効果を信じている向きの行動がマーケットに悪影響を及ぼすかもしれないことにも注意が必要である。とはいえ「量的緩和」政策が異例な政策であり、その効果がないものである以上、その解除は必要であった。ただし日銀当座預金目標の拡大はその出口を難しくしているようにもみえた。2005年段階において「出口対策」として予想されていたものとしては、「準備率の引上げ」や「日銀当座預金への付利」があった。

　前者はそれにより日銀当座預金残高が変わらなくとも「所要準備」を増加させ「超過準備」を減少させることになる。「量的緩和」政策の本質が超過準備ターゲティングである（しかしその効果はない）ことを考えれば日銀当座預金残高を変えることなしにもしくは大きく減少させることなしに「超過準備」を減少させることはできる。これは通常時であれば極めて強い引締め政策と判断されるであろうが、それでは当座預金残高目標の拡大というのは引締めではなかったのかという妙な疑問も生じる。それはともかくとして準備率の引上げは短期金利をボラタイルにする懸念もあるであろう。

　後者は、加藤［2004b］（168頁）においても選択肢のひとつとして取り上げられているが、日銀当座預金残高を急減少させることなしに短期金利の水準を引き上げることが可能となる。その方策の妥当性についてはよくわからないが「量的緩和」政策における「量」そのものの効果がないのであれば、それを減らすことの悪影響もないと考えるのが妥当ではないだろうか。もちろん「所要準備」プラス1兆円の水準で短期金利がゼロでなくなるということはないであろう。その操作は中央銀行のアートとして信頼してまかせればよいのである。ただしその際に日本銀行自らが「量的緩和」政策における「量」の緩和効果はなかったことを公式に認める必要がある。それがこの歴史的実験を終えるために必要であったとも思えるのだが、中央銀行にとって市場の信頼をえるためには自らの失敗は認めてはならないとの見解もあり、2006年3月の福井総裁の発

言は色々な解釈が可能なものとなっている。

V おわりに

　ゼロ金利政策導入後の日本の金融政策は一般の関心は薄いもののエコノミストの間では非常に大きな関心が寄せられてきた。なぜかデフレ対策として財政政策よりも金融政策に重点が置かれるべきとの言説が多くなり、結果として日本銀行は「量的緩和」政策の採用へと追い込まれていった。本書の立場は日本経済に問題点があるとしてその解決のために金融政策に過度の負担を押し付けることには反対するとのものである。また、マイルドなデフレに対して過度にヒステリックになることに反対する立場であるといってよいだろう。

　そして本書においては一般的な議論が暗黙のうちに前提としている銀行観に問題があると考えている。その銀行観とは「銀行とは預金を集めて貸出す機関である」というものである。この銀行観では「預金」とはどこかその辺にころがっている貨幣を集めるもの、外部からなぜかわからないが供給されるものと捉えられている。しかし銀行とは「貸出により預金を創造する機関であり、銀行にとって預金集めとは創造した預金が流出するのを取り戻す行為である」と正しく認識できたなら金融に関する多くの誤解は解消することとなる[7]。ベースマネーを供給すれば信用乗数の安定性を前提としてマネーサプライが増加するはずであるとの議論は間違った銀行観から発生してくる議論なのである。「流動性の罠」の状況となっていようがいまいが、ベースマネーが金融の始点ではないということははっきりさせなければならない。銀行の貸出による預金の創造こそが金融の始点に据えられなければならないのである。

　「量的緩和」政策の失敗はこのことを明らかにしている。通常、準備とは銀行が貸出を行い預金を創造することにより結果として需要されるものであり、マクロ的にはこれに中央銀行が受身で応えることにより供給されるものであるということである。「量的緩和」政策はこの関係を破壊したものではあるが、それでも「準備とは銀行が集めた預金の一部を中央銀行に預けておくもの」と

の観念を破壊するには有効に機能した。「準備とは中央銀行が供給するものである」ということが少なくともエコノミストにはみえるようになったはずである。

また近年の日本の経験はインフレもデフレも貨幣的現象であるということは自明のことなのかという疑問をも浮かび上がらせてきた。日本銀行は明らかに「お札を刷って」きたし、ベースマネーは増やされてきた。マネーサプライも低率ではあっても伸びてきた。にもかかわらず消費者物価指数の上昇率がマイナスであったということはデフレーションが貨幣的現象であるということを疑うに十分な証拠となっているのであり、それを自明とすることはできないということを意味している。

さらに近年の金融政策論議における危険な兆候を指摘しておきたい。それはマイルドなデフレーションに過度にヒステリックになるあまり、中央銀行に無責任になることを求める議論が台頭してきていることである。その際に中央銀行の独立性であるとか金融政策と財政政策の違いなどは意識されず、中央銀行は政府の一部門としか捉えられていない。「政府・日銀一体となって」は当然のスローガンとされているのである。しかし歴史は政府と中央銀行が一体となることは危険であること、であるからこそ中央銀行の独立性が重要であることが議論されてきたことを教えてくれている。その中央銀行に無責任になり、自らのバランスシートの悪化は日本全体のバランスシートが傷んでいる状況下では気にする必要はないとまでの議論は撤回されてしかるべきである。

最後になるがやはり「量的緩和」政策における「量」の効果はなかったといわざるをえない。それは当初から論理的なパスが想定できなかったもの以上当然のことであった。そのような政策に反対することが「経済学を知らない」ことや「奇妙な経済学を語る」と評されるのは「経済学」の危機でもある。「出口」は「量的目標の拡大」により難しくなったようにみえた。そもそもの「量」の効果はなかったことを日本銀行自身が認めたことが、2006年3月の政策転換が「量」を減少させることでなく政策目標を短期金利とすることとしたことの理由であると解釈できる。結果として日銀当座預金残高は減少していく

こととなろうが、それは金融引締めではない。「量的緩和」政策においては「量」そのものの拡大は緩和とはいえないとの本章の見解からは、それは当然のことであり、それは今後認知されていくこととなろう。

注

1) 日本経済新聞『私の履歴書』（ポール・ボルカー）⑲、2004年10月20日。
2) その過程については軽部 [2004] に詳細に示されている。
3) 新現先方式のレポオペおよび国債の補完供給制度について詳しくは中島 [2004] を参照されたい。
4) この点については加藤 [2004b]（118～120頁）に詳しく説明されている。
5) 須田 [2004] 参照。
6) 加藤 [2004b]（120～121頁）参照。
7) このような正しい銀行観を教示してくれるものとしてとりあえず吉田 [2002] を挙げておく。

第II部　金融自由化と銀行行動

第5章　金融自由化の進展と都市銀行の対応
――バブルの形成まで――

I　はじめに——金融自由化の進展

　1980年代においては金融における世界的潮流として、ディレギュレーション、グローバリゼーション、セキュリタイゼーションの三つが挙げられることが一般的であった。こうした潮流の基本をなすのは、ディレギュレーションすなわち金融自由化であるが、この流れは1970年代に入りインフレと不況が併存するスタグフレーションという事態が発現するとともに進展してきた。1970年代の長期不況の過程で、戦後の世界経済を支えてきたイデオロギーであるケインズ的需要管理政策への信認が薄れ、レッセ・フェールを基本理念とする新保守主義が台頭することとなり、経済理論においてはマネタリズムが全盛となったのであった。

　世界各国の金融・資本市場は、各国資本主義の蓄積様式およびその確立時の歴史的条件等を反映して、それぞれの特色をもつ個性的なものとして発展してきた。そして、銀行業は信用創造機能を有しペイメントシステムの中核をなすことから、公共的性格の強いものとして、各国政府および「半官半民の奇妙な混合物」たる中央銀行（国有化されているものもある）による種々の規制が課されてきていた。

　こうした規制が、スタグフレーションの発現をみた1970年代以降、戦後のアメリカを中心とする経済秩序が崩壊する過程で徐々に緩和されることとなったのである。この金融自由化の動きとしては、金利規制、金融商品規制、業務分野規制のそれぞれの自由化がある。そしてさらに、各国における金融自由化が金融サービス業の海外進出を容易にしたことおよび通信技術の革新等を理由として、外国為替管理の自由化がアメリカ（1974年）をはじめとして、イギリス（79年）、日本（80年）、西ドイツ（81年）と先進資本主義諸国で実現した。

　この進展の過程を具体的にみると、各国における金融サービス業にたいする規制が商業銀行中心であったことから、その他の金融機関がシェアを高めることとなり、金融市場における歪みが拡大し、ディスインターミディエーション

が発現したことを契機として、金融自由化が進展したのであった。たとえば、イギリスにおいてはクリアリングバンクのみに現金比率規制、流動性比率規制等が課されていた1960年代において、並行市場が急拡大したことをひとつの理由として、1971年にいわゆる「競争と信用調節」方式が導入され自由化が実現した。また、アメリカにおいては、70年代に、商業銀行の預金金利がレギュレーションQにより規制されていたことを主たる要因として、証券会社のMMMF等への資金シフトが発生し、これを契機に金融革新が進展し結局1980年金融改革法の成立へとつながることとなった[1]。

日本においても銀行業は、他産業にくらべて規制の多い業種である。戦後1950年代前半までに形成された日本の金融システムは、主として三つの規制から成っていた。

その第一は、金利規制である。1947（昭和22）年に制定された「臨時金利調整法」は、その名にもかかわらず長期間存続し、その根拠となった。第二は、業務分野規制である。長期金融と短期金融を分離する規制、信託業務を分離する規制、中小企業専門金融機関等に関する規制、さらにこれに加えて銀行業と証券業を分離する規制により、かなり細分化された専門金融機関制度ができあがることとなった。そして第三として内外資本移動規制を挙げることができる。

以上の規制の目的としては、企業が恒常的に資金不足の状態にあった時期において、限られた資金を安定的に供給するということがあった。こうしたシステムに変化が起き、日本において金融自由化が進展するきっかけとなったのは、1975（昭和50）年12月に特例公債発行に関する法律が施行されて後の国債の大量発行開始であるといってよいであろう。この国債の大量発行の開始は、周知のとおり73（昭和48）年の第一次石油ショックを契機とするスタグフレーションの発現を原因とする歳入欠陥の発生によるものであった。大量に発行された国債の多くは都市銀行等の金融機関により引き受けられたが、それ以前（昭和40年代）とは異なり日本銀行のオペによる吸収には限界があり、また、恒常的にマネー・ポジションの状態にあった都市銀行等が、そのままそれを保有するわけにもいかず、結局それらは市中に売却されることになった。これにより自

由金利の国債の流通市場が形成され、金利の自由化が進展するきっかけとなった。

　日本における預金金利自由化の嚆矢をなしたのは、1979（昭和54）年の譲渡性預金（CD）の取扱開始であるが、これは国債の大量引受に苦しんでいた金融機関（主として都市銀行）に新たな資金調達手段を認めるという点とともに、その直前に現先市場の急拡大があったことも見逃せない。すなわち、大口法人預金が金融機関から現先市場へと流出するという現象が発生したのである。その意味では、ディスインターミディエーションが金融自由化を進展させる要因となったともいえる。ディスインターミディエーション的現象としては他には中期国債ファンドの発売開始（80〔昭和55〕年）等の国債組入れ型の投資信託の相次ぐ開発およびこれらの残高の急拡大があるが、たとえば中期国債ファンドの配当率は、臨時金利調整法の枠外ではあったものの、それは銀行の1年定期預金金利を意識して決定されたわけであり、規制から完全に自由であったとは言い難い。そして日本におけるディスインターミディエーション的現象である現先市場の拡大、中期国債ファンド等の開発等も国債の大量発行がその原因だったのである。その後、80（昭和55）年の外国為替管理法の改正（原則禁止→原則自由）、81（昭和56）年の新銀行法の成立（銀行に公共債の窓口販売・ディーリング等の新規業務を認める）等の自由化措置が進展した。そしてこの金融自由化への流れを決定的なものとしたのは、日米金融摩擦であった。1983（昭和58）年のレーガン大統領の訪日時にその設置が決定した、日米円ドル委員会の84（昭和59）年の報告書において、日本国政府は、①預金金利の自由化、②国内金融・資本市場の整備・拡充、③内外資本移動の一層の自由化と円の国際化、④外国金融機関にたいする国内金融資本市場の開放等を約束させられることとなったのであった。

　その後、1985（昭和60）年7月の市場アクセス改善のためのアクション・プログラムに沿うかたちで金利の自由化は進展してきたわけであり（大口預金金利の自由化の推移については図表5-1参照）、89（平成元）年6月からは300万円以上の小口預金金利の自由化（小口MMC：6カ月および1年もの。3カ

図表 5-1　大口預金金利自由化の推移

年月	譲渡性預金(CD)(1979年5月導入) 最低発行金額	期間	大口定期預金(自由金利定期預金)(1985年10月導入) 最低預入金額	期間	市場金利連動型預金(MMC)(1985年3月導入) 金利	最低預入金額	期間
1997年5月	5億円	3～6カ月					
84年1月	3億円	↓					
85年4月	1億円	1～6カ月			CDレート-0.75%(中小金融機関のみ3月開始)	5,000万円	1～6カ月
10月		↓	10億円	3カ月～2年			↓
86年4月		1カ月～1年	5億円			↓	1カ月～1年
9月			3億円			3,000万円	1カ月～2年
87年4月			1億円		1カ月～1年以下…CDレート-0.75% 1年超～2年以下…CDレート-0.5%	2,000万円	
10月	↓	↓	↓	1カ月～2年		1,000万円	
88年4月	5,000万円	2週間～2年	5,000万円				
11月			3,000万円				
89年4月			2,000万円				
10月			1,000万円(自動継続預金の取扱開始、金利の店頭表示開始)		MMCの上限金利告示廃止(大口定期預金の一種となる)		

月、2年、3年ものについては同年10月より導入）が一応実現し（小口MMCの金利決定方式については図表 5-2 参照）、預金金利については完全自由化へと進むことが見通せる状況となり[2]、その後預金金利の完全自由化が94（平成6）年に実現した。またこの間、短期金融市場等の整備も進展し、東京オフショア市場、円建BA市場、CP市場さらには金融先物市場等が創設された。

図表5-2　小口MMCの金利決定方式

期間	上限金利
3カ月	CDレート－1.75%
6カ月	CDレート－1.25%
1年	CDレート－0.75%
2年	CDレート－0.5%
3年	長期国債表面利率－0.7%

注：1．3年物のみ半年複利で他は単利。
　　2．3年物金利を2年物以下の上限とする（いわゆるキャッピングルール）。
　　3．ただし、同じ期間の規制金利に0.15%上乗せした金利を下限とする（89年10月に新たに導入されたいわゆるフロアルール）。

II　金融自由化が都市銀行の経営に与えた影響

(1)　資金調達面における影響

　金融自由化が進展する過程で都市銀行の経営もかなりの影響を受けることとなった。都市銀行はその影響を最も大きく受けた金融機関のひとつであるといえるが、それを具体的にみると、1985（昭和60）年度末時点においては預金・譲渡性預金に占める自由金利預金の比率が残高ベースで17.5%であったのが3年後の88（昭和63）年度末には44.7%にまで上昇した（図表5-3参照）。さらにこれを別の観点からみるならば、都市銀行の資金調達全体（エクイティファイナンスを除く）に占める預金の割合はわずかながら低下した（図表5-4参照）。この評価は、インターバンク市場のあり方および金利動向等に左右されることから難しいものがあるが、ともかく預金金利の自由化にともない預金が市場性資金化したことにより、預金市場を含めた短期金融市場間における裁定関係が活発化したことは明らかであろう。預金についていえば、支店において得意先係が自転車に乗ってそれを集めて回るという部分はマイナーなものとなり、電話一本でマーケットから大量の資金を調達するという時代となったので

図表 5-3　預金・譲渡性預金に占める自由金利預金の割合（都市銀行）

(単位：億円、％)

年度末		預金＋CD (A)		自由金利預金(B)					残高比率 (A)/(B)
				大口定期預金	MMC	非居住者円預金	外貨預金	CD	
85	残　高	1,362,256	238,028	32,072	30,214	21,510	98,405	55,827	17.5
	増加額	125,690	73,241	—	—	2,823	683	7,449	
	増加率	10.2	44.4	—	—	15.1	0.7	15.4	
86	残　高	1,507,840	361,451	107,530	55,616	16,998	115,371	65,936	24.0
	増加額	145,584	123,423	75,458	25,402	−4,512	16,966	10,109	
	増加率	10.7	51.9	235.3	84.1	−21.0	17.2	18.1	
87	残　高	1,721,034	616,116	287,472	105,077	19,030	113,960	90,577	35.8
	増加額	213,194	254,665	179,942	49,461	2,032	−1,411	24,641	
	増加率	14.1	70.5	167.3	88.9	12.0	−1.2	37.4	
88	残　高	1,871,678	836,862	479,578	129,297	17,764	101,548	108,675	44.7
	増加額	150,644	220,746	192,106	24,220	−1,266	−12,412	18,098	
	増加率	8.8	35.8	66.8	23.0	−6.7	−10.9	20.0	

出所：日本銀行『経済統計月報』。

図表 5-4　資金調達構成の推移

(単位：億円、％)

年度末	84	85	86	87	88
預　金	1,188,188 (84.4)	1,306,429 (81.7)	1,441,904 (80.2)	1,630,457 (81.0)	1,763,003 (79.7)
譲渡性預金	48,378 (3.4)	55,827 (3.5)	65,936 (3.7)	90,577 (4.5)	108,675 (4.9)
コールマネー	102,853 (7.3)	109,551 (6.8)	109,737 (6.1)	139,809 (6.9)	154,608 (7.0)
売渡手形	53,537 (3.8)	98,465 (6.2)	136,150 (7.6)	99,203 (4.9)	135,639 (6.1)
借用金	15,081 (3.8)	29,349 (1.8)	44,997 (2.5)	51,712 (2.6)	51,388 (2.3)
合　計	1,408,037 (100.0)	1,599,621 (100.0)	1,798,724 (100.0)	2,011,758 (100.0)	2,213,313 (100.0)

出所：日本銀行『経済統計月報』。

ある。これは当然のことながら、都市銀行にとってコストアップ要因となったが、この間金利低下局面であったこともあり、その影響は経営悪化に結びつきはしなかった。それどころか、自由金利預金金利の低下から収益的には好環境が続いたのであった。高度成長期における日本の金融構造の特徴としては、①オーバー・ボロウイング、②オーバー・ローン、③間接金融の優位、④資金偏在を挙げるのが通説となっている。そして、この四つの特徴のうち「資金偏在」すなわち金融機関のうち都市銀行のみが恒常的にマネー・ポジションとなり、その他の金融機関がローン・ポジションとなる現象は、都市銀行において、大企業取引を基本とするところから、大衆預金吸収という貯蓄銀行的役割をある程度下位の金融機関にゆずり、そこでまとめられた資金をインターバンク市場を通じて吸収するというパターンを必然化するということから説明されてきた[3]。

それでは、金融自由化の進展の過程でこの構造に変化は生じたのであろうか。図表5-5でインターバンク市場の資金の出手および取手の構成をみてみると、第一次石油ショック後とはいえ市場構造としては高度成長期の姿をほぼとどめていると思われる1975（昭和50）年と88（昭和63）年とを比べると、都市銀行がコール市場においても手形市場においても資金の取手であるという構造、すなわちマネー・ポジションにあるという構造には変化はみられない。ただ88（昭和63）年においては、都市銀行が唯一の資金の取手という構造は崩れている。コール市場における取手としての都市銀行のウェイトは、90％弱から40％弱へと大きく低下し、同市場において国際化およびその預金吸収力が弱いことを反映して外国銀行の割合が急増した。また、かつては同市場において資金の出手の中心であった地方銀行が公共債の引受等によるポジション悪化を反映して有力な取手として登場した。同市場における資金の出手をみると、投資信託の運用の増加から信託銀行のウェイトが高まってきており、地方銀行のウェイトは低下してきている。そして都市銀行は88（昭和63）年には資金の出手としても登場してきているのである。一方、手形市場においては、都市銀行は資金の取手（手形の売手）として依然圧倒的な地位を占めており、これに外国銀

図表5-5 コール・手形市場の出手・取手別残高

(単位：億円、％)

		コール市場			手形市場		
		1975年平残	1985年平残	1988年平残	1975年平残	1980年平残	1988年平残
出手	合計	19,675(100.0)	50,455(100.0)	166,424(100.0)	51,928(100.0)	94,402(100.0)	119,717(100.0)
	都市銀行	－(－)	892(2.0)	6,335(3.8)	－(－)	206(0.2)	298(0.2)
	地方銀行	3,522(17.8)	3,311(6.6)	4,540(2.7)	2,324(0.2)	2,688(2.8)	2,846(2.4)
	信託銀行	3,841(19.5)	24,105(47.8)	128,776(77.4)	2,240(2.8)	8,660(9.2)	32,750(27.4)
	長期信用銀行	1,247(6.3)	1,061(2.1)	705(0.4)	595(9.2)	1,821(1.9)	22(0.0)
	外国銀行	640(3.3)	1,641(3.2)	1,027(0.6)	316(1.9)	4,021(4.3)	4,143(3.5)
	相互銀行	2,035(10.3)	3,178(6.2)	5,270(3.2)	1,862(4.3)	1,342(1.4)	1,749(1.5)
	全信連・信金	2,162(11.0)	4,735(9.3)	4,214(2.5)	7,427(1.4)	16,170(17.1)	20,251(16.9)
	農林系統	1,855(9.5)	4,441(8.8)	5,909(3.6)	2,695(17.1)	27,711(29.4)	13,314(11.1)
	証券会社	942(4.8)	1,708(3.4)	2,134(1.3)	59(29.4)	79(0.1)	30(0.0)
	生・損保	1,974(10.0)	3,652(7.2)	5,832(3.5)	577(0.1)	939(1.0)	258(0.2)
	その他	1,454(7.4)	1,725(3.4)	1,677(1.0)	33,830(1.0)	30,781(32.6)	44,052(36.8)
取手	合計	20,321(100.0)	51,400(100.0)	165,838(100.0)	51,928(100.0)	94,404(100.0)	119,717(100.0)
	都市銀行	17,255(85.4)	27,852(54.1)	65,497(39.5)	49,015(94.4)	84,833(89.9)	91,769(76.7)
	外国銀行	254(1.2)	5,563(10.8)	51,525(31.1)	2,807(5.4)	2,906(3.1)	4,855(4.1)
	地方銀行	659(3.2)	6,591(12.9)	13,178(8.3)	105(0.2)	6,603(7.0)	23,092(19.3)
	信託銀行	243(1.2)	1,004(2.0)	12,419(7.5)			
	長期信用銀行	4(－)	1,558(3.0)	8,250(5.0)			
	その他	1,908(9.0)	8,829(17.2)	14,967(9.0)			

出所：日本銀行『経済統計年報』。

行が続いている。同市場における資金の出手（手形の買手）としては、コール市場と同じく、信託銀行のシェア上昇、地方銀行、相互銀行のシェア低下がみられる。こうして資金偏在という日本の金融構造における特徴も、出手、取手の構成が多様化したという意味で「拡散」した[4]といってよいが、これは、都市銀行からみると、オープン市場の発達を背景に資金調達手段の多様化を図ったということであろう。都市銀行の資金調達は、預金のいわば外部負債化を背景に多様化したのであった。

また、かつての「資金偏在」論においては、それと都市銀行のシェア低下がセットで論じられることも多かった[5]。それは、高度成長期においては、都市銀行が大企業の旺盛な資金需要に応じ、それらの資金が企業間取引等を通じて中小企業や個人部門に流出していくため、自ら創造した資金のすべてを預金として還流させることができず、さしあたり外部負債による調達でつぐなうが、次なる段階においては低下した資金シェアに対応して貸出シェアが低下すると

図表 5-6　金融機関主要資力および貸出の構成比

(単位：%)

年末		全国銀行銀行勘定				信託勘定	相互銀行	信用金庫	農協	生損保	資金運用部	政府系金融機関	その他とも計(含重複)
		都市銀行	地方銀行	信託銀行	長期信用銀行								
預金・債券等	55	55.1	33.1	16.1	1.3	4.6	4.4	5.7	4.0	5.3	3.5	11.6		100.0
	60	51.8	29.7	15.5	1.5	5.1	7.6	5.8	5.1	4.4	4.6	10.3		100.0
	65	46.4	25.9	14.7	1.7	5.2	7.3	6.6	6.4	5.0	5.1	9.7		100.0
	70	42.7	22.6	13.4	1.6	5.1	6.7	5.9	7.2	5.7	6.2	12.1		100.0
	75	39.5	20.2	12.6	1.5	5.2	6.8	6.0	7.4	5.9	5.8	15.3		100.0
	80	35.0	17.6	11.8	1.1	4.4	7.2	5.5	6.9	5.5	6.2	19.4		100.0
	85	33.8	16.7	11.6	1.2	4.4	6.6	4.8	6.3	5.0	7.6	20.4		100.0
	86	33.2	16.5	11.1	1.2	4.4	7.0	4.6	6.1	4.7	8.3	20.1		100.0
	87	33.4	17.0	11.0	1.1	4.3	7.4	4.5	6.0	4.5	9.0	19.5		100.0
	88	33.4	17.0	11.1	1.0	4.3	7.2	4.5	6.0	4.3	9.9	19.1		100.0
貸出	55	52.3	30.5	15.1	1.4	5.3	3.8	6.1	3.6	2.6	1.6	11.0	11.2	100.0
	60	51.4	29.6	14.4	1.6	5.9	4.5	6.0	4.9	2.1	3.0	9.6	9.5	100.0
	65	47.5	26.8	13.7	1.5	5.6	5.4	6.1	6.0	2.6	3.5	10.1	8.3	100.0
	70	43.3	23.9	12.9	1.4	5.2	5.7	5.8	7.3	3.4	4.4	11.3	8.6	100.0
	75	40.2	21.6	12.1	1.5	5.0	5.4	5.7	7.0	3.5	4.4	14.7	8.7	100.0
	80	35.4	18.5	11.4	1.3	4.3	4.5	5.6	6.8	2.9	4.4	19.8	10.9	100.0
	85	39.2	20.4	11.7	2.4	4.7	3.8	5.1	6.0	2.1	4.4	19.7	10.8	100.0
	86	41.3	21.8	11.7	3.0	4.8	3.6	4.8	5.9	1.9	4.3	19.7	10.4	100.0
	87	42.3	22.5	11.9	2.9	4.9	3.5	4.9	5.8	1.7	4.5	18.8	10.0	100.0
	88	42.6	22.7	12.1	2.9	4.9	3.3	4.9	5.4	1.6	4.7	18.7	9.8	100.0

出所：日本銀行『経済統計年報』。

いう構造があったからにほかならなかった。しかし、都市銀行の預金シェアおよび貸出シェアは金融自由化の進展の過程で下げどまり傾向をみせ、1980年代には上昇する傾向もみられた（図表5-6参照）。これは都市銀行の融資対象が高度成長期と大きく異なってきたことに加えて、預金の性格の変化も影響しているといえよう。

ただこの過程で、都市銀行の資金調達は従来に比べて短期化することとなった。大口定期預金はそれが市場性の資金であるという性格から、その大部分が3カ月以内の期間のものとなっている。また、市場金利連動型預金（MMC）は、その金利決定方式において期間1年までは、上限金利がCD金利マイナス0.75％とされたために、1カ月複利の運用が通常は有利となることから、その大部分が1カ月ものとなった[6]。譲渡性預金および外貨預金についてもその大半は3カ月以内の期間のものであり、こうして従来にくらべて市場金利の変動

の影響を受けやすい体質となったのである。

(2) 資金運用面における影響

　金融自由化の進展による資金調達構造の変化により、都市銀行においては従来に比べて金利変動リスクが増大するようになった。資金調達面における自由金利預金等の増大の一方で、資金運用面における自由金利貸出比率もインパクトローン（外貨貸付）およびスプレッド貸出等が増加したものの、その増加のテンポはそれほど速くはなく、1987（昭和62）年度末における総貸出（国内店勘定）に占める割合は1割前後と推定されていた。

　従来は、貸出金利よりも預金金利が遅行性をもって変動するという傾向があったことから、都市銀行にかぎらず金融機関の収益は金利上昇局面では好転し、金利下降局面では悪化するという傾向があった。しかしながら調達・運用構造の変化により、自由化比率の大きい預金の金利変動が大きくなり、銀行の収益動向が従来のパターンと異なるようになるのではとの観測がひろまることとなった。都市銀行は1984（昭和59）年6月以来、国債等の公共債のディーリング業務を営んでいるが、ここからえられる収益も金利低下局面においては債券価格が上昇し、金利上昇局面においては債券価格が下落することから、前者の場合においては増益、後者の場合においては減益という傾向をもつこととなる。その意味で、金利上昇局面における収益悪化対策は喫緊の課題となってきていた。

　こうしたなかで、1989（平成元）年1月9日、全国銀行協会連合会の会長銀行（当時）であった三菱銀行は、短期プライムレートの決定方式を変更して、調達金利等を総合的に勘案して決定することとし、具体的には4.25％（旧プライムレートは3.375％）とし、1月23日から適用すると発表した。この新短期プライムレートの算定方式は、当初案においては、普通預金金利、1年定期預金金利、CD金利、手形金利を指標金利として加重平均し、これに経費率1％を上乗せするというものであったと伝えられている。加重平均は、①当座、普通、通知預金などの規制金利を適用する流動性預金、②一般定期預金、期日指

定定期預金など規制金利の定期性預金、③譲渡性預金、大口定期預金などオープン市場調達資金、④コール、手形などインターバンク市場調達資金の4グループに分け、その残高構成比を基準にしてグループごとの代表金利を適用する。4グループの残高構成比は、3月末、9月末の数字をもとに6月（6〜11月適用分）、12月（12月〜翌年5月適用分）に見直しを行う。算定値は、0.25％刻みとし、より近い水準に切上げないし切下げを行う。算定値が適用金利から上下に0.25％以上乖離した場合には、適用金利を見直すというものであったとされている。しかしながら、種々の理由から、短期プライムレートの新決定方式は前述のとおり「調達金利等を総合的に勘案して決定」されることとなり、しかも、同レートの変更については市場実勢を尊重する方式ではあるものの、そう頻繁には行わないという方式としたという文言も発表文書には含まれていた。

　この新方式による短期プライムレートは、当初は4.25％であったがこれは当時の優良企業の実効金利に近いものであったとされている。都市銀行にかぎらず金融機関は、一般的に企業と債務者預金を勘案した実効金利ベースでの貸出交渉を行っているわけであるが、この実効金利を変化させないということで対企業交渉をスムーズに行おうとの判断も働いたものと想像される。しかし、従来の公定歩合に連動した貸出金利の決定方式のもとにおいても、実効金利によるある程度の需給調整は可能であったが、新方式の採用において市場金利に連動して貸出金利を変更できることとなったことの意義は大きなものがあったといってよいであろう。実際都市銀行各行は全行が新方式に移行し、順調に同レートの適用企業割合を拡大させた。また、その後6月19日には、市場金利の上昇に対応して同レートを初めて0.625％引き上げ4.875％とした。

　この新方式のプライムレートは、金融自由化が進展する状況下において、都市銀行が増大する金利変動リスクおよび調達コストの増大への対応策としての意味から採用したものであるが、都市銀行はこの他にも種々の対策を講じた。

III 都市銀行の行動面の変化

(1) 進展する業務多様化・大衆化

　1980年代入り以降の金融自由化が進展する過程で、都市銀行は、業務の多様化・大衆化を意識的に進展させてきた。しかしながら、こうしたことは実は昭和40年代に入った段階において強く叫ばれ、一定程度実現されてきたことでもあった。ただし、昭和40年代におけるそれは、直接的には昭和30年代に進展した都市銀行のシェア低下に対する巻き返し策として意識されてきたものであるといわれていた。すなわち、都市銀行の大企業中心の与信活動が、結局は中小企業部門や個人部門へと流出し、これを都市銀行以外の金融機関が預金等の形態で吸収するというパターンが形成されたことにより、高度成長期における日本の金融構造の特徴たる資金偏在という現象が発現したことに対する対応策としての面が強かったわけである。かつてにおける都市銀行の行動の変化は、そのオーバー・ローンが資金偏在を生み、それがまた都市銀行のオーバー・ローンすなわち外部負債依存を拡大するという悪循環が生じ、それがシェア低下さらには収益力低下へとつながるといったことにたいする危機感からのものであったのにたいし、1980年代入り以降の金融自由化が本格的に進展する過程におけるそれは、資金吸収面等におけるコスト・アップへの対応という面が強く意識されたものであるといいうるであろう。また、これに加えて世界的に金融自由化が進展する過程で、種々のイノベーションが進展し特に国際業務面ではこれに積極的に対応していかざるをえなかったという面もあった。

(2) 貸出構造の変化

　ここで国際業務面をひとまずおいて考えると、国内業務での最大の変化は、貸出構造における変化であった。都市銀行の従来の主要顧客であった大企業は、自己金融化傾向を強め、また資本市場を通じる資金調達にシフトするというこ

ともあり、銀行に対する交渉力を強めてきた。このことは都市銀行にとって、融資順位の関連があり、そう一挙に融資額を減らせはしない一方で、融資条件は都市銀行にとってどんどん不利になっていくということにつながることとなる。したがって、収益重視の姿勢を強める都市銀行は、相対的に交渉力において優位にあり、条件的にも大企業取引に比べて有利である中小企業取引の割合を増加させた。都市銀行は、大企業取引においては、預貸金取引のみならず海外証券現地法人を利用した社債の引受、国債等のディーリング等の証券業務、国際業務、M&A関連の手数料収入、さらには系列先を含めた総合取引により採算を確保しなくてはならなくなったのである。

　高度成長期において、都市銀行にとって中小企業貸出は限界的なものとの位置づけであった。したがって、それは金融の繁閑による影響をきわめて大きく受けたのであった。しかしながら、このような状況は1970年代に入ると若干変化しはじめ、第一次石油ショック後の1975（昭和40）年にいたると都市銀行の対中小企業融資比率（国内店勘定）は40％を超えたが、85（昭和60）年以降はそうした動きは一段と加速化しており、88年（昭和63）年度末におけるその割合は、62.4％となった（図表5-7参照）。ところで1980年代までは年末になると全国銀行協会連合会においては、中小企業金融の年末対策について機関決定を行い、年度第3四半期における中小企業向貸出の増加目標額を決定し、各銀行はその実情に応じてできる限り中小企業向貸出の増加に努めるよう配慮することを申し合わせていた。この始まりは、51（昭和26）年7月の中小企業対策委員会にまで遡ることができ、54（昭和29）年までは毎年「中小企業金融対策要綱」を決定・発表、55（昭和30）年以降は年末対策として決定・発表されるようになってきていた。これはまさしく都市銀行にとって中小企業貸出が限界的なものであったことの裏側として、このような要請が社会的に存在したことによるのは明白であろう。また、81（昭和56）年に成立した新銀行法に関する論議においても、ディスクロージャーの法制化に関連して、都市銀行は、たとえば中小企業融資比率、個人融資比率の公表を義務付けられることには反対していたこと等を考えると、隔世の感があることは否めない。もちろん、その際

図表 5-7　長期貸出・短期貸出比率の推移

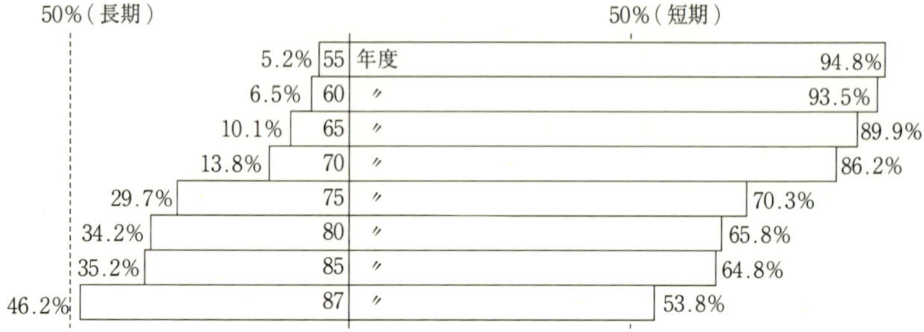

長期	年度	短期
5.2%	55	94.8%
6.5%	60	93.5%
10.1%	65	89.9%
13.8%	70	86.2%
29.7%	75	70.3%
34.2%	80	65.8%
35.2%	85	64.8%
46.2%	87	53.8%

注：1．短期は1年以下、長期は1年超の貸出。
　　2．期限の定めのない貸出を除く。
　　3．貸出金には、割引手形中の手形割引市場分及び金融機関貸付金を含まない。
　　4．国内店の銀行勘定の計数。

の論拠は、ディスクロージャーはあくまで自主的なものであるべきこと、また、個別銀行の経営戦略としてホールセール・バンキングに特化するということはありうることであり、こうしたディスクロージャーの法制化により、対中小企業貸出がいわば倫理的な色彩を帯びることにたいして反対するというものであった。しかしながら、こうした主張の背景には、景気情勢が変化した際に大企業融資を中心に据えなければならない事態が再びやってくるのではという予想があったこともまた事実であろう。

　こうしたなかで貸出における業種別構成もまた変化した。1970年代以降、都市銀行の貸出の業種別構成において、工作機械、輸送用機械、化学等のいわゆる重厚長大型産業を中心とする製造業の割合は低下する傾向にあり、これに代わって建設業、不動産業、サービス業および個人向け貸出のウェイトが傾向的に高まってきていた。そして1980年代においてその割合は一層上昇した。これらのなかにはいわゆる土地融資も含まれており、バブルを形成した一因であった。これについては地価高騰に関連しての批判はあったが、当時においてはそれにより信用リスクが低下したという評価さえなされていた。また、これらの分野は中小企業の比重もまた高く、中小企業融資の拡大は業種別構成の変化ともまた絡み合っていたのである（図表5-8参照）。

　そしてこの過程で、中小企業融資の拡大と同様の目的をもって都市銀行が推

図表 5-8　業種別貸出残高の推移

(単位：億円、カッコ内構成比%)

年度末	70	75	80	85	86	87	88
製造業	102,154 (45.4)	181,984 (37.7)	235,057 (32.9)	313,616 (26.9)	311,685 (24.1)	297,486 (21.0)	288,051 (18.7)
建設業	11,279 (6.3)	30,471 (5.6)	40,179 (5.7)	66,831	72,171 (5.6)	71,692 (5.1)	74,513 (4.8)
電気・ガス・熱供給・水道業	1,970 (0.9)	6,081 (1.3)	13,466 (1.9)	20,074 (1.7)	20,160 (1.6)	20,866 (1.5)	20,819 (1.4)
運輸・通信業	7,108 (3.2)	15,009 (3.1)	21,227 (3.0)	35,850 (3.1)	39,821 (3.1)	44,602 (3.1)	49,118 (3.2)
卸売・小売業飲食店	71,286 (31.7)	135,868 (28.1)	195,568 (27.4)	275,321 (23.6)	280,939 (21.7)	289,017 (20.4)	297,444 (19.4)
不動産業	6,555 (2.9)	24,384 (5.0)	34,469 (4.8)	89,676 (7.7)	133,925 (10.4)	148,498 (10.5)	172,035 (11.2)
サービス業	7,677 (3.4)	22,921 (4.7)	44,880 (6.3)	115,628 (9.9)	141,743 (11.0)	179,511 (12.6)	210,168 (13.7)
地方公共団体	2,368 (1.1)	6,417 (1.3)	6,361 (0.9)	9,007 (0.8)	9,492 (0.7)	8,916 (0.6)	8,342 (0.5)
個人	8,907 (4.0)	38,008 (7.9)	79,630 (11.2)	119,830 (10.3)	150,246 (11.6)	200,525 (14.1)	252,090 (16.4)
その他共計	224,793 (100.0)	483,226 (100.0)	714,082 (100.0)	1,165,789 (100.0)	1,293,123 (100.0)	1,419,631 (100.0)	1,536,505 (100.0)

出所：日本銀行『経済統計月報』。

進したのが長期貸出比率の拡大であった。これは、金融自由化による調達面の短期化への対応という点では逆であるようにも感じられるが、収益増大政策の面から都市銀行は長期貸出比率を拡大させた。1975（昭和50）年度末における、長期貸出比率は約30％であったが、この比率はとくに85（昭和60）年度以降急上昇し、87（昭和62）年度末には46.2％にまでなった（図表5-9参照）。都市銀行は、従来から企業の設備資金金融に深く関わりをもってきたが、貸出形態の上では長期のものとはせず、短期貸出のころがしの形態でそれを行ってきた部分が多かった。それは、商業銀行主義、真正手形主義の呪縛から行政当局も銀行経営者もまた自由ではなかったことや、短期資金のころがしという形態が都市銀行の企業に対する強い影響力を保持する上で有効であったことによるといわれている。そして、こうした商業銀行主義の理念もまた資金調達面におけ

図表5-9　企業規模別貸出構成費の推移

	個人	中小企業	地方公共団体	大企業
1955年度末	1.1%	31.0%	←1.2%	66.7%
60 〃	1.6%	24.8%	←0.4%	73.2%
65 〃	1.9%	21.9%	←1.3%	74.9%
70 〃	3.9%	21.4%	←1.1%	73.6%
75 〃	7.9%	46.6%	←1.3%	44.2%
80 〃	11.2%	50.2%	←0.9%	37.7%
85 〃	10.3%	56.9%	←0.8%	32.1%
86 〃	11.6%	60.1%	←0.7%	27.5%
87 〃	14.1%	60.9%	←0.6%	24.4%
88 〃	16.4%	62.4%	←0.5%	20.7%

注：1．銀行勘定、国内店ベースの計数。
　　2．中小企業の範囲は以下のとおり。
　　　　55・60年度――資本金1千万円以下の企業
　　　　65・70年度――資本金5千万円以下（卸売業・小売業・サービス業は1千万円以下）の企業
　　　　75年度以降――資本金10億円未満の企業
　　3．個人向けには、割賦返済方式による住宅・消費者ローンに加え、個人事業者に対する貸出のうち事業用、非事業用に分別困難な物を含む。

る定期性預金比率の上昇等による自己決済性の低下により形骸化し、実態面でも運用資金の長期化が進んだ。

　これは昭和40年代の金融緩和期においても進んだ事態であるが、この時点では都市銀行等の普通銀行においても運用資金の長期化がかならずしも資金運用の弾力性を害しないとみられるようになってきたことによる。これにたいして85（昭和60）年頃以降の長期貸出比率の上昇は、これと若干様相を異にしている。すなわち、この時期にいたっては、収益重視の姿勢から運転資金を長期資金の形態で貸し出すという動きまでみられるようになったのである。もっともその際にも金利リスクは充分意識されており、その大半は変動金利貸出の形態をとっていた。たとえば、三菱銀行は89（平成元）年10月13日に、ニューヨーク証券取引所上場に際して米国証券取引委員会（SEC）に提出した登録申請書類『様式20-F』の抄訳版を発行したが[7]、これによると88（昭和63）年度末における長期貸出金における変動金利貸出の割合は、国内において96％、海外において72％、全店で91％と極めて高い割合となっていた。

　以上のような動き、たとえば中小企業向け貸出の増加は地方銀行および中小企業金融専門金融機関との競合を強めることとなり、一方、長期貸出の増加は

長期信用銀行および信託銀行との競合を強めることとなった。また都市銀行は、貸出の質的な面での変化を進めると同時に、資金運用量を拡大させ国内資金収益を確保するというビヘイビアをとるようになり、そしてこのことがまた他業態との競争を激化させることとなった。従来から金融機関の業務の同質化の進展は傾向としては存在していたわけではあるが、金融自由化の進展の過程でこれが一層加速化し、業務分野規制の見直しのひとつの根拠となっていたのである。

(3) 個人取引の重視

日本における近代的な消費者信用は1950年代中庸の家電製品割賦販売に始まるが、銀行が制度的な消費者信用業務に進出したのは1960（昭和35）年のオートローンが初めてである。信用制度の中核たる都市銀行が、生産ないし販売という返済還流の根拠をもたない消費者にたいし与信を行いうるための客観的条件としては、①耐久消費財生産の急成長とその社会的生産全体に占める役割の重要性の拡大および、②個人の所得水準・生活水準の上昇とこれに伴う金融資産蓄積水準の上昇が挙げられるが、後者において重要なのはこの時期において基本的に都市に居住する新中間層としてのホワイトカラー労働者層すなわちサラリーマン層がマスとして登場してきたことである。この層は、ブルーカラー労働者層よりも雇用は安定的であり、年齢・所得曲線は年齢比例的に上昇する。このため、彼らは将来について楽観的な見通しをもちうるようになり、そこから生活水準向上の志向とそれを実現するための積極的消費活動が生み出されることとなる[8]。こうした層がマスとして登場した際に、銀行はこれを与信可能な層として認識することとなるのである。

日本においては、1960（昭和35）年のオートローンに続いて、翌61（昭和36）年には、教育資金ローン、一般ローンが導入され、さらには住宅ローンも導入されている。そして、こうした住宅ローン以外の消費者信用は、当初は提携ローン（商品の売り手であるディーラー等が銀行に対して保証する）として出発し、1970年代前半まではこの方式が主たる与信の方式であった。これには、個人信用情報の収集機構等のインフラストラクチュアの整備が遅れていた（ア

メリカに比べて）という理由のほかに、子会社による業務展開なしにいきなり本体において同業務に参入したということも大きいと思われる。都市銀行による消費者信用は、当初はやはり限界的なものであったが、1960年代後半に入ると、耐久消費財ブームに乗ったこと、また、機械化の進展による低コスト化の実現等から、提供するローンの多様化が図られた。

　1970年代に入ると、60年代後半の耐久消費財ブームが一段落する一方で、①地価、建築費の個人所得の伸び以上の上昇、②個人持家比率の上昇および持家取得時期の若年齢化、③融資条件の緩和、④日本においては欧米のような貯蓄金融機関（住宅金融を専門とする）が存在しないこと、等を背景として、住宅を取得する場合の銀行の住宅ローンへの依存度の高まり等により、住宅ローンは急伸し、個人向与信残高全体の9割を占めるまでになった。

　こうした消費者信用・住宅信用拡充の動きに伴い、都市銀行においても各支店へのローン担当者の配置等の内部体制の一層の整備が進展した。一方で、個人信用情報センターが、1973（昭和48）年に、東京周辺地区、大阪周辺地区および名古屋周辺地区にそれぞれ設置されるなどの環境整備が進められた他、損害保険会社による住宅ローン保証保険も71（昭和46）年11月以降取扱いが開始された。このようなインフラストラクチュア面等での整備および経験・ノウハウの蓄積から、1970年代後半における消費者信用は、非提携型のローンが中心となって順調に拡大した。また、住宅ローンについても、土地建物という確実な担保物件があることもあり、非提携融資を中心に順調に拡大した。

　1970年代の後半は、第一次石油ショック後の不況期であり、産業界における資金需要は一層鎮静化することとなった。こうしたなかで、郵便貯金の伸長の影響は大きく、都市銀行等の民間金融機関は、経営方針・戦略として預金のみならず融資面についても個人部門指向を強めることとなった。各種ローンの開発も積極的に行われ、1978（昭和53）年には、使途自由で、限度額まではいつでも何回でも利用可能なリボルビング方式のカードローンが、機械化の一層の進展等を背景として導入された。その他では、79（昭和54）年に多目的の大型個人ローンが導入されたが、このローンにおいて特徴的であったのは変動金利

図表 5-10　消費者信用・住宅信用残高の推移

(単位：億円、カッコ内前年度比増加率％)

年度末	75	80	85	86	87	88
消費者信用	1,785 (−0.3)	3,593 (3.9)	5,951 (15.4)	8,788 (47.7)	19,646 (2.24倍)	39,599 (2.01倍)
住宅信用	26,114 (35.5)	61,571 (9.1)	85,218 (13.1)	107,066 (25.6)	140,811 (31.5)	178,901 (27.1)
合　計	27,899 (32.4)	65,164 (8.8)	91,169 (13.2)	115,854 (27.1)	160,457 (38.5)	218,500 (36.2)

出所：日本銀行『経済統計月報』。

制が導入されたことであった。この変動金利制は、83（昭和58）年には、住宅ローンにも取り入れられ、以後都市銀行の新規の住宅ローンの大部分は1990年代半ばまではこの方式によるものとなった。

　こうした歴史的展開をみせてきた都市銀行の消費者信用・住宅信用業務は、1980年代において金融自由化の進展する過程でますますその重要性を増してきていた（図表5-10参照）。1980年代においては無担保カードローンの多様化や、有担保の大型フリーローンの開発、地価高騰等を主因とする住宅ローンの好調等から、その伸びは高いものがあったが、そのうちの一部はバブル崩壊後不良債権化することとなった。それはともかくとしてこの時期に都市銀行が収益重視姿勢を強めるなかで、消費者信用・住宅信用業務の収益性が優れていると判断されたからにほかならない。貸出金利の水準が相対的に高いことに加えて、機械化の進展により処理コストが大幅に低下してきたことおよび個人信用情報センター等のインフラストラクチュアの整備が進み業務拡大によっても貸し倒れ率が急上昇する懸念がなくなってきたと当時においては考えられていたことが大きく寄与していたのである。

　他方、金融自由化の過程で資金吸収面における個人の重要性は、それ以前に比べるならば低下した。預金は支店において人手とコストをかけて集めるものから、本部においてマーケットから調達するものへと変化したからである。このため各都市銀行においては、支店の得意先係の人員を大幅に減少させた。ただし、運用面における支店の重要性は個人向け貸出および中小企業向け貸出の

増加から拡大した。すなわち本部で運用する資金の割合がかつてより低下し、支店における運用資金の割合が増加した。こうした環境下において、支店経営方式も従来とは変わり、各都市銀行は従来期中あまり変化させることのなかった本支店レートを1985（昭和60）年頃以降、毎月変化させる方式に変更した。もちろん、資金吸収面における個人の役割が金融自由化の進展する過程で相対的に低下してきているとはいっても、個人の流動性預金を多く獲得することは都市銀行の収益にとって依然重要なことと1980年代においては考えられており、種々の資金の流れを銀行ルートに乗せることの重要性は多額の機械化投資を行ってきた都市銀行にとって極めて大きいものがあった。こうしたなかで都市銀行がとってきた戦略が、資産家にたいするきめ細かいサービスを提供することの他では家計のメインバンクとなることであった。すなわち、給与振込により流動性預金を獲得し、ボーナスの一部を定期預金として獲得するほか、公共料金の自動振込等のサービスを提供しつつ、住宅ローン、カードローン、クレジットカード等を提供することにより対個人取引で収益を増大させるというのが1980年代における個人戦略の中心だったのである。

IV 損益計算書における諸変化

(1) 資金益の構造変化

　次に、金融自由化の進展により具体的に都市銀行の損益状況がどのように変化してきたかについて、損益計算書においてどのような変化が表れたのかを中心にみていくこととしたい。前節でみた、中小企業向け貸出、個人向け貸出の増加といった現象は、損益計算書からは分析することはできない。損益計算書に表れたこの間の大きな変化のひとつは、資金益の構造変化である。銀行の基本的収入である受入利息と支払利息の差を粗資金益、これから経費を控除（経費はすべて預貸金関連等のものではないが一応全額控除することとする）したものを資金益と呼ぶこととすると、その構成は大きく変化してきていた（図表

図表5-11　資金益の構造変化

(単位：100万円、カッコ内構成比%)

	年　度	75	80	85	86	87	88
受入利息	貸出金利息	4,460,618 (77.8)	7,157,210 (64.4)	9,136,577 (60.7)	8,653,517 (59.8)	9,283,420 (56.8)	11,101,249 (54.4)
	有価証券利息配当金	621,922 (10.8)	1,243,704 (11.2)	1,809,665 (12.0)	1,973,915 (13.6)	2,195,641 (13.4)	2,414,864 (11.8)
	その他受入利息	652,650 (11.4)	2,709,730 (24.4)	4,119,389 (27.3)	3,841,425 (26.6)	4,877,236 (29.8)	6,892,688 (33.8)
	コールローン利息	24,105 (0.4)	395,973 (3.6)	607,273 (4.0)	602,171 (4.2)	660,991 (4.0)	790,443 (3.9)
	買入手形利息	― (―)	― (―)	2,548 (0.0)	3,252 (0.0)	249 (0.0)	3,588 (0.0)
	その他の受入利息	628,545 (11.0)	2,313,757 (20.8)	3,509,560 (23.3)	3,235,987 (22.4)	4,215,989 (25.8)	6,098,645 (29.9)
	計(A)	5,735,260 (100.0)	11,110,644 (100.0)	15,065,631 (100.0)	14,468,857 (100.0)	16,356,297 (100.0)	20,408,801 (100.0)
支払利息	預金債券利息	3,078,084 (53.7)	6,606,316 (59.5)	9,398,999 (62.4)	8,633,792 (59.7)	9,594,460 (58.7)	11,965,369 (58.6)
	その他支払利息	1,140,313 (19.9)	2,556,311 (23.0)	3,143,780 (20.9)	2,823,914 (19.5)	3,442,732 (21.0)	4,765,991 (23.4)
	譲渡性預金利息	― (―)	551,649 (5.0)	903,536 (6.0)	764,008 (5.3)	879,060 (5.4)	1,184,651 (5.8)
	コールマネー利息	229,013 (4.0)	655,312 (5.9)	736,923 (4.9)	685,916 (4.7)	819,002 (5.0)	1,065,486 (5.2)
	売渡手形利息	522,251 (9.1)	594,797 (5.3)	709,030 (4.7)	627,006 (4.3)	545,727 (3.3)	526,399 (2.6)
	借用金利息	214,411 (3.7)	426,205 (3.8)	343,706 (2.3)	244,075 (1.7)	242,691 (1.5)	278,302 (1.4)
	転換社債利息	― (―)	― (―)	1,560 (0.0)	1,778 (0.0)	2,269 (0.0)	11,241 (0.1)
	その他の支払利息	174,638 (3.1)	328,348 (3.0)	448,999 (3.0)	501,110 (3.5)	953,952 (5.8)	1,699,880 (8.3)
	計(B)	4,218,397 (73.6)	9,162,627 (82.5)	12,542,779 (83.3)	11,457,706 (79.2)	13,037,192 (79.7)	16,731,360 (82.0)
粗資金益(A-B=C)		1,516,863 (26.4)	1,948,017 (17.5)	2,522,852 (16.7)	3,011,151 (20.8)	3,319,105 (20.3)	3,677,441 (18.0)
営業経費(D)		1,268,185 (22.1)	1,774,416 (16.0)	2,255,444 (15.0)	2,407,432 (16.6)	2,662,052 (16.3)	2,855,956 (14.0)
	人件費	762,797 (13.3)	1,039,436 (9.4)	1,207,057 (8.0)	1,251,178 (8.6)	1,249,824 (7.6)	1,277,271 (6.3)
	物件費	419,455 (7.3)	615,375 (5.5)	825,935 (5.4)	854,587 (5.9)	988,048 (6.0)	1,099,485 (5.4)
	税金	81,350 (1.4)	119,605 (1.1)	222,439 (1.5)	301,652 (2.1)	424,164 (2.6)	479,187 (2.3)
資金益(C-D=E)		248,678 (4.3)	173,601 (1.5)	267,408 (1.7)	603,719 (4.2)	657,053 (4.0)	821,485 (4.0)

出所：全国銀行協会連合会『全国銀行財務諸表分析』。

5-11参照)。

　1975(昭和50)年度においては、都市銀行の支払利息は受入利息の7割程度の水準であったが、80(昭和55)年以降はほぼ8割程度の水準で推移し、粗資金益の水準は圧縮されてきていた。そしてその内訳をみるならば、ここにおける最大の変化は、受入利息における「その他受入利息」、なかでも「その他の受入利息」の割合の上昇である。これは、国内においては、特定金銭信託および金銭以外の金銭の信託(金外信またはファンドトラスト)利用の急増によるところが大きい。これらは、貸借対照表上においては預け金勘定で処理されるため、その配当金は預け金利息となり、「その他の受入利息」の一部を構成した。金融機関が既に保有している株式、債券と同一銘柄の証券を自己の投資有価証券勘定で保有した場合、簿価通算すなわち既保有有価証券と新規保有有価証券の取得価格の平均価格を新規の簿価とすることが法人税法で求められていた。このため、こうした有価証券の新規の保有は、たとえその目的が純投資であったとしても、その銘柄の簿価を上昇させ、いわば意図せざる含み益の吐き出しというか正確には将来における同一銘柄を一部売却した際の含み益の実現を減少させるといった事態を生じさせてしまうこととなる。しかし、これを特定金銭信託を利用して行えば、投資有価証券勘定で保有する証券と簿価を分別して経理できるため、簿価の上昇や意図せざる含み益の吐き出しを回避することが可能となる。このことを主たる理由として1980年代半ば以降都市銀行等の金融機関における特定金銭信託・ファンドトラストの利用は急増した。これについては、従来の有価証券投資がグループ企業および取引先の株式の取得といったいわば政策投資的側面が強かったのにたいし、短期的な運用成績に関心が強く、その意味でバブル期特有の事態がこの間発生したとみてよいであろう。

　また、海外における「その他の受入利息」の増加の原因は、そもそもユーロ市場においては「預け金」形態での運用の割合が高くそれが海外における業容の拡大から増大したことおよびスワップ取引の急増によるものである。1981年に世界銀行とIBMの間で行われた通貨スワップ取引以後、市場変動リスクの増大を背景としたリスクヘッジにたいするニーズの高まりから、スワップ取引

は急拡大した。そして、銀行が金利スワップ取引の仲介を行う場合（この場合受入利息と支払利息の両方で利息が計上される）等における受入利息が急増することとなり、この面からも「その他の受入利息」の割合が上昇することとなったのである。そして都市銀行は、こうしたスワップさらには内外における先物・オプションおよび前述の特定金銭信託・ファンドトラスト等の新金融手法の利用において、国内においては他の業態に比較して良好なパフォーマンスを維持した。

その他の受入利息面の変化としては、海外取引を中心とする（一部国内もある）コールローン利息の割合の上昇および、「その他の受入利息」の比重上昇の結果としての貸出金利息の比重の低下さらには有価証券利息・配当金が比較的安定した割合を保持していたことが挙げられる。

一方、支払利息面をみると、ここではやはり預金利息の比重が1985（昭和60）年度においてピークに達し、その後若干の低下傾向はあるものの高い割合を保持していることおよびインターバンク市場における支払金利の傾向的低下をみてとることができる。さらには、借用金の割合がどんどん低下しており、1980年代においてはほとんどネグリジブルな存在となっていたことがわかる。また、スワップ関係の支払利息の増加等を反映して「その他の支払利息」の割合が急上昇していた。

以上が、受取利息および支払利息における変化であるが、この間経費の割合は低下した。なかでも人件費の割合の低下は著しく、1975（昭和50）年度と88（昭和63）年度を比較すると、その割合は実に1/2程度にまで低下した。これはなによりも行員数の削減によるところが大きいのであり（図表5-12参照）、実際支店における人員は、高度成長期の1/2から1/3程度にまで圧縮された。そして都市銀行においては支店における労働力のかなりの部分を、主婦等のパート労働力に依存する傾向を強めた。ただしバブル期においては、新規の採用人員は大幅な増加傾向にあったこともまた事実である。そして、こうした若年労働力は主として、市場営業部門に投入され、従来的なジョブ・ローテーションが崩れていく傾向もみてとれた一方、将来における人員構成の歪みもま

図表 5-12 職員数の推移

年度末	75	80	85	86	87	88
職員数(人)	183,069	172,647	160,031	157,964	154,322	152,122
うち男子	99,084	99,767	104,547	105,348	104,712	104,086
女子	83,985	72,880	55,484	52,616	49,610	48,036

出所：全国銀行協会連合会『全国銀行財務諸表分析』。

た当時においても懸念されていた。

　これにたいして、物件費の割合はそれほど低下してはいない。これは、土地価格の上昇の影響を除けば、何よりも機械化投資が1980年代半ば以降急増していることによるところが大きい。金融自由化の進展が、技術革新に負うところが大きくまた、金融業における情報の役割が格段に大きなものとなってきている以上、都市銀行はこれに積極的に対応せざるをえない。この第3次オンライン投資は、都市銀行の上位行で800～1000億円、下位行で500億円程度と推定されたが、いわゆる第1次および第2次オンライン・システムとの決定的な相違は、ハードウェアよりもむしろソフトウェアにかかる費用が大きいことであった。そして、こうした巨額の投資額を要するシステムが可能である大金融機関としての都市銀行は、自らで開発したソフトウェアを下位金融機関にたいして販売することにより、その投資額の一部を回収しえてもいたのである。

(2)　手数料収支等

　次に、手数料収支の推移を、図表5-13でみることとするが、その際に粗資金益にネットの受入手数料（受入手数料－支払手数料）および外国為替売買益を加えたものを分母にとり、その割合をみることとする。もちろん、外国為替売買益はすべてが手数料的なものではないが、対顧客売買益は手数料的性格があることからここに加えることとした。それによると、粗資金益と手数料関係利益の合計に占める後者の割合は、若干の上昇傾向はあるもののその比率はそれほど変化していない。しかし、1985（昭和60）年度以降の粗資金益の伸びはかなり高いものがあり、そのなかで割合を若干ながらも上昇させているという

図表 5-13　手数料収支の推移

(単位：100万円、カッコ内構成比%)

年　度	75	80	85	86	87	88
受入手数料	199,150	345,466	513,069	539,030	616,194	790,984
支払手数料	49,083	131,923	163,877	170,069	213,630	286,788
ネット受入手数料 (A)	150,067 (8.4)	213,543 (9.0)	349,732 (11.5)	368,961 (10.3)	402,564 (10.0)	504,196 (11.3)
外国為替売買益 (B)	117,396 (6.6)	206,060 (8.7)	172,759 (5.7)	212,835 (5.9)	286,202 (7.2)	286,340 (6.4)
(A)＋(B)＝(C)	267,463 (15.0)	419,603 (17.7)	522,491 (17.2)	581,796 (16.2)	688,766 (17.2)	790,536 (17.7)
粗資金益(D)	1,516,863 (85.0)	1,948,017 (82.3)	2,522,852 (82.8)	3,011,151 (83.8)	3,319,105 (82.8)	3,677,441 (82.3)
(C)＋(D)	1,784,326 (100.0)	2,367,620 (100.0)	3,045,343 (100.0)	3,592,947 (100.0)	4,007,871 (100.0)	4,467,977 (100.0)

出所：全国銀行協会連合会『全国銀行財務諸表分析』。

ことは、銀行収益に占める手数料の位置がかなり重要なものとなってきたということを表している。特に、自己資本比率規制との関係でいえば、資産を増加させることなしに収益をあげることができるわけであり、都市銀行における手数料重視の姿勢は強まってきていたのである。

　振り返ってみると、手数料重視の姿勢が強化されたのは、第一次石油ショック後利鞘が悪化し、さらに1970年代後半において国債価格の急落により有価証券償却および有価証券売却損が急増し、収益が悪化したことおよび顧客の金利選好の高まりをきっかけとしていた。従来は、サービスは無料とするのが当然という風土のもとで手数料を徴収しづらかったという面はあったにしても、個人顧客、法人顧客ともに金利選好がそれほど高くなく、流動性預金の割合が高かったという無料サービス提供の根拠もまた存在したのである。1978（昭和53）年の内国為替手数料の改訂の時点頃から、手数料重視の姿勢ははっきりとしてくる。その後、キャッシュ・ディスペンサー（CD）のオンライン提携実施時において、他行利用手数料を徴収することとなったのは、従来的発想においては顧客の反発を恐れ実施をかなり逡巡せざるをえないものであったであろ

う。

　1980年代においては、自己宛小切手の発行手数料の徴求であるとか、CD稼働時間延長に伴う午後6時以降のCD利用にたいする手数料徴求等の動きがあり、都市銀行における手数料徴求姿勢は強化された。ただ、その際の横並び的体質・談合的体質は非難されてしかるべきものであろう。その他、対法人取引においても、スワップ取引、M&A関連等の手数料は重要な収益源となり、証券業務の拡充もまた手数料収入の増加をもたらした。さらに、外国為替のディーリング益が重要なものとなり、その部門に都市銀行は優秀な人材を投入していった。都市銀行の収益構造において、手数料収入等はその地位を高めたが、当時から為替手数料にたいする批判があったように、コスト低下に対応したその水準の機動的な見通しやカルテル行為と疑われないような個別行独自の戦略を採りうる風土についても考慮されてもよかったのであろう。

(3)　商品有価証券売買益

　1984（昭和59）年度に、都市銀行全行が国債等の公共債のディーリング業務を開始して以来、この業務は都市銀行として最も力を入れてきたもののひとつであり、この部門に優秀な人材を送り込むと同時に、ディーリング室を新設する等の費用投下をも行ってきた。「商品有価証券」勘定は、銀行のディーリング業務開始に伴い、銀行法施行規制改正により「売買損失引当金」勘定とともに設けられた勘定であり、①債券の評価方法は低価法（取得原価と時価の低い方で評価）とする、②「商品有価証券」勘定から「有価証券」勘定への振替は行わない、③「商品有価証券」勘定に計上する国債等の残高は、広義の自己資本の範囲内（当該勘定に係る国債等の売買業務の開始日から1年を超えない期間にあっては、広義の自己資本額の50/100の範囲内）等の規制が存在した。

　この勘定の債券の売買に係る収益である商品有価証券売買益は、1984（昭和59）年度の251億円から、取扱量の増加さらには金利低下局面であり国債相場が上昇基調にあったことも影響して、87（昭和62）年度までは順調に拡大した。しかしながら、88（昭和63）年度においては、債券相場が金利上昇懸念、円安

図表 5-14 商品有価証券売買益の推移

(単位：100万円、カッコ内前年度比増加率%)

年　　度	84	85	86	87	88
商品有価証券売買益(A)	25,059	105,184	185,890	238,360	56,362
商品有価証券売買損(B)	—	—	—	—	7,988
(A)−(B)＝(C)	25,059 (—)	105,184 (4.2倍)	185,890 (76.7)	238,360 (28.2)	48,374 (−79.7)

出所：全国銀行協会連合会『全国銀行財務諸表分析』。

等により軟調に推移したことから、前年度比大幅の減益となり、はじめて商品有価証券売買損を計上する銀行まで出ることとなった（図表5-14参照）。

(4) 有価証券関係損益

国債の大量発行は、その流通市場の拡大をもたらしたが、国債等の債券価格の変動が銀行収益に与える影響は、1970年代後半以降顕著なものとなってきた。それがもっとも大きく現れたのは、1978（昭和53）年度下期から80（昭和55）年度上期までの2年間（4決算期：当時は半年決算であったため）で、この間の有価証券償却は6241億円、有価証券売却損は3094億円に達した。しかもこれは79（昭和54）年度下期に都市銀行13行中6行が、80（昭和55）年度上期に同じく1行が、上場有価証券の評価方法を低価法から原価法（取得原価で評価）に変更してのことであり、この結果増加した有価証券残高したがって有価証券償却の計上を免れた金額は1500億円以上であった。この間の経常利益の合計が8908億円であるから、これがいかに大きなものであったのかがわかるであろう。

この有価証券関係損をカバーするために、都市銀行は、有価証券売却益を計上したわけであるが、これは実態的には含み益の吐き出しである。すなわち、売却した有価証券は買い戻すのが通常であり、実態的には簿価の変更にほかならない。そしてこれは有価証券残高を増加させ、有価証券（利息・配当金）利回りを低下させるとともに、含み益を減少させるわけであり、銀行の経営体質を弱めることにもつながった。

その後、国債市況の持ち直しやその発行において市場実勢を尊重する方向へ

と向かったこと等から、有価証券関係損は減少することとなったが、1980年代後半には有価証券売却益の計上は増加した。これは、ひとつには1982（昭和57）年度に創設された特定海外債権引当勘定の繰入限度率（当初期末対象債権の5％）が87（昭和62）年度に10％、88（昭和63）年度に15％にそれぞれ引き上げられたこと等に対応する必要があったこと、および77（昭和52）年の改正独占禁止法（金融機関の持株比率の上限の10％から5％への引下げ）の経過期間切れが87（昭和62）年12月であったことにより、持株を売却する必要があったこと等の特殊要因が影響している。また、これに加えて国際決済銀行（BIS）による自己資本比率規制に絡んでエクイティ・ファイナンスを進める必要があったことから、株価維持のためにいわゆる益出しを行い好決算とする必要があったことも影響したのも事実であった。

一方、有価証券関係損も1980年代においては増加したが、これは1987（昭和62）年10月のいわゆるブラック・マンデーの影響および累積債務国向け債権の証券化等に伴う売却損等が増加したためである。こうしたなかで、都市銀行の決算が有価証券関係益に依存する面があるというのは必ずしも望ましいことではなく、含み益の吐き出しも無限に続けられるわけではないことは当時から認識されてはいた。含み益の吐き出しによる簿価の上昇は有価証券利回りの低下に結びつくということになるわけであるが、一方で株価が上昇する限りはまた新たな含み益が生み出されてはいた。こうした循環がいつまで続くかについての懸念は当時においても存在したが、それにたいする大きな危機感は存在しなかった。含み益の存在は自己資本比率規制達成のための追い風と捉えられていたのであった（図表5-15参照）。

(5) 損益計算書様式等の改正

以上の諸変化は、都市銀行をはじめとする金融機関の損益状況がそれ以前とは大きく異なってきたことを表すと同時に、その公表ベースの損益計算書および貸借対照表からはその実態を分析することが極めて難しくなってきたということをも表していた。このため大蔵省では、1988（昭和63）年10月に全国銀行

図表5-15 有価証券関係損益の推移

(単位：100万円)

年　度	75	80	85	86	87	88
有価証券売却益(A)	38,652	254,840	347,788	609,735	1,694,420	2,170,115
有価証券償還益(B)	3,153	3,802	10,981	13,872	13,685	12,119
(A)+(B)=(C)	41,805	258,642	358,769	623,607	1,708,105	2,182,234
有価証券売却損(D)	54,671	188,037	74,929	278,292	906,996	622,353
有価証券償還損(E)	36	1,080	15,454	37,447	73,027	101,945
有価証券償却(F)	26,034	77,734	29,416	55,029	65,887	205,974
(D)+(E)+(F)=(G)	80,741	266,851	119,799	370,768	1,045,910	930,272
(C)-(G)=(F)	-38,936	-8,209	238,970	252,839	662,195	1,251,962

出所：全国銀行協会連合会『全国銀行財務諸表分析』。

協会連合会にたいし経理基準を見直すように要請した。これを受けて全国銀行協会連合会では、内部の専門委員会において検討を行い、89（平成元）年2月に貸借対照表・損益計算書改正案をとりまとめ大蔵省に提示し、ほぼこの改正案に沿って89（平成元）年度中間期決算から改正様式が適用されることとなった。

その主な内容は以下のとおりである。
(i) 貸借対照表の改正点
① 特定金銭信託等の残高把握を容易にするため、従来「預け金」に計上していた「金銭の信託」を独立科目とした。
② 債券先物取引に係る取次業務債券貸借取引、国内金融先物取引等が新たに開始されたのに伴い、「先物取引差金勘定」等を新設した。
(ii) 損益計算書の改正点
① 経常収益については、利息収益を表す「資金運用益」、サービス収益を表す「役務取引等収益」、ディーリング益等を表す「その他業務収益」、株式売却益、金銭の信託運用益等を表す「その他経常収益」の四つの総括科目に分類し、経常費用についても同様に分類した。
② 「その他の受入利息」を「預け金利息」、「金利スワップ受入利息」、「その他受入息」および「金銭の信託運用益」に、「受入手数料」を「受入為

替手数料」および「その他の役務収益」、「有価証券売却益」および「有価証券償還益」を「国債等債券売却益」、「国債等債券償還益」および「株式等売却益」に細分化する等を行い、業務の実態を分かり易くするようにした（経常費用の分類についても同様）。
③　従来、損益計算書の欄外に注記されていた「有価証券関係控除後利益」（1980〔昭和55〕年度上期以後実施）を廃止した。

以上の改正により、不透明であるとの批判もあった、銀行の経理も若干その透明性を増すこととなった。

V　証券業務の拡大

(1)　国債大量発行時代の到来

都市銀行は、従来から社債の受託業務等証券業務と深いかかわりをもっていたし、アメリカと異なり日本では銀行の有価証券投資については独占禁止法による制限以外には規制は存在しなかったため、銀行は極めて多額の有価証券投資を行ってきた。たとえば株式でみるならば、1988（昭和63）年度末時点における全上場株式の株式数ベースの45.6％、市場価格ベースの44.1％が金融機関による保有となっていたのであり、その比率は増加傾向にあった。また、これを同時点における銀行・信託銀行（第二地方銀行協会加盟行を除いた全国銀行、ただし年金信託は除く）でみると、それぞれ22.1％、21.4％となっており、そのなかで都市銀行は大きなウェイトを占めていた（図表5-16参照）。ただこの有価証券の保有は、いわゆる相互持ち合いや取引関係に基づくもの等が主流であり、相場の動向をみながら売買を行う純投資的な部分はそれほど多くはなかった。そしてこのことが逆に有価証券の含み益を多くしていたわけであるが、金融自由化の進展の過程でこの含み益を減少させることなしに短期の運用収益を挙げること等を目的として特定金銭信託や金銭以外の金銭の信託（ファンドトラスト）の利用が急増してきたことは前にみたとおりである。

図表 5-16 投資部門別株式保有比率の推移

(単位:%)

年度	75 株式数ベース	75 市場価格ベース	80 株式数ベース	80 市場価格ベース	85 株式数ベース	85 市場価格ベース	86 株式数ベース	86 市場価格ベース	87 株式数ベース	87 市場価格ベース	88 株式数ベース	88 市場価格ベース
合 計	100.0	100.0	100.0	100.0	100.0	100.0	100.0	100.0	100.0	100.0	100.0	100.0
①政府・地方公共団体	0.2	0.4	0.2	0.4	0.8	0.3	0.9	0.9	0.8	0.5	0.7	0.4
②金融機関計	36.0	35.5	38.8	38.2	42.2	39.8	43.5	41.5	44.6	42.5	45.6	44.1
a 銀行・信託銀行	16.4	16.8	17.3	17.5	19.6	18.4	20.5	19.3	20.9	19.8	22.1	21.4
b 年金信託			0.4	0.4	0.7	0.8	0.9	1.0	1.0	1.1	1.0	1.0
c 投資信託	1.6	2.2	1.5	1.9	1.3	1.7	1.8	1.9	2.4	2.6	3.1	3.1
d 生命保険会社	11.5	10.2	12.5	11.5	13.5	12.3	13.3	12.8	13.2	12.4	13.1	12.6
e 損害保険会社	4.7	4.4	4.9	4.6	4.5	4.1	4.4	4.0	4.3	4.0	4.2	4.1
f その他金融機関	1.9	1.9	2.2	2.3	2.6	2.4	2.6	2.5	2.8	2.6	2.1	2.0
③事業法人等	26.3	27.0	26.0	26.2	24.1	28.8	24.5	30.1	24.9	30.2	24.9	29.0
④証券会社	1.4	1.4	1.7	1.5	2.0	1.9	2.5	2.1	2.5	2.3	2.5	2.3
⑤個人	33.5	32.1	29.2	27.9	25.2	22.3	23.9	20.1	23.6	20.4	22.4	19.9
⑥外国人	2.6	3.6	4.0	5.8	5.7	7.0	4.7	5.3	3.6	4.1	4.0	4.3

出所:全国証券取引所協議会『昭和63年度株式分布状況調査』。

　また、都市銀行は海外において証券現地法人等により広範な証券業務を営んでいたが、本節では新銀行法の成立により正式に認められることとなった国債等の公共債の窓口販売業務およびディーリング業務の推移を中心に都市銀行の証券業務についてみていくこととしたい。周知のとおり、戦後日本において均衡財政主義が崩れ、初めて国債が発行されたのが1965(昭和40)年度のことである。この年には、山陽特殊鋼の倒産や山一証券にたいする日本銀行の特別融資にみられるような東京オリンピック後の不況による歳入欠陥の発生から、政府は歳入補填のために国債(特例国債)を発行することを決定した。具体的には、65(昭和40)年11月18日に第1回の国債発行等懇談会を開催して年度内の国債発行について金融機関の了解を求め、11月29日に補正予算を閣議決定(12月27日成立)し、66(昭和41)年1月に2590億円(収入金ベース、うち額面ベースで市中公募1200億円、資金運用部引受1427億円)の発行を決定した(実績は1972億円)。

　なお、この戦後初の国債の発行を機会に、金融機関により国債引受シンジケート団が組成され、国債の市中消化に多大の役割を果たしてきていた。この国債引受シンジケート団の組成にあたっては、銀行と証券の間に論争が展開されたが、結局は生命保険会社等も含んだ幅広い構成となった。そしてこの時点に

おいて、国債引受シンジケート団内においては証券会社以外のメンバーは窓口販売業務を行わない旨の覚書が取り交わされたのであり、これは結局新銀行法の成立後において、銀行が国債等の窓口販売業務を行いうるようになるまで更改により存続したのであった。

ただし、この国債引受シンジケート団組成時点において、銀行界として法律解釈上は国債等公共債関連業務は行いうるという具合に考えてはいたものの、覚書については必ずしもいやいやながら取り交わしたいというものでもなかった。一部には銀行は国債の窓口販売業務を行うべきであるという意見はあったものの[9]、当時の銀行界の大勢は銀行が国債の窓口販売業務を行えば預金が減少するという類のものであった。

その後、昭和40年代においては国債は毎年発行されたが、1965（昭和40）年度を除けばすべて建設国債の発行であり、その額もそれほど多額でもなかった。しかも金融機関の保有国債は、そのほとんどが日銀オペで吸収されたわけであり、銀行のポジションに悪影響を与えるようなものでもなかった。しかしながら、73（昭和48）年の第一次石油ショック以降の不況は、大幅な歳入欠陥をもたらし75（昭和50）年度以降いわゆる大量国債発行時代を迎えることとなった。

この1970年代の後半以降においては、国債の大量発行を支える種々の方策が実施されたわけであるがこれらは基本的に自由化を進展させるものであった。そのなかで象徴的なものとしては、1978（昭和53）年4月から79（昭和54）年2月までの期間に発行された、表面利率6.1％の通称ロクイチ国債を挙げることができる。このロクイチ国債は、公定歩合が3.5％という低金利を背景に、合計8兆8000億円が市中消化された。そして、その後の金利上昇の過程でその価格が暴落することとなり、大量発行時代を迎えて変貌しつつあった国債の発行および流通市場の整備を、そして繰り返しになるが自由化の進展を加速化させる大きな契機となったのであった。

国債の発行市場および流通市場の整備としては、まず、国債の種類の多様化および中期国債から始まった入札制度の導入を挙げることができる。まず、国債の種類の多様化については、1977（昭和52）年に期間5年の割引国債が初め

て発行され、その後78（昭和53）年には期間3年、79（昭和54）年には期間2年、80（昭和55）年には期間4年の中期利付国債がそれぞれ初めて発行された。中期利付国債については、3年物については最初から入札方式により発行されたが、2年物および4年物については、最初はいずれも資金運用部による応募という形でスタートし、その後79（昭和54）年6月（2年物）および80（昭和55）年6月（4年物）にそれぞれ公募入札方式により発行されるようになった。さらにその後も国債の多様化は進み、83（昭和58）年には期間15年および20年の超長期国債が発行された。その後も86（昭和61）年には、国債の大量償還・借換えに円滑に対応するために、期間6カ月の短期国債（TB）の発行が開始され、さらに89（平成元）年には、期間3カ月の短期国債（TB）が発行されるなど、国債の種類の多様化が進展した。また、長期国債（10年債）の発行においても、89（平成元）年4月以降は、①毎月の発行額の40％については、シンジケート団メンバーにより価格競争入札を行い、②残る60％部分については、シンジケート団が価格競争入札部分の募入平均価格により固定シェアに応じて引き受ける、という部分入札制が導入されるようになった。

　こうして、発行市場においては、国債の種類の多様化等が進んだわけであるが、流通市場の整備というよりはその拡大において大きな役割を果たしたのは、金融機関にたいする国債の売却制限の緩和である。国債大量発行時代を迎え、金融機関とりわけ都市銀行にとってはその引受能力をはるかに上回る新発国債の引受を強いられることとなり、資金負担と収益の両面において大きな負担となったのであった。国債引受シェアの大きい都市銀行においては、預金の増加額のほとんどを長期国債の引受に充てざるをえず、一方において貸出についても減少させるわけにはいかなく、また日銀オペによる吸収にも限界があったことから、その資金ポジションは大幅に悪化した。このため大蔵省は、1977（昭和52）年4月以降金融機関の国債の市中売却について可能とすることとした。同年4月には、まず八十二銀行および幸福相互銀行が国債の市中売却を行い、6月以降は都市銀行各行も保有国債の市中売却を行った。この国債の市中売却は、当初は発行後1年経過後という規制があったが80（昭和55）年以降順次緩

図表5-17 金融機関の保有国債の売却制限の緩和

1977.4	国債の市中売却可能となる（八十二、幸福相互）
6	都市銀行各行、国債の市中売却開始
1980.5	「当面の国債管理政策について」（5項目）
	(4)売却制限の緩和－必要に応じて弾力的に対処
	（発行後1年経過後→上場時期〔発行後7～9カ月〕以後）
1981.4	上場時期〔発行後7～9カ月〕以後→発行後3カ月（100日）
1985.6	フルディーリング開始に伴い、商品有価証券勘定組入分に限り短縮
	発行後3カ月（100日）→40日程度（払込日から翌月末日まで）
1986.4	有価証券勘定組入分
	発行後3カ月（100日）→40日程度（払込日から翌月末日まで）
	商品有価証券勘定組入分
	40日程度（払込日から翌月末日まで）→5～10日（払込日から次の募集開始日の前日まで）
1987.8	有価証券勘定組入分
	40日程度（払込日から翌月末日まで）→5～10日（払込日から次の募集開始日の前日まで）
	商品有価証券勘定組入分
	5～10日（払込日から次の募集開始日の前日まで）→撤廃

和され、87（昭和62）年8月以降はほぼ撤廃された（図表5-17参照）。

　規制金利で発行された大量の国債が、金融機関とりわけ都市銀行を通じて市中に売却され、自由金利の国債となり市場に蓄積されたわけであるが、このことが金利自由化を促進することとなった。この段階において、すなわち自由金利の既発債市場の規模が大きなものとなった段階において、シンジケート団引受による国債の発行条件は流通市場の国債の流通利回りを無視しては決定しえなくなったのであった。両者の乖離は、金融機関の国債引受量の増大、保有量の増大とともに、その収益を圧迫することとなった。その象徴的な事例が先に述べたロクイチ国債の暴落であるが、1979（昭和54）年度においては、両者の乖離幅は2％近くにもなり、同年度（上期・下期の合計）における都市銀行の有価証券売却損は1926億円、有価証券償却は4528億円となり、これら有価証券関係損は経常利益（3325億円）の2倍近くにまでなったのであった。こうした事態は、国債の発行条件を市場実勢を尊重して決定する圧力となったと同時に、銀行の経理における変更をも要請することとなった。まず、78（昭和53）年度

上期においては、金融機関の保有国債の評価損対策として「国債価格変動引当金制度」が創設され、79（昭和54）年度下期においては、上場債の評価方法が従来の低価法（取得原価と時価の低いほうで評価）から低価法と原価法（取得原価で評価）の選択が可能となるようになった。都市銀行では13行のうち6行が原価法をこの時点で選択し、さらに1行が翌80（昭和55）年度上期に原価法を採用した。

しかし、この時期の国債の評価損および売却損は、都市銀行等にたいして大量の国債を引き受けさせること、しかも市場実勢を無視したそれを継続することを難しくした。そして、都市銀行等は、国債の窓口販売業務・ディーリング業務をより強く望むようになったのであった。

(2) 新銀行法の成立

1927（昭和2）年に成立した銀行法は、普通銀行制度の整備改善をめざして、金融恐慌の最中に制定されたものである。その規定は、組織の骨格のみを律した簡潔なものであり、それがために半世紀以上にわたり運用上の工夫等により維持しえたという面はあるが、1970年代に入るとそれが必ずしも時代の情勢に適合するようなものとは認識されないようになっていた。これに、第一次石油ショック後の銀行批判もあいまって銀行法改正への期は熟していった。こうした背景のもと、75（昭和50）年5月14日に大蔵大臣からその諮問機関たる金融制度調査会にたいして「経済情勢の推移にかんがみ、銀行に関する銀行法その他の法令及び制度に関し改善すべき事項並びにこれらに関連する事項について」諮問がなされた。

金融制度調査会は4年間で114回の審議を行い、79（昭和54）年6月20日に「普通銀行のあり方と銀行制度の改正について」と題する答申を大蔵大臣に提出した。同答申においては、銀行による国債の窓口販売業務について、国債の「個人消化を一層拡大するとともに、国民の資産選択の多様化に資するという見地から、銀行がその店舗網を活用して新発公共債の募集取扱いおよびそれに関連する業務を行うことは有益である」という多数意見を述べるとともに、具

体的な取扱いについては、公社債市場のあり方等との関連も勘案のうえ適切に扱うよう行政当局に一任した。一方、金融制度調査会と併行して審議を行っていた、同じく大蔵大臣の諮問機関である証券取引審議会の同年6月27日の公社債市場の当面の諸問題についての答申においては、銀行による国債の窓口販売業務について、個人消化の拡大を通じて国債市場の安定化と個人金融資産の多様化に資するとの積極的評価を与えながらも、①その効果にあまり多くを期待するのは無理であること、②個人保有の安定性についても疑問があること、③銀行が預金等と並行して価格変動商品を取り扱うことについての疑問、等の問題点を指摘しつつ、結局は最終判断を行政当局に委ねた。

こうした金融制度調査会の答申および証券業務については証券取引審議会の答申を受けて、大蔵省は1979（昭和54）年度から本格的に銀行法等の改正作業にとりかかった。銀行の証券業務をどう取り扱うかについては、銀行法の改正過程における最大の問題のひとつとなったが、大蔵省は80（昭和55）年度に入り、①銀行の証券業務は公共債に限定して規定する、②銀行が証券業務を行うにあたっては、証券取引法による認可を必要とし、証券取引法の所要の規定を適用する、③銀行法の改正と銀行にたいする証券業務の認可は別のものとして考える、とのいわゆる「銀行の証券業務に関する3原則」を銀行・証券の両業界にたいして提示した。

この銀行法の改正作業は3原則を証券業界寄りとする銀行業界の大反対により難航したものの、証券業務に関しては結局この3原則により決着することとなり、新銀行法は1981（昭和56）年4月25日成立し、同年6月1日に公布され、82（昭和57）年4月1日から施行された。

新銀行法においては、その第10条および第11条において国債等の公共債に係る窓口販売業務およびディーリング業務の規定が置かれており、同業務を行うにあたって証券取引法の認可の他にも銀行法上の認可が必要であることが附則第5条により規定された。また、新銀行法に証券業務の規定が設けられたことに伴い、証券取引法も改正され、銀行等金融機関が証券業務を営業として行おうとする場合には、大蔵大臣（証券取引法上）の認可を受けなければならない

こと（第65条の2第1項）等の規定が設けられた。

　新銀行法は成立したものの、いわゆる3原則により銀行による証券業務の実際の認可はそれと切り離して考えられることとなっていたことから、大蔵省は銀行による証券業務の具体的実施時期等についての決定等について、3人程度の中立的な立場にある学識経験者による委員会（3人委員会）を設置し、その場で検討することとした。こうして1981（昭和56）年10月、大蔵大臣の私的諮問機関として、森永貞一郎（元日銀総裁）、佐々木直（金融制度調査会会長：当時）、河野通一（証券取引審議会会長：当時）の3氏をメンバーとする3人委員会による審議が開始された。同委員会は、9回にわたる会合を重ねて、82（昭和57）年3月31日に第1回目の結論が出された。その後さらに7回の会合を重ね、83（昭和58）年5月19日には第2回目の結論が出された。これら2回の3人委員会の結論を受けて、大蔵省は銀行の国債等の公共債の窓口販売業務およびディーリング業務の認可基準・指針をまとめた。

　この二つの文書のうち、まず1982（昭和57）年3月の文書に基づき窓口販売業務の開始の準備が進められ、必要な政・省令、通達の整備さらには具体的な認可の手続きが進められた。銀行等による国債（長期国債）の窓口販売業務はこうして83（昭和58）年4月から開始されたが、同年1月に第1次として同業務の認可を受けた金融機関は、都市銀行全行の他、地方銀行、長期信用銀行、信託銀行、相互銀行の全行および農林中央金庫の158行（庫）であった。なお、割引国債および中期利付国債の窓口販売業務については、83（昭和58）年5月の文書を踏まえ、同年10月から開始された。

　一方、ディーリング業務については、1982（昭和57）年3月の文書においては、「期近物国債が大量に出回る時期等を考慮しつつ、今後更に検討を続ける」とされていたが、83（昭和58）年5月の文書においては、「期近物国債の残高が累積する時期を契機として」84（昭和59）年6月から実施することとされた。これに基づき「業務報告書」様式の変更（商品有価証券勘定および売買損失引当金勘定の新設等）等の所要の準備が行われ、84（昭和59）年3月には、都市銀行全行の他、地方銀行（10行）、信託銀行全行、長期信用銀行全行、および

農林中央金庫の34行(庫)に対し第1次の認可が与えられた。この認可に際しては、①対象債券は、当初1年間は、残存期間2年未満の国債、政府保証債、地方債とすること、②経理処理として、ディーリング用債券(「商品有価証券勘定」:フルディーリング開始前は広義自己資本の50%、開始後は同じく100%とのポジション規制あり)と投資目的で保有する債券(投資「有価証券勘定」)との勘定分離を行うこと等の条件がつけられた。その後、85(昭和60)年6月からは都市銀行他のディーリング第1次認可行(庫)は、対象債券についての期間制限がなくなり、いわゆるフルディーリング業務に移行した。

(3) 窓販・ディーリング業務開始後の実績と影響

　銀行等による国債等の公共債の窓口販売業務開始後の募集実績をみると、まず同業務を開始した1983(昭和58)年度の長期国債の窓口販売実績は、金融機関全体で1兆4963億円と引受額の33.5%に上った。そしてこの窓口販売額は証券会社によるそれ(1兆650億円)を4000億円以上上回るものであった。そして都市銀行は、金融機関全体の約半分の7453億円を販売し、引受額にたいする比率も39.6%と好調なスタートを切ることができた。その後の都市銀行等の金融機関の窓口販売実績は図表5-18のとおりであり、87(昭和62)年度までは金利低下局面であったこともあり総じて順調に推移してきていたが、88(昭和63)年度には金利上昇局面に転じたことからそれまでに比べると低調となった。しかしながら、88(昭和63)年度の国債発行額は、国内景気の拡大を背景に税収が大幅に増加したこと等から、前年度比14.5%減少となっており、また銀行が引受負担に苦しむという状況でなくなってきたこともあり、そのことによる問題は特に意識されてはいなかった。

　こうして国債等の公共債の窓口販売業務により、都市銀行等の金融機関の国債引受負担は急速に軽減されることとなった。図表5-19で都市銀行等のネットの公社債の売買状況をみると、1985(昭和60)年度以降は買い越しに転じており、大量の国債市中売却を強いられていた時代からの変化が窺われる。また、国債の保有構造においても、かつてシンジケート団金融機関に偏っていた民間

図表5-18 長期国債の窓口販売状況

(単位:億円、%)

年　度	83	84	85	86	87	88
都市銀行	7,453 (39.6)	12,681 (67.6)	20,124 (77.3)	15,824 (59.8)	16,065 (67.9)	12,302 (61.1)
外国銀行	― (―)	61 (58.7)	206 (54.4)	218 (41.8)	301 (41.9)	367 (35.6)
地方銀行	3,027 (34.3)	5,229 (59.4)	7,489 (60.7)	4,267 (33.9)	3,680 (32.6)	1,996 (20.1)
長期信用銀行	1,744 (38.5)	2,760 (61.1)	4,231 (67.5)	3,008 (47.1)	3,454 (60.9)	2,063 (42.7)
信託銀行	1,149 (38.6)	1,949 (65.7)	3,196 (77.7)	2,643 (63.0)	2,572 (64.0)	2,165 (57.6)
相互銀行	519 (23.3)	926 (41.6)	1,425 (48.3)	774 (25.8)	554 (20.8)	274 (11.1)
信用金庫	290 (11.7)	294 (11.9)	389 (11.3)	186 (5.3)	150 (4.9)	115 (4.2)
農林中金	781 (39.3)	726 (36.7)	2,160 (78.8)	1,695 (60.6)	930 (37.8)	752 (36.4)
商工中金	― (―)	― (―)	172 (80.6)	279 (58.9)	316 (75.5)	234 (63.2)
生命保険	― (―)	― (―)	― (―)	― (―)	― (―)	1,044 (40.3)
金融機関計	14,963	24,626	39,391	28,893	28,024	21,317
引受額に占める比率(%)	33.5	55.2	63.2	45.2	48.7	42.7
(参考)証券会社	10,650	15,672	21,885	22,446	22,865	25,313
発行額	55,300	60,278	84,172	86,331	80,420	76,063

注:カッコ内は、募集取扱額の引受額に占める割合である。
出所:全国銀行協会連合会『金融』他。

部門の国債保有構造が、投資を目的とする投資主体に分散保有されるようになり、金融自由化の進展とりわけ都市銀行等の金融機関による国債等の公共債の窓口販売業務の開始は、国債保有構造の安定化にも寄与したということができよう。

国内公社債流通市場は、1970年代後半以降に急速に拡大したが、都市銀行等

図表 5-19　投資家別公社債売買状況（ネット）

(単位：億円、－は売越し)

年度	82	83	84	85	86	87	88
都市銀行	－43,096	－26,026	－12,779	1,628	27,361	49,385	18,561
地方銀行	－23,465	－16,635	－8,433	－2,568	5,965	20,029	23,037
長期信用銀行	－7,377	－2,334	681	－4,558	－4,443	－7,018	－3,492
信託銀行	24,458	16,311	22,221	17,794	－1,349	16,563	33,404
農林系金融機関	14,595	7,921	11,160	13,515	2,568	－7,283	4,602
相互銀行	－5,861	－7,277	－3,164	－4,068	3,333	12,505	24,091
信用金庫	4,028	－7,088	－2,264	－4,851	－1,859	2,251	7,559
その他金融機関	－21,110	－13,401	－80,700	－93,524	27,134	40,187	20,536
生損保	617	－2,059	－2,544	882	20,372	1,061	20,626
投資信託	27,304	44,649	30,416	13,112	53,539	44,814	26,934
官公庁・共済組合	5,014	3,701	4,551	7,209	4,464	3,940	2,241
事業法人	18,470	－2,216	－2,708	－10,318	－21,429	－14,984	－10,452
その他法人	4,728	3,884	4,556	1,726	5,990	4,274	1,761
外国人	19,706	9,355	9,038	15,207	－10,746	867	－136
個人	8,636	4,418	9,730	15,755	－10,260	－16,216	－10,199
その他	－31,635	－21,531	－10,810	－31,383	－45,535	－53,095	－48,807
債券ディーラー	－2,430	－11,045	－18,239	－46,552	－102,703	－144,151	－141,574
計	－7,418	－19,413	－49,288	－110,964	－47,598	－46,871	－31,308

注：1.「買入」と「売却」の差引。
　　2.「債券ディーラー」は証券会社と銀行の「商品有価証券勘定」の売買高。
出所：公社債引受協会『公社債月報』。

　による国債等の公共債のディーリング業務が開始された84（昭和59）年度においては、公共債の店頭売買高は前年度比2倍弱の798兆円に急増し、さらにディーリングの第一次認可行（庫）がフルディーリングに移行した85（昭和60）年度には、前年度の約3倍の2515兆円に達し、その後も87（昭和62）年度まで急拡大した（図表5-20参照）。これは、ディーリング認可金融機関の拡大等の理由によるものではあるが、図表5-21で投資家別公社債売買状況（現先売買を除く）をみると、84（昭和59）年度以降債券ディーラー（証券会社および銀行の商品有価証券勘定）の売買高が急増した。これは都市銀行等の金融機関によるディーリング業務開始後の公社債流通市場が、債券ディーラー間の売買を中心とする市場へと変化したことを表していた。

　こうしたなかで都市銀行は、85（昭和60）年10月から開始された債券先物取引業務を含めて国債等の公共債のディーリング業務部門を、最重点部門のひと

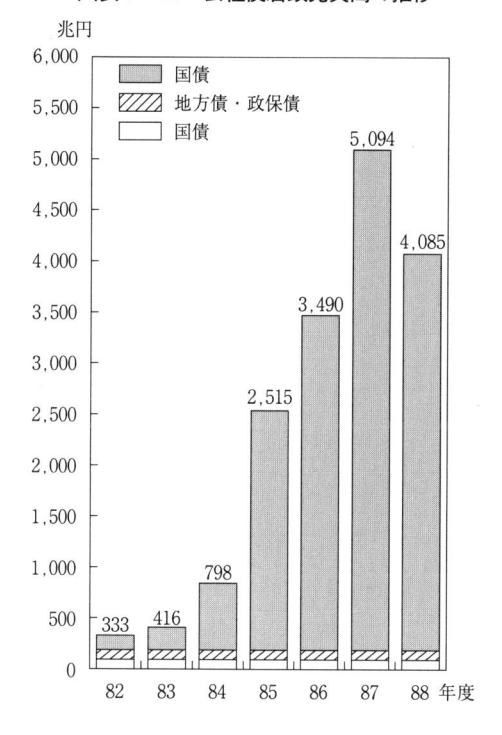

図表5-20 公社債店頭売買高の推移

兆円

年度	82	83	84	85	86	87	88
	333	416	798	2,515	3,490	5,094	4,085

凡例：国債／地方債・政保債／国債

つと位置づけ、人材・資金を豊富に投入し、積極的に業務展開を図った。そこから上がる収益の動向については前節でみたとおりであるが、都市銀行は豊富な人材・資金を武器とし、売買手法および在庫管理手法の一層の高度化を図りつつこれら証券関連業務を展開し、収益獲得のための重要な部門として位置づけていた。

VI おわりに——BIS自己資本比率規制とそれへの対応

都市銀行は金融自由化の進展を基本的にはフォローの風とし、その業務を拡大し、収益面においても良好なパフォーマンスを維持したわけであるが、一方で短期プライムレートの決定方式の変更や、本章ではほとんど触れなかったが

図表5-21 投資家別公社債売買状況

(単位:億円、%)

年度	82	83	84	85	86	87	88
都市銀行	159,934 (8.3)	242,552 (8.6)	344,459 (5.3)	326,934 (1.6)	602,981 (2.8)	944,675 (3.6)	847,935 (4.2)
地方銀行	129,143 (6.7)	152,341 (5.4)	223,917 (3.5)	302,918 (1.5)	207,761 (1.0)	213,695 (0.8)	193,395 (1.0)
長期信用銀行	41,351 (2.2)	88,478 (3.1)	124,963 (1.9)	140,462 (0.7)	242,225 (1.1)	415,900 (1.6)	125,950 (0.6)
信託銀行	157,818 (8.2)	248,153 (8.8)	485,403 (7.5)	980,002 (4.9)	1,292,739 (6.0)	1,920,623 (7.2)	1,423,604 (7.1)
農林系金融機関	133,459 (7.0)	176,025 (6.2)	224,870 (3.5)	458,779 (2.3)	298,968 (1.4)	300,807 (1.1)	292,778 (1.5)
相互銀行	47,673 (2.5)	38,883 (1.4)	57,000 (0.9)	113,204 (0.6)	116,627 (0.5)	152,245 (0.6)	160,787 (0.8)
信用金庫	69,012 (3.6)	80,262 (2.8)	190,490 (2.9)	193,881 (1.0)	119,199 (0.6)	141,985 (0.5)	116,991 (0.6)
その他金融機関	71,016 (3.7)	76,663 (2.7)	264,372 (4.1)	355,016 (1.8)	163,908 (0.8)	196,451 (0.7)	146,082 (0.7)
生命保険損害保険	48,763 (2.5)	45,889 (1.6)	53,604 (0.8)	154,254 (0.8)	189,560 (0.9)	337,669 (1.3)	392,738 (1.9)
投資信託	85,692 (4.5)	124,439 (4.4)	170,390 (2.6)	150,786 (0.8)	210,739 (1.0)	323,496 (1.2)	325,866 (1.6)
官公庁共済組合	32,464 (1.7)	32,835 (1.2)	40,711 (0.6)	53,341 (0.3)	41,648 (0.2)	45,110 (0.2)	81,853 (0.4)
事業法人	166,366 (8.7)	205,062 (7.2)	427,330 (6.6)	611,258 (3.1)	568,813 (2.6)	494,380 (1.9)	328,854 (1.6)
その他法人	24,922 (1.3)	26,195 (0.9)	48,130 (0.7)	71,928 (0.4)	62,392 (0.3)	64,666 (0.2)	68,813 (0.3)
外人	137,338 (7.2)	317,249 (11.2)	995,264 (15.4)	1,113,183 (5.6)	731,442 (3.4)	715,505 (2.7)	724,728 (3.6)
個人	55,006 (2.9)	54,386 (1.9)	67,048 (1.0)	98,609 (0.5)	101,252 (0.5)	101,952 (0.4)	102,669 (0.5)
その他	80,345 (4.2)	77,319 (2.7)	94,516 (1.5)	100,507 (0.5)	150,451 (0.7)	152,593 (0.6)	178,925 (0.9)
債券ディーラー	479,118 (25.0)	843,805 (29.8)	2,649,485 (41.0)	16,544,597 (73.9)	16,544,597 (76.4)	20,030,849 (75.4)	14,651,580 (72.7)
計	1,919,420 (100.0)	2,830,537 (100.0)	6,461,952 (100.0)	20,029,350 (100.0)	21,649,252 (100.0)	26,552,601 (100.0)	20,163,548 (100.0)

注:1.証券会社および銀行の取扱額の合計。
　　2.「売却」と「買入」の合計。
　　3.現先売買を除く。
　　4.( )内は構成比。
　　5.「都市銀行」等の金融機関の計数は「有価証券勘定」の売買高。
　　6.「債券ディーラー」は証券会社と銀行の「商品有価証券勘定」の売買高。
出所:公社債引受協会『公社債月報』。

ALM手法の導入等によるリスク管理の徹底化を図った。また、国際的な業務展開も著しいものがあり、ニューヨーク市場、ロンドン市場等ではそのマーケット・シェアを急拡大させたが、これに伴いいわゆるオーバー・プレゼンスにたいする批判も他国から出てくることとなった。

すなわち、日本の銀行は少ない自己資本で低利の貸出を増加させ、国際銀行業務におけるシェアを拡大しているというものである。事実、日本における自己資本比率規制は、大蔵省により1954（昭和29）年度以来導入されてきたわけであるが、その内容は、期末の預金および譲渡性預金残高比の広義自己資本の割合が10％（普通銀行）以上とするものであった（この規制は、経理基準が改正された86（昭和61）年度まで適用された）。しかしこれは罰則を伴わない単なる指導基準であったわけであり、これは各銀行の経営実態とはかけ離れたものであった。しかもこの比率は傾向的に低下してきていたのであった（図表5-22参照）。これは、日本の銀行の行動様式がマーケット・シェアを最も重要視するという傾向があることにその原因のひとつがあったといえよう。

一方、1980年代に入り、先進主要国の銀行監督機関は、累積債務問題の深刻化、セキュリタイゼーションの進展、オフバランス取引の増大等を背景として、自己資本比率規制を強化する姿勢を強めてきた。このような状況を反映して、国際決済銀行（BIS）銀行規制監督委員会では自己資本比率規制の国際的統一化について検討が行われてきていたが、1987年1月の「銀行の自己資本比率規制に関する米英共同提案」（リスク・アセット・レシオ方式による規制を提言）の発表以後検討が本格化し、87年12月に同委員会は「自己資本の測定と基準に関する国際的統一化への提言」を公表した。その後、88年7月には最終的合意に達し、これを受けて大蔵省は88（昭和63）年12月、自己資本比率規制の国内通達を発出した。

この規制の目的は、金融市場の国際化等の状況下において、国際的な銀行システムの安定性の向上を図ることであるとされていたが、目的のひとつには国際的に活躍している銀行間において平等な競争条件を確保すること、より具体的にはジャパン・バッシングにあることは明白であった。これは、①自己資本

図表 5-22 自己資本比率の推移

(単位:％)

年　度	自己資本比率	
	広　義	狭　義
70	7.3	3.6
75	5.6	2.8
80	4.2	2.6
81	3.7	2.5
82	3.5	2.5
83	3.4	2.5
84	3.2	2.4
85	3.5	2.7
86	3.4	2.6
87	3.7	3.0
88	4.1	3.4

注：ここにおける自己資本比率は、85年度以前に発表されていたものであり、期末の預金・譲渡性・債券の合計にたいする、資本勘定（狭義）、資本勘定および諸引当金（広義）の割合である。
出所：全国銀行協会連合会『全国銀行財務諸表分析』他。

比率と経営の健全性の間には必ずしもイコールの関係はない、②リスク・ウェイトの妥当性はあるか、③リスク・ウェイトが資金配分を歪める可能性、④規制を受ける金融機関と受けない金融機関の間の競争条件の不平等、⑤規制を受ける金融機関間での、各国の税制の制度の違いによる競争条件の不平等、等の問題点はあるが、国際的業務展開を進めようとするかぎり、対応せざるをえないものであることは当然のことであった。

　日本の銀行としては、この基準達成のためには、資産の増加と自己資本の充実とのバランスを図っていくことが必要となると考えられた。より具体的には、分子すなわち自己資本の充実策としては、増資の他転換社債、劣後債等の発行等のエクイティ・ファイナンスを進めることの他、資産収益率（ROA）や資本収益率（ROE）を高める努力、すなわち収益性の一層の重視が必要となる。一方、分母の削減策としては、低マージン資産の圧縮債権の流動化およびリスク・ウェイトの低い資産へのシフト等が考えられた。

　これらの選択肢のなかで、バブル期において都市銀行がもっとも重点的に取

図表 5-23 時価ファイナンスの状況

(単位：億円)

年　度	85	86	87	88
時価発行増資	1,367	860	6,501	11,703
中間発行増資	352	—	1,535	1,265
海外転換社債	1,715	255	3,984	2,844
国内転換社債	—	—	1,100	9,000
計	3,434	1,115	13,120	24,812

り組んできたのはエクイティ・ファイナンスであった（図表5-23参照）。そしてこうしたエクイティ・ファイナンスを成功させるためには、株価の水準を低下させるわけにはいかなくなり、都市銀行は好決算をこれまで以上に志向することとなった。このこともあり、都市銀行は多額の有価証券売却益を1980年代後半において計上した。当然のことながらこれもまた株価水準が上昇してきたというのがその条件であった。また、国際統一基準による自己資本比率規制においては、有価証券の含み益の45％を補完的項目として自己資本に算入することが可能とされたが、このことは株価水準が全般的に低下した際には、自己資本比率が低下するということを意味する。この面からも都市銀行は、証券市場との関係およびそれへの依存度を強めることとなった。現時点で考えればこの規定のカウンター・サイクリカルな性格がバブル崩壊後の状況をより深刻化させたわけであるが、当時そのような懸念を表明していたのはごく少数に過ぎなかった。

　それはともかくとして国際的な自己資本比率規制は、金融グローバル化時代における規制のあり方の一例であるが、そこではリスク管理等のためには基本的に金利なり業務分野なりを規制するというやり方はとらず、バランスシートに関する規制を行うという方向が示された。日本においても、金融業にたいする規制はバランスシート規制を中心とするという方向性はこの時点でほぼ明らかとなっていた。

　日本における金融自由化は、1980年代までは金利の自由化、内外資金移動規制の緩和を中心に短期金融市場の整備を伴いながら進んできたが、業務分野規

制については一部業務を除いては進展しなかった。これについては、1987（昭和62）年12月の制度問題研究会報告「専門金融機関制度のあり方について」および89（平成元）年6月の金融制度第二委員会中間報告「新しい金融制度について」において一定程度その方向が示された。前者は基本的に専門金融機関制度の見直しを提言し、後者はいわゆる5方式のうち将来はともかく現段階においては「業態別子会社方式」および「特例法方式」が適当であるとした。金融自由化は1980年代においても都市銀行と他の金融機関の間のみならず、都市銀行13行の間においても業容・収益性の格差を明らかにした。その意味では、都市銀行をひとつのグループとしてとらえることは難しくなりつつあった[10]。

こうしたなかで89（平成元）年8月の三井銀行と太陽神戸銀行の合併発表は当時としては極めてセンセーショナルなものととらえられた。それでも業務分野規制の緩和、本格的な金融再編成が進展したのは、バブルの崩壊そして金融危機を経験してからのことなのであった。

注
1) 鈴木淑夫は「金融革新と金融システム」（鈴木［1984］）において、経済条件が変化する過程で、旧態的規制を回避するイノベーティブな商品・サービスの開発が、規制を撤廃ないし新しい規制に置き換えるという動きにつながり、それがまた新しいイノベーションが進むことにつながるという一連の過程を「金融革新の一般理論」としてとらえる考え方を示した。
2) 小口預金金利の自由化については、大蔵省銀行局長の私的諮問機関である「金融問題研究会」（座長：貝塚啓明東京大学教授：当時）において検討がなされて、同研究会は、1986（昭和61）年5月に報告書「小口預金金利の自由化について」を取りまとめた。そして、結局93（平成5）年6月に定期預金金利の完全自由化、94（平成6）年10月以降は流動性預金についても金利は完全に自由化された（当座預金の付利禁止を除く）。
3) 吉田［1976］参照。
4) 那須［1987］74頁参照。
5) 金融制度調査会『オーバー・ローン是正に関する答申』（1963年5月）。
6) 1989（平成元）年10月に大口定期預金の最低預入限度が1千万円に引き下げ

られたことにより、大口 MMC は商品としては存続するものの、大口定期預金に吸収されることとなった。

7) 「資料三菱銀行のディスクロージャー（様式20-F・抄訳）」『金融財政事情』（1989年10月23日）75頁参照。
8) ここにおける新中間層としてのホワイトカラー労働者層、すなわちサラリーマンの消費パターン等の分析は、下［1985］（18頁）に拠っている。
9) 松澤［1988］225頁参照。
10) 岡［1989］199-204頁参照。

第6章　バブル崩壊と金融機関

I　はじめに——バブル形成の主因

　1990年代の日本経済は停滞に終始した。この状態を称して「失われた10年」とも呼ばれるが、そもそもバブルが崩壊したのは、それが形成されたからに他ならない。それは1980年代後半の経済政策、とりわけ金融政策が特異なものであったからである。しかしそれを遡ればレーガノミクスの失敗にまで行きつくことができる。その失敗を先進諸国は市場原理に任せるという方向ではなく、プラザ合意というアメリカ救済のための為替協調により解決しようとしたのであった。

　円高へ向けての為替協調が確認され、それが日米金利差の維持という条件のもとで行われることが確認されたわけであるから、日本政府そして中央銀行である日本銀行は金利を低下させなければならなかった。これは円高不況対策としても要請されたものであった。金利が下がれば通常は銀行の貸出および証券投資は増加し、マネーサプライは増加する。また金利が下がれば通常は、株式や土地といった資産価格も上昇する。1980年代後半のいわゆるバブル経済はこの通常の過程がより大規模に展開した姿に他ならない。決してよくいわれるような「金余り」が最初に存在したわけではなく、銀行の貸出増（これは不動産関連のものが多かった）はすなわちマネーサプライの増加であるから、それが結果として「金余り」と誤解されるような現象をみせたのに他ならないわけである。

　この点についてもう少し詳しく述べるならば、1980年代に進展したいわゆるセキュリタイゼーションといわれる事態の一部は、日本においては大企業の資金調達における銀行離れという形態をとって現れた。証券発行により調達された資金により、一部の大企業は銀行借入を返済するという行動にでた。貸出の返済は預金の消滅となるわけであり、銀行のバランスシートの縮小に結びつく。しばしば誤解されるが、これはマネーサプライが減少するということであり、いわゆる「金余り」とは無縁のものである。また同様に、証券価格、土地価格

といった資産価格の上昇自体とマネーサプライの急増とは直接的な関係はない。なぜならば売り方がいれば買い方があるわけであるから、取引それ自体はマネーの持ち手が変化するだけの話であり、マクロ的なマネーの総量には影響しないのである。影響するのはこれに銀行貸出が絡んだ場合なのである。

　また一部には1980年代後半において、一部機関投資家が運用難であった（本当にそうであったかどうかも怪しいものであるが）ことから、この時期は資金過剰であったというような議論さえ存在するが、これはまったくの誤謬であるといわざるをえない。たとえば年金基金の資金運用規制が窮屈であったということはあったにしても、何らかの形で運用されていたわけであり、その資金の取り手すなわちその資金を必要とする経済主体は存在した。その意味で年金基金の資産は過剰なマネーであったわけではないのである。資金の出し手があることが資金過剰であるというならば、高度成長期において地方銀行はコール市場に資金を放出していたから、この時期は資金過剰であったという議論が成立してしまう。当然のことながらコール市場には都市銀行という取り手があり、この時期が資金過剰であるなどということはなかった。そもそも資金の出し手がないのであれば金融市場など存在しないのである。

　それはともかくとして、ここで簡単にバブル期における金融機関の行動の過熱状況とマネーサプライの関係についてみることとしたい。1980年代後半のマネーサプライの急増は結局のところ銀行を中心とする預金取扱金融機関の貸出（含む証券投資）による信用創造によって発生した。ここにおける信用創造とは本書で何度も確認したとおり銀行の貸出（含む証券投資）が当座預金設定により行われることをいっているのであり、通説的な派生預金の創造をいっているわけではない。マクロ的にはマネーは銀行が非銀行部門の貸出需要に応じることにより供給される。理論的には、銀行は非銀行部門の貸出要請にすべて応じるわけではなく、返済が確実な優良なプロジェクトのみに審査を通じて貸出すことにより、健全な成長通貨が供給されることになるわけである。しかしながら、銀行がバブル期において行ったことは、土地神話、株高神話に惑わされ、さして優良とはいえないプロジェクトに貸し込むことであった。それは融資対

図表6-1 マネーサプライの動向

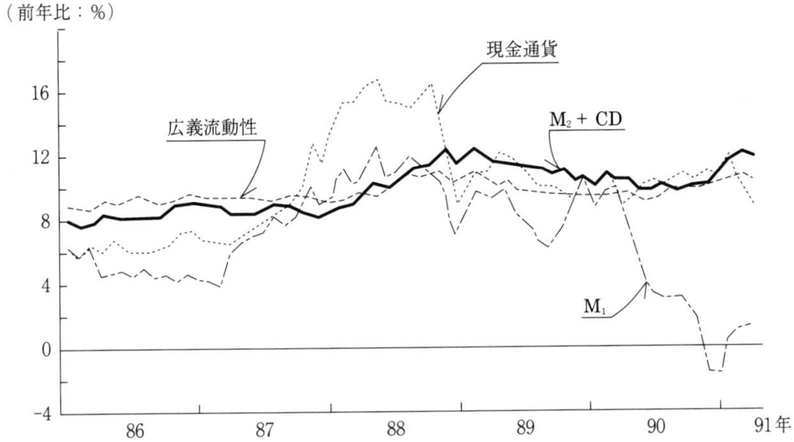

象が、従来の大企業（都市銀行の場合）から、中小企業さらには個人へと拡大し、業種的にも不動産・建設・ノンバンク関連が多くなるということでもあった。そしてこの過程でブームはどんどん過熱化していった。

これを1980年代後半にマネーサプライはどのように変化したかという点からみると、まず現金通貨に要求払預金を加えたM_1が1986年以降伸び率が急増した。そしてこれに定期性預金およびCDを加えたM_2＋CDの増加率がそれを追う形で1987年以降急上昇した（図表6-1）。繰り返しになるが、この原因は基本的に銀行による貸出増であった。そして中央銀行である日本銀行はそれを一般物価の安定ということはあったにせよ放置したわけである（この点については第2章で詳しく述べた）。しかしこの放置には政府・大蔵省からの圧力ということもあったが、その先にはアメリカからの圧力もあった。しかしながらバブルのあまりの膨張は放置できないとの環境もまた醸成されてきたのであった。ともかく膨らんだバブルははじけるしかないという状況で1990年を日本経済は迎えたのであった。

II　バブルの崩壊

　大蔵省が土地価格のあまりの上昇を問題視し、銀行の「不動産関連融資の総量規制」を実施したのは、1990年3月であった。国土庁は1985年以降、大蔵省銀行局長宛に投機的土地取引を助長するような土地関連融資の自粛を金融機関に求める通達を発出していた。また、大蔵省においても、この間、数度にわたり金融機関にたいし土地関連融資についての通達の発出や特別ヒアリングが行われた。しかし、このような度重なる通知は、結果的にはバブルの抑制にはさして影響を与えなかった。しかし、1990年3月のいわゆる「総量規制」はこれまでのものとは異なっていた。その内容は、「総貸出の伸び率以上に土地関連融資を増加させてはならない」というものであった。同時にこの通達には「不動産業及び建設業、ノンバンクの三業種に対する融資の実行状況を報告する」ことを義務づけるとの内容（これは事実上の融資制限を意味した）があり、これは一般に「三業種規制」と呼ばれた。なお、この「三業種規制」は農協系統金融機関には適用されず、これが後の住専処理に関連して大きな問題となるのであった。それはともかくとして、資金配分に直接の影響力を行使するという自由化時代にはなじまないこの規制の効力は、それまでの通達等とはまるで違っていた。いわゆる地上げは、あるまとまった面積の土地を確保するために、その時点でその土地を細分化して利用している人々から土地を買収して大きくまとめていく作業であるから、部分的な買収では無意味である。地上げの失敗は、資金回収の不能へのつながりを意味する。追加融資が不能ということは、このような事態が大量に発生するということにつながったのであった。

　一方、金融政策面においてもバブルをつぶすための政策がとられることとなった。日本銀行プロパーの三重野康が大蔵省OBの澄田智に代わって第26代日本銀行総裁の座についたのは1989年12月のことであった。大蔵省出身者と日本銀行出身者が交互に日本銀行総裁の座に就くというのは、当事者間においては暗黙のルールではあったかもしれないが、外部にたいして説得力のあるもので

はない。このルールを守るために外部の圧力に抗しきれず金融政策運営に不適切な面があったというなら、それは大きな問題であるということになる。バブル期の公定歩合の引上げの遅れをとりもどそうとするかのように日本銀行はその引上げを急いだ。1989年の10月に日本銀行は公定歩合を5月に続いて引き上げ3.75％（引上げ幅0.5％）としていたが、三重野総裁就任直後の12月25日に公定歩合をさらに引き上げ4.25％とした。1990年においては、3月（引上げ幅1％）と8月（同0.75％）の2度の引上げを行い、公定歩合は6％となった。

この「総量規制」と金融引締政策により地価および株価は急落しバブルは崩壊へと向かうこととなった。そして不動産関連の業者は苦境に陥り、それは金融機関の不良債権の増加へと結びつき、結局はその経営危機へと結びついていった。1990年代において企業倒産は激増した。1991年の企業倒産件数は前年比65.8％増の1万723件、負債金額にいたっては前年比4.1倍の8兆1488億円となったのであった（図表6-2）。当然このことは銀行の貸出債権が回収不能となることを意味した。しかし問題はそれにとどまるものではなかった。銀行は、実質破綻している企業であってもその倒産により債権を償却することが決算対策上まずいと考え、いわゆる追い貸しや金利減免等の方策により、償却負担を先送りするような行動をとった。この間、不良債権のディスクロージャーが必ずしも順調に行われなかったこともあり、金融機関の経営状態にたいする信頼感も急速に失われていった。ようやく1992年度から上位業態の不良債権が公表されるようになったが、その計数をみるならば都市銀行において破綻先債権（1兆3822億円）の5倍以上の延滞債権（7兆727億円）が存在していた。しかしながら実際の不良債権はこれにとどまるとは思われてはいなかった。

不良債権のディスクロージャーについては、その後徐々に進展し、1995年度以降は、都市銀行、長期信用銀行、信託銀行については金利減免等債権額および経営支援先にたいする債権額が、地方銀行については延滞債権額が開示されることとなった。ただし同年度においては、地方銀行については開示の合意がなされていない金利減免等債権額が、第二地方銀行協会加盟行については同様の延滞先債権額および金利減免等債権額が全行において開示された。また、経

図表6-2　企業倒産の推移

(単位:件、億円、％)

	件数	前年比	不況倒産の構成比	負債金額	前年比	1件あたり負担金額	前年比
1981	17,610	-1.5	48.1	26,925	-1.1	1.53	0.4
1982	17,222	-2.8	48.8	23,932	-11.1	1.40	-8.6
1983	19,155	11.9	51.6	25,842	8.0	1.35	-3.5
1984	20,841	8.8	52.9	36,441	41.0	1.75	29.6
1985	18,812	-9.7	43.9	42,336	16.2	2.25	28.6
1986	17,476	-7.1	54.7	38,314	-9.5	2.19	-2.7
1987	12,655	-27.6	57.1	21,224	-44.6	1.68	-23.3
1988	10,122	-20.0	51.4	20,010	-5.7	1.98	17.9
1989	7,234	-28.5	46.6	12,323	-38.4	1.70	-14.1
1990	6,468	-10.6	43.1	19,959	62.0	3.09	81.8
1991	10,723	65.8	43.1	81,488	308.3	7.60	146.0
1992	14,609	31.2	52.3	76,015	-6.7	5.40	-28.9
1993	14,564	3.5	59.2	68,477	-9.9	4.70	-13.0
1994	14,061	-3.5	61.3	56,294	-17.8	4.00	-14.9
1995	15,108	7.4	57.8	92,411	64.2	6.117	52.8
1996	14,834	-1.8	59.8	81,228	-12.1	5.476	-10.5

注：1．負債金額1,000万円以上の企業倒産。
　　2．不況型倒産とは販売不振、売掛金回収難による倒産を示す。
出所：『財政金融統計月報』第539号（1997年3月）27頁。

営支援先にたいする債権額についても多くの地方銀行が自主的に開示を行った。

その後、全国銀行協会連合会は、1998年3月に、従来の開示項目に加えて「3カ月以上延滞債権額」および「貸出条件緩和債権額」を開示すると決定、発表した（銀行の不良債権情報のディスクロージャーの推移については図表6-3参照）。これにより、金融機関の不良債権のディスクロージャーはかなり進展したといってよいが、それへの信頼感が醸成されたわけではなかった。当然のことながら銀行としては不良債権の処理も行わざるをえなかったが、「破綻先」は別としてそれ以外の不良債権の取扱いは現実問題として難しいものがある。この辺は単純な先送りと批判できない面があるものの、多額の不良債権は銀行の経営問題へと直結することとなった。

ところでバブルの形成の過程は、日本において長らく規制されてきた預金金利が自由化された過程と重なった。もうひとつの金融に関する重要な規制であ

図表 6-3　不良債権のディスクロージャーの推移

年度	月	破綻先 ディスクロ誌	破綻先 有報	延滞 ディスクロ誌	延滞 有報	金利減免等 ディスクロ誌	金利減免等 有報	経営支援先 ディスクロ誌	経営支援先 有報	3カ月以上延滞 ディスクロ誌	3カ月以上延滞 有報	貸出条件緩和 ディスクロ誌	貸出条件緩和 有報
1992	9	-	-	-	●	-	-	-	-	-	-	-	-
	3	◎	◎	●	●	-	-	-	-	-	-	-	-
1993	9	-	◎	-	●	-	-	-	-	-	-	-	-
	3	◎	◎	●	●	-	-	-	-	-	-	-	-
1994	9	-	◎	-	●	-	-	-	-	-	-	-	-
	3	◎	◎	●	●	-	-	-	-	-	-	-	-
1995	9	-	◎	-	●	-	-	-	-	-	-	-	-
	3	◎	◎	○	●	●	●	●	●	-	-	-	-
1996	9	-	◎	-	○	-	●	-	●*	-	-	-	-
	3	◎	◎	○	○	◎	●	◎	●	-	-	-	-
1997	9	-	◎	-	○	-	◎	-	◎	-	-	-	-
	3	◎	◎	○	○	◎	◎	◎	◎	-	-	-	-
1998	9	-	◎	-	○	-	◎	-	◎	-	◎	-	◎
	3	◎	◎	○	○	◎	◎	◎	◎	◎	◎	◎	◎

注：1．ディスクロ誌とは、銀行法21条に基づくディスクロージャー資料で、毎年度1回3月期決算計数に基づき作成。有報とは、証券取引法24条に基づく有価証券報告書。
2．＊参考情報としての開示。
3．◎は全国銀行全行が開示。○は都市銀行、長期信用銀行、信託銀行、地方銀行が開示。●は都市銀行、長期信用銀行、信託銀行が開示。
4．金利減免等債券および経営支援先に対する債券は、ディスクロージャー資料においては1998年3月期以降、有価証券報告書においては1998年9月以降、貸出条件緩和債券に含めて開示。
出所：増渕［1998］12頁。

る業務分野規制（専門金融機関制度）の緩和は1990年代にずれ込むこととなった。専門金融機関制度は1970年頃のいわゆる金融効率化行政当時から、その存在意義については疑問符がつけられてきていた。しかし既得権益の壁は厚く、制度は維持され、1980年代後半の金融制度改革論議の結論は、業態別子会社方式による相互参入であった。これは激変緩和という理屈付けのもとに長期信用銀行制度、信託専業制度、銀行・証券分離制度の廃止を先延ばししようとするものであった。しかもこの際の業態別子会社の認可時期については、大蔵省の裁量により長期信用銀行、信託銀行、証券会社等を先行させ、都市銀行をその後にするという方法がとられた。1990年代の金融危機はこのような裁量行政とその体質のもとにおける先延ばし措置により引き起こされたものなのであったが、この時点で大蔵省は裁量行政が危機に結びつくなどという認識は持ってはいなかった。

　1990年代の初めにおいては、91年にイトマン事件が露呈し、住友銀行におけ

る首脳人事へと結びついた。また、同じく1991年には証券会社の損失補塡が問題となり、日本的慣行の不透明さが明らかとなった。その他、いわゆる「とばし」もこの頃から噂となっており、後の本格的な危機の萌芽がこの時期にみられていたのであった。

さらに1971年に設立された預金保険機構は20年間その発動事例はなかったが、1991年10月に初めての発動が決定された。これは愛媛県の東邦相互銀行が伊予銀行に救済合併されるにあたり資金援助を行うというものであった。なお、預金保険機構には設立当初はペイオフの規定しかなく、資金援助制度は1986年の預金保険法の改正により新たに導入された破綻銀行の救済方式であった。

この東邦相互銀行は、来島どっくの機関銀行であり、同社の経営悪化とともに、その経営が悪化した。来島どっくのメインバンクであった日本債券信用銀行には、同社を救済する意志および余力がこの時点において存在せず、東邦相互銀行を合併するメリットがなかったことから、結局、県内の有力地方銀行である伊予銀行が預金保険機構からの資金援助という「お土産」付きで同行を救済合併することとなったのであった。

日本における預金保険制度は、奇妙なことにその設立当初から必ずしも発動が想定されたものではなかった。この初めての発動事例にしてもきわめて特殊なケースというのが当時の一般的な捉え方であり、大蔵省としてもこの制度を破綻銀行処理の中心に据えようなどとは考えてはいなかった。そもそも金融機関の破綻が続出するなどという事態が出現することをこの時点で予想した人間はほとんどいなかったのである。多くの人々が、そして金融機関の経営者、さらには監督当局もまた、地価も株価もそのうち反転するものと予想していた。これが「先送り政策」が選択された理由であるが、現実には金融機関の破綻は1990年代において続出することになるのであった。

III 金融機関の破綻の続出と延命策

(1) バブル崩壊型破綻のはじまり

　地価および株価の継続的な下落は、資産価格の右肩上がり神話を打ち消すことになり、この過程で金融機関の不良債権は増加した。預金保険機構加入金融機関としては2件目の破綻事例は1992年5月に同機構からの200億円の贈与（三和銀行にたいする）を条件として救済合併された東洋信用金庫であった。東洋信用金庫は周知のとおり大阪の料亭経営者がノンバンク等からの融資を受けるに際し、同金庫の偽造預金証書を担保にとっていたことが発覚し、この料亭経営者のノンバンクからの借入れが返済不能となったことにより預金担保の回収が問題となった。この預金担保の額は、同金庫の預金額に匹敵したこと等から、その経営は危機に瀕することとなった。

　行政当局による当初の検討過程では、大手金融機関による単純な救済合併や関係金融機関の資金援助に基づく再建策が選択肢であったと伝えられている。しかし、単純な救済合併には同金庫と関係の深い三和銀行は難色を示し、結局、偽造預金証書事件に関係した金融機関、ノンバンク、全国信用金庫連合会、地元の信用金庫業界などが負担を分け、これに預金保険機構からの資金援助が加わるというスキームとなった。

　ここで明らかになったのは、1990年代においては従来型の大蔵省の事実上の指導のもとでの関係金融機関による単純な救済合併ないし再建といった手法をとることは難しくなってきたということであるが、この時点でも預金保険の発動事例が激増し、それが大手金融機関にまで及ぶということを予想した向きは少なかった。さらにこの事件に長期信用銀行トップの日本興業銀行が関与したことも驚きであった。産業金融の雄と称された日本興業銀行が、個人にたいする融資等に深入りしていたことは、1990年代における長期信用銀行業界全体の苦境を表すものでもあった。証券市場の発展や金融の技術革新（スワップ等）

は長期信用銀行制度の存在意義を切り崩してきていたのであり、大蔵省が長期信用銀行に気を使う形で金融制度改革関連等を推し進めたのは、そのことが理由であった。ただし、ここでの問題点は長期信用銀行（制度）の明確な将来像が提示されなかったことであり、先延ばしによるソフトランディング、といっても着地点の明確ではないそれが目指されたということであった。

(2) 2信組処理と後追い型の行政対応

これ以降、バブル崩壊型の金融機関の破綻は続出することとなるが、1994年12月に救済スキームが発表された東京協和信用組合・安全信用組合のケースは各方面に衝撃を与えた。この救済スキームの内容は、①関係金融機関は、両信用組合からの事業譲渡を受ける新銀行（東京共同銀行）を設立する、②新銀行設立にあたっては、日本銀行は日本銀行法第25条に基づき、民間金融機関とともに出資を行う、③東京都および関係金融機関等は不良債権処理のための支援を行う、④新銀行は、事業の譲り受けに伴う損失等の補塡のため、預金保険機構にたいし資金援助の要請を行うというものであった。

このケースは、日本銀行法第25条が、証券恐慌以来初めて発動されたという点が衝撃的であった他、救済合併等が不可能となり、結局、新銀行への事業譲渡がなされたという点においても注目された。これは預金保険法における資金援助は合併や事業譲渡等を条件としており、単純な資金援助ができないということがその理由であった。その後、これに続いて多くの金融機関、とりわけ信用組合が数多く破綻するようになったことから、東京共同銀行は破綻信用組合の受け皿となり、結局、1996年9月には改組され整理回収銀行となった。さらに同行は信用組合のみの受け皿では終わらなくなるわけであるが、東京共同銀行設立時にはそのような予想はほとんどなされなかった。

また、この破綻処理にたいしては乱脈経営の信用組合を密室行政で救ったとの非難が浴びせられた。さらに東京協和信用組合の元理事長が大蔵官僚への過剰接待を行っていたことも暴露され、金融行政への信頼感が一挙に吹き飛ぶこととなった。また、現時点で考えるならば、この破綻処理スキームは2信組と

深い関係にあった日本長期信用銀行の救済という側面もあったが、当時において長銀の破綻を予測できた関係者はいなかった。

1995年1月には阪神大震災が発生し、この年の波瀾を予想させたが、6月に大蔵省は、「金融システムの機能回復について」というペーパーを発表し、不良債権問題の解決についての当面の考え方を示した。ここにおいては種々の問題が論じられてはいるが、「金融機関の破綻処理」についてはペイオフ（この言葉自体この当時から一般的になってきたものである）については、①損失負担について国民的なコンセンサスが形成されていないこと、②金融機関が不良債権を抱えている状態では信用不安を招きかねないこと、③ディスクロージャーが不十分で、預金者に自己責任を求めることが難しいこと、から困難であるとしている。そして、できるだけ早期に、遅くとも5年以内に、預金者についても自己責任を求めるに足る環境整備を完了することが適当であるとした。

しかしながら上記のうち少なくとも①と③については形式論理としては完全に破綻している。それならばなぜ1971年の時点で預金保険機構を設立できたのかが説明不能となるからである。設立当時においては、預金保険の発動方式はペイオフしかなく、資金援助方式は1986年の法改正により付け加えられた方式にすぎないのである。このような破綻した論理によっても大蔵省が守ろうとしたものは、「預金の全額保護」であり、これは他のアナウンスメントがことごとくといってよいほど守られなかった一方で、1990年代において死守された。これを守ることによって大口預金者の動揺を防ぎ、金融システムの安定を図ろうとしたのである。しかしながら実際は預金者による金融機関の選別は急速度で進んでいったのであった。ただし、ある程度まではこれは大蔵省の描くシナリオどおりのものでもあった。

(3) 大型破綻の続出

大蔵省のペーパーが発表された翌月の1995年7月にまずコスモ信用組合が破綻した。同信用組合は、普銀転換を目指して不動産融資を中心に業容を急拡大させ、バブル崩壊後にその不良債権は急増した。一方、資金調達面では「マン

モス」と死滅が予想されるようなネーミングの高利の定期預金によりこれを行った。この他、ダミー会社を使っての不良債権の移し替えや粉飾決算も明らかになったこともあり、新聞報道等により預金流出が続き、7月31日に東京都は業務停止命令を発出した。コスモ信用組合は結局、東京共同銀行に業務を譲渡し解散することになったが、その損失額は東京協和・安全の2信組の2倍以上の2500億円強、預金保険機構の金銭贈与も同じく3倍以上の1250億円であった。

東のコスモ信用組合とともに危ない信用組合とみなされていたのが西の木津信用組合であった。同信用組合は、コスモ信用組合と同様にバブル期に不動産関連融資に傾斜し、高金利での預金吸収を行っていた。預金流出がとまらないことから、大阪府は8月30日に業務停止命令を発出した。この木津信用組合のケースにおいては、業容の拡大に三和銀行等の他金融機関からの紹介預金[1]が多くあったこと、不良債権額が破綻時の想定よりも格段に大きなものであったことが問題となった。このため木津信用組合の処理は早期に行うことができずに、ようやく1997年2月になり、東京共同銀行を改組した整理回収銀行に事業譲渡がなされ、同信用組合は解散した。

この時点で預金保険機構は、整理回収銀行にたいしペイオフコストを上回る1兆340億円の、これまでの破綻処理とは段違いの資金援助を行った。このような資金援助が可能となったのは1996年6月に預金保険法が改正され、ペイオフを上回る資金援助が可能となったことによるものであった。

それまでの金融機関の破綻は主として信用組合、それもバブル期に不動産関連融資を急拡大させた都市部の信用組合がほとんどであった。信用組合の監督機関は国の機関委任事務とはいえ都道府県であり、その意味で大蔵省の威信が大きく傷ついたとはいえなかったかもしれない。しかし、預金の全額保護については大蔵省は1990年代を通じて全力を挙げて守り通す姿勢を明らかにしてきた。

預金の全額保護は守るにしても、この時期に破綻処理をしなければならないと大蔵省が考えていた銀行があった。それが8月31日に破綻処理策が発表された兵庫銀行であった。同行は本体および関連ノンバンクより業容拡大を図り、

これまたバブル崩壊により不良債権を多く抱えることとなった。これは創業者であるトップの経営ミスであり、その後大蔵省から経営の建て直しのために人材が派遣されたが、阪神大震災によるダメージもあり破綻したのであった。この時点で長期にわたり信じられてきた「銀行の不倒神話」は崩壊することとなった。

　結局、兵庫銀行は1995年10月に設立されたみどり銀行に営業を譲渡して消滅し、みどり銀行には預金保険機構から4730億円の資金援助が行われた。このような処理方式となったのは兵庫銀行の規模が大きく、地元経済に与える影響が甚大であることから、その実質的な継続が必要との判断からきたものと思われる。しかし、みどり銀行のその後の状況は好転せず、1997年度決算で約1000億円の債務超過の状態となった。このため、結局、1999年4月に同じ神戸市に本店を置く阪神銀行に吸収合併された（商号は「みなと銀行」となった）。

　1995年の夏に次々と破綻したこれらの金融機関は、その規模が比較的大きかったことが各方面に衝撃を与えたが、そのほか、大蔵省主導で行われてきた不良債権のディスクロージャーが全く信用のできないものであることが明らかとなったことも注目された。兵庫銀行の場合、1995年3月期決算における公表不良債権額は630億円であったが、破綻発表時の不良債権額（大蔵検査による分類資産）は約1兆5000億円であった。これは大蔵省にたいする批判を生むと同時に、監査法人等にたいする批判をも呼ぶことになり、以後、監査法人の態度は変化せざるをえなくなった。

　なお、この1995年夏においては、もうひとつのスキャンダルが大蔵省を悩ませることとなった。それはいわゆる大和銀行ニューヨーク支店事件である。この事件は周知のとおり現地採用の日本人行員が米国債取引における損失を隠蔽していたというものであるが、大和銀行の大蔵省への報告、さらには大蔵省のアメリカの連邦準備制度理事会（FRB）への連絡の遅れが、事件を思わぬ方向へと向かわせることとなった。1995年11月にFRB等の銀行監督当局は、大和銀行にたいしアメリカにおけるすべての業務を停止し、90日以内にアメリカからの全面撤退の命令を下した。

この命令は、大和銀行にとって大きな痛手であったのは当然として、大蔵省にも大きな痛手を与えた。このような厳しい措置をアメリカの銀行監督当局がとったのは当然との意見もあるが、実際の目的が何であったかは現在でも謎である。「日本たたき説」および「大蔵省たたき説」もいまだ有力であるわけであるが、大型破綻処理に追われていた大蔵省にとって威信の喪失は大きなものであった。この年の春においては東京協和信用組合の前理事長が国会の証人喚問において大蔵省職員との常識外の交友関係を証言し、大蔵省への非難が高まっていたことも、威信の低下に拍車をかけることとなった。

それはともかくとして、1995年夏の大型破綻はある程度までは予想していたものであった。当時の武村大蔵大臣は「これで個別金融機関の問題は山を越えた」という趣旨の発言をしている。しかし、この時点で日本の金融システムには解決しなければならない大きな問題が残っていた。それが住宅金融専門会社（住専）の問題であり、大蔵省としてはこの問題の解決に向けて注力を行うこととなる。住専問題さえ解決すれば日本の金融システムはひとまず安定化する。あとは時間をかけて不良債権を処理すればよいし、合併等により金融機関の体質強化を図ればよい。そうするならば危機は終息する。このような楽観的な観測をもっていたのは、金融関係者においても超少数派というわけでもなかった。しかしながらそうした希望的観測は裏切られることとなったのであった。

IV　住専問題と日本版ビッグバン

(1)　住専処理をめぐる混乱

初めての住宅金融専門会社である日本住宅金融が設立されたのが1971年7月のことであり、最後発（8社目）の協同住宅ローンが設立されたのが1979年8月である。日本において民間金融機関が制度的な住宅ローンを開始したのは1955年（東京労働金庫）のことであった。その後、都市銀行も1960年には住宅ローンの取扱いを開始したが、当時の銀行は企業金融がその融資業務の中心で

あり、1970年代においてもその傾向は変化がなかった。このような状況において設立されたのが住宅金融専門会社であり、当初は個人向けの住宅ローンを中心に業容を拡大していった。その設立には複数の金融機関が共同出資を行っており、これら住専設立の主体となった金融機関は母体行と呼ばれた。

　この住専の性格は1980年代に入り大きく変化した。1980年代に入ると、一方では政府の住宅金融政策が積極化し、住宅金融公庫の融資枠が拡大し、他方では銀行の住宅ローンへの取り組みが本格化した。母体行は住専の優良顧客を続々と自らの顧客としていったのであった。このような状況において住専各社の個人住宅ローンは苦戦を強いられることになった。そして住専各社は不動産関連融資へと傾斜していくこととなり、バブルの崩壊とともに大量の不良資産を抱えて身動きのできない状態となったのであった。

　住専問題を複雑にしたのは、住専へ融資を大量に行っていた金融機関としての農協系統金融機関（特に県レベルの信用農業協同組合連合会［信連］）の存在であった。前述のとおり大蔵省は1990年3月に土地関連融資の総量規制を行った。しかしノンバンクとしての住専はこの「総量規制」の対象外であった。このことも、1990年代において住専問題が拡大した要因であった。「総量規制」とは具体的には、大蔵省銀行局長名の通達が銀行等に発出されたものである。そして、これと同時に大蔵省銀行局長・農水省経済局長連名の通達が全国信連協会長宛に発出された。ただしこの両者の通達には大きな相違があった。信連向けの通達にはいわゆる「三業種規制」、すなわち不動産業、建設業、ノンバンクにたいする融資を規制する文言が抜け落ちていたのである。これ以後、銀行等は住専に融資できず、その反対に信連は住専融資にのめりこんでいくことになった。農林系統金融機関の融資対象は本来、農家および農業関連企業等でなければならないとの規制があるが、住専向けの融資は「金融機関向け融資」として規制対象外だったのである。この面からも信連の住専向け融資にはストップがかからなかった。

　住専の危機は1992年の時点でどうにもなならいことは明らかであった。実は、1990〜91年にかけて大蔵省は住専の「第一次立入調査」を行っていた。それに

図表 6-4　住専 7 社の不良債権（1990～91年）

(単位：億円、%)

社　名	貸付総額	不良債券額	不良債券率	調査基準日
日本住宅金融	22,739	6,617	29.1	91.12
住宅ローンサービス	16,386	4,326	26.4	91.9
住　総	18,602	7,465	39.9	91.11
総合金融	13,769	3,690	26.8	91.10
第一住宅金融	17,417	5,435	30.7	92.1
地銀生保住宅ローン	10,461	6,252	59.8	92.7
日本ハウジングローン	23,638	12,694	53.7	92.8
計	123,012	46,479	37.8	

出所：佐伯［1997］55頁。

よると住専の不良債権比率は、この時点で40%近い水準に達していたのである（図表6-4）。このような状況において関係機関による住専再建計画が打ち出された。まず1992年8月に、日本住宅金融の再建計画が作成されたのを皮切りに、住専各社において第一次再建計画が作成されたが、1993年2月には日本住宅金融の第二次再建計画が策定された。これらは金利減免（系統農協については減免といえるような水準ではなかったが）を基本とするものであり、関係者においてもこれで住専が再建できるなどとは考えてはいなかった。現時点で考えるならば、この時点で住専各社を清算していればその処理コストは格段に低かったものと思われるが、問題は先送りされ、不良債権はさらに膨らむこととなった。

なお、1993年2月の時点で大蔵省銀行局長と農水省経済局長の間で極秘のうちに覚書が取り交わされ、この内容にその後の住専処理は振り回されることになった[2]。その具体的内容は、第二次再建策における金利減免として系統農協の水準を4.5%とすること、住専の処理については農協系統に第二次再建策以上の負担をかけないようにすること、農林中央金庫にたいする公定歩合による貸出が行われること等であった。

結局、住専の経営は改善せず、1995年には日本政府は住専問題を一刻も早く解決せざるをえない状況に追いこまれた。その理由のひとつは前節でみた大型

破綻の続出であり、残された住専問題を解決することにより日本の金融システムの問題はほぼ解決したと内外に示す必要があったのである。1995年には日本の金融システムへの信頼が揺らぎ、邦銀の格付けが低下し、ジャパン・プレミアムが発生した。また、アメリカからは日本の不良債権問題が国内へ波及することを恐れての圧力が日本政府に加えられた。1995年中に住専問題を解決することは国際公約的なものになってしまったのであった。

しかし住専処理の問題は関係者間の利害調整が進まず難航をきわめた。なかでも農林系統金融機関は損失負担に頑強に抵抗し、その政治力をも有効に利用した。結局、1995年12月にいわゆる修正母体行方式による住専処理案が閣議決定され、公的資金の導入が具体化した。そして、1996年2月には、住専処理法案が国会に提出された。

そこにおける住専7社を整理した段階で発生する総額6兆4100億円の負担については、①母体行が債権の全額3兆5000億円放棄、②一般行が債権44.7%の1兆7000億円を放棄、③農林系統金融機関は、貸付債権5兆5000億円を全額返済を前提として、住専処理機構にたいする5300億円の贈与を行うというものであった。そしてこれでも不足する金額については1996年度予算において6850億円が支出（預金保険機構の住専勘定への支出等）されることとされた。

この住専処理策は関係者の調整の結果として策定されたものであり、その根拠は明白なものではなかった。そして、この処理策、なかでも財政資金の投入については非難が集中した。政府は、財政資金の投入については「金融システムの維持のため」と説明したが、それに納得する向きは少なかった。関係金融機関の負担割合をみれば財政資金の投入は農林系統金融機関救済であることは明らかであったし、1990年代末においては政府自身がそうであったことを認めているが、当時そのような発言はなかった。そのこともあってか住専処理策についての非難は、政府および母体行に集中した。

結局、住専処理法は1996年6月に成立したが、同時に、銀行界は「新金融安定化基金」という社団法人を設立し、そこに7000億円を拠出するという新たな負担を強いられることとなった。

この住専処理をめぐる混乱は、結局、先送り政策の弊害が現れたものであったが、損失負担をめぐる関係者の争いも不毛なものであった。そして不透明な官庁間の「覚書」や政治的圧力にも翻弄され、政府の国民にたいする説明責任も果たされなかった。しかし、ここで政府および大蔵省は、東のコスモ、西の木津といわれた大型信用組合の破綻処理ならびにこれまた以前から経営不安説のあった兵庫銀行の破綻処理後の最大の課題であった住専処理を批判を浴びつつも行ったことにより、金融システム不安は峠を超えたと宣言することになった。というよりは予算案および住専法案を国会通過させるために、「住専問題が解決すれば、金融システム不安は終了」とのフィクションを信じさせるようにしたというのが適当かもしれない。しかしながら金融システム不安は終了などしていなかったのであった。

(2) 導入時期を誤った構造改革路線と日本版ビッグバン

住専処理法と同時期に、金融機関の破綻の続出という事態への対応力を高めることを目的として、「金融機関等の経営の健全性確保のための関係法律の整備に関する法律」、「金融機関の更正手続きの特例等に関する法律」、「預金保険法の一部を改正する法律」のいわゆる金融三法が成立した。これによる対策のなかには「早期是正措置」のような裁量行政とは異なるポジティブに評価してよいものもあるが、新たに可能となった措置のほとんどは対症療法的なものであった。とくに整理回収銀行については破綻信用組合のためのものとの位置付けがなされたことは問題であった。これも住専問題を解決すれば、あとは破綻するのはせいぜい信用組合くらいとのフィクションを信じさせるためのものであったのかもしれない。

住専で傷ついた威信を取り戻そうとしてか、当時の橋本内閣は財政再建路線を打ち出し、省庁再編を手がけ、1996年11月には日本版ビッグバン構想を発表した。これは5大改革（行政改革・財政構造改革・金融システム改革・経済構造改革・社会構造改革）のひとつとして打ち出されたものであり、2001年までの間に、日本の金融システムを根本的に改革するという方向を明らかにしたも

のである。その目標としては①2001年には東京をニューヨーク、ロンドン並みの国際市場にすること、および②構造改革への取り組み（改革と不良債権処理）が掲げられた。また、改革の3原則として「フリー・フェア・グローバル」が宣言されたが、これはそれまでの大蔵省による裁量行政とは対極にあるものであった。

当時発表された改革スケジュールは図表6－5のとおりであるが、これにより基本的に戦後の金融制度の基本であった専門金融機関制度は解体されるという方向が明らかになった。しかしながら、この時期により重要であったのは金融システムの危機への本格的な対応策であり、不良債権処理への取り組みであった。その遅れが結局1997年秋の金融危機へと結びつくわけであるが、それをみる前にこの時期の構造改革路線について検証してみることにしよう。

図表6－6はバブル崩壊以降の実質成長率をみたものであるが、これをみると日本経済は1994年を底に上昇基調にあったことがわかる。また1994年以降は公的需要の寄与度が後退し、民間需要が増加に転じ、円高により輸入が成長率を引き下げる方向に働いた。しかし1996年の3.6％のGDP成長率は経済の回復を示すものであり、より本格的な回復軌道を期待させるものであった。

しかしここで日本政府の経済政策は決定的な誤りをおかした。ここで財政構造改革路線が表明され、1997年4月より過去2年間行われてきた特別減税を実施しない一方、消費税が3％から5％に引き上げられ、医療費負担の増加、公共工事の抑制等の施策が実行された。また、同時に財政赤字削減キャンペーンも行われ、高齢化社会への不安を醸成し、人々の消費心理を冷え込ませることとなった。

これにより個人消費は落ち込むこととなり、日本経済は急落することになったが、これは明らかに政策の導入時期の誤りであり、その意味で日本版ビッグバン構想もまた最悪の時期に表明されたものであった。

なお、住専問題を契機として省庁再編がらみで大蔵省の解体、財政・金融の分離が議論された。これは住専問題において財政資金の投入が農協系統金融機関救済であったにもかかわらず非難がそこに及ぶことは少なかったこととも関

図表 6-5　日本版ビッグバンのスケジュール

事　項	1997	1998	1999	2000	2001	備　考
(1)投資家・資金調達者の選択肢の拡大						
・投資信託の商品多様化	━━━━━━					
・「証券総合口座」導入	━━━━━					
・証券デリバティブの全面解禁	━━━━━━					ただし、個別株式オプションは97年7月開始。
・ABS（資産担保証券）など債券等の流動化	━━━━━━					
・外国為替法改正	━━━━━					98年4月1日施行。
(2)仲介者サービスの質の向上および競争の促進						
・証券会社の業務多角化	━━━━━━					
・持株会社制度の活用	━━━━━━					98年3月11日施行。
・株式売買委託手数料の自由化	━━━━━━━━━━━━━					99年末には完全自由化。その前段階として、98年4月に自由化部分を現行の売買代金10億円超から5千万円超まで引下げ。
・証券会社の免許制から原則登録制への移行	━━━━━━					
・証券子会社、信託銀行子会社の業務範囲	━━━━━━━━━━━					99年度下期中に制限を撤廃。
・保険会社と金融他業態との間の参入	━━━━━━━━━━━━━━━━━━					2001年3月までに実現。
(3)利用しやすい市場の整備						
・取引所集中業務の撤廃	━━━━					
・店頭登録市場における流通面の改善	━━━━					97年7月に借株制度を導入済等。
・未上場・未登録株式市場の整備	━━━━					
(4)信頼できる公正・透明な取引の枠組み・ルールの整備						
・連結財務諸表制度の見直し	━━━━━━ - - - - - ▶					
・証券取引法の公正取引ルールの整備・拡充等	━━━━━━ - - - - - ▶					罰則強化については、97年12月30日施行。
・投資者保護基金および保険契約者保護機構の創設	━━━━━					

図表6-6　実質経済成長率とその寄与度の推移

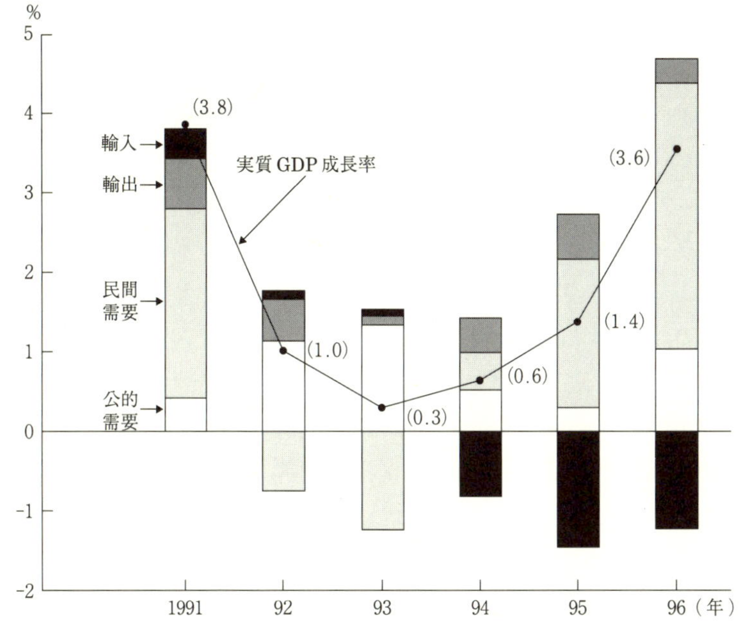

注：棒グラフは各項目の成長寄与度。
出所：山家［1997］24頁。

連していた。結局、1996年12月には、自民・社民・新党さきがけ3党の幹事長・政策責任者の合意案がとりまとめられたが、この時点におけるそれは大蔵省の強い抵抗も影響し、きわめて中途半端なものとなった。その内容は、①大蔵省の金融検査・監督部門を総理府外局の「金融検査監督庁」（仮称）に一体で分離する、②農林系統金融機関、労働金庫、ノンバンク等の検査監督も新機関に一元化する、③新機関に移す監督業務には、免許付与・取り消し・業務停止命令などの早期是正措置を含む、④新機関の体制が整った際には、原則として大蔵省との人事交流を遮断する、というものであった。ただし金融破綻への対応については新機関と大蔵省が協議等を行うこととされた。これは危機管理の観点から自民党が強く主張したものであるが、翌1997年にはまさしく危機が到来することとなったのであった。

V　1997年危機

　政府・大蔵省のアナウンスメントはいつしか「金融機関はつぶさない」から「大手銀行20行はつぶさない」というものに変わり、これが国際公約とされた。しかし、大手銀行といえどもその不良債権の重圧は大変なものであり、こうしたアナウンスメントがあること自体、危機的状況にある銀行が大手銀行のなかに存在することを意味した。大手銀行の中で最も危ないと当時において思われていたのが、長期信用銀行最下位の日本債券信用銀行であり、都市銀行最下位の北海道拓殖銀行であった。

　都市銀行のなかで3大都市圏以外に唯一本店のあった北海道拓殖銀行は、その立地上の不利もあり都銀上位との業容・収益格差は拡大し、地方銀行の上位との業容逆転も許していた。業容・収益の拡大をめざし拓銀（地元ではこう呼ばれていたが、北海道以外では北拓と呼ばれていた。これが同行の北海道以外での評価を表していた）は、1980年代後半以降、不動産関連、リゾート関連融資等に急傾斜し、カブトデコム等のバブル企業に巨額の資金を貸し付けていった。このような不動産関連融資への急傾斜は、しかも時期的には他の大手行から若干遅れての急傾斜は、バブルの崩壊の影響をより深刻に受けることにつながった。

　危機脱出のために北海道拓殖銀行のとった手段が、1997年4月1日にその計画を発表した、札幌本店の地方銀行である北海道銀行との合併であった。新銀行は行名を「新北海道銀行」とし、スーパーリージョナル・バンクをめざすと宣言された。ただしこの合併計画には果たしてうまくいくのかという疑問が当初からあり、危機にある拓銀のリストラや不良債権処理への道筋が示されていないなど、多くの問題を抱えていた。

　この合併計画発表の日には、同じく危機にあった日本債券信用銀行にたいする増資の受入を大蔵省が各金融機関に要請した。そして日本債券信用銀行は、同日、不良債権処理、大幅なリストラ策、資本増強策を発表した。おそらく先

の見えない合併よりも、この時点で拓銀に必要だったのは不良債権処理への道筋を示すことであった。

　予想されたとおり道銀との合併交渉は難航することとなった。これには拓銀の側が財務状況が劣悪であったにもかかわらず、北海道で１位の金融機関であること、都市銀行であることのプライドを捨てられなかったことが影響し、道銀の側に拓銀にたいする不信感が強まったことが大きかった。

　合併交渉は早い時期に行き詰まりをみせ、この過程で拓銀は奇妙な行動をとることになる。同行は、６月16日にイギリスの４大銀行のひとつであるバークレイズ銀行との提携を発表した。しかしこの提携発表までの経緯は道銀に知らされてはいなかったし、提携によりどうなるかの道筋も示されてはいなかった[3]。さらにその翌月の７月４日には、拓銀がメインバンクである東海興業が会社更生法を申請した。東海興業関連の貸出については拓銀から道銀に提出された不良債権リストに載っておらず、道銀の拓銀にたいする不信感は一層増幅された。一方、拓銀の側では道銀が拓銀破綻を前提に受け皿銀行となるつもりではとの不信感が生まれた。

　結局、両行は９月12日になり「合併延期」を発表したが、「延期」を信じる関係者はいなかった。両行の合併は「破談」となったのであった。以後、拓銀は単独での生き残りを模索することとなったが、株価は低下し、預金流出は止まらなかった。そしてインターバンク市場における資金調達にも苦慮するようになっていった。

　こうしたなかで予期していない出来事が発生した。11月３日に準大手証券である三洋証券が会社更生法の申請を行ったのである。三洋証券の破綻自体は予期されていたものではあったが、このときに戦後初めてのインターバンク市場での債務不履行が発生したのである[4]。債務不履行となった金額は市場規模に比べればわずか（10億円）なものであったが、これをきっかけとして短期金融市場は大混乱に陥った。当然のように拓銀の資金繰りは逼迫した。11月14日の金曜日は日本銀行の準備預金の積みの最終日であるが、ついに拓銀は「準備預金に関する法律」が要求する日銀当座預金の残高を維持することはできなかっ

た[5]。11月15日の未明に当時の河谷頭取は「営業断念」を決断し、翌16日の臨時取締役会において札幌本店の第二地方銀行である北洋銀行への営業譲渡、および北海道銀行との合併の白紙撤回を決定し、17日の月曜日にこれを発表した。政府・大蔵省の「大手銀行20行はつぶさない」との国際公約は結局守られなかったのである。

　同年の11月には、もうひとつの大きな波瀾が待ち受けていた。それは証券大手4社のこれまた最下位であった山一証券の自主廃業の決定（24日）である。同社の資金繰りは11月に入り米ムーディーズ社が同社の債券の格下げの検討を発表したのを契機に一気に悪化し、同社の株価も急落した。このような状況の中で、メインバンクである富士銀行は過去数年の関係の悪化を反映し救済に消極的であり、結局、自主廃業を選択せざるをえない状況に追いこまれたのであった。

　同社の経営が悪化したのはいわゆる「とばし」による簿外債務が2648億円にも膨らんだことが大きく影響した。「法人の山一」の看板を守るためか、いつか株価は回復するとの幻想を抱いていたためか、山一証券は「とばし」の最終的な受け皿として自らのペーパーカンパニー（子会社）や海外現地法人を利用せざるをえなかった。結果として損失は膨らむ一方となったのであった。そして監督官庁である大蔵省は同社の違法取引を完全に把握できてはいなかったのであった。

　準大手証券および都市銀行さらには証券大手4社の一角までが破綻したことにより市場は大きく動揺した。さらに26日には仙台本店の第二地銀である徳陽シティ銀行が七十七銀行等に預金や一部資産を譲渡した後に、仙台銀行に残りを営業譲渡すると発表した。ここまで破綻が相次ぐことになると、市場および預金者は大混乱に陥った。

　各地で取り付け騒ぎに近い状況が発生し、預金者による金融機関の選別が激化する一方、金融機関の株価が急低下するなかで、ここでも特定の銀行等の株価が狙い撃ち的に急降下した。金融システム全体がメルトダウンしかねない危機が到来したのであった。

こうしたなかで銀行の資金繰りを最終的に決定するインターバンク市場では、市場規模は必ずしも縮小しなかったものの、山一証券および徳陽シティ銀行が破綻した週以降、金利が乱高下し、大幅な金利格差が発生した。市場参加者は信用リスクに過敏となり、評価の低い銀行等は高金利での借入れを余儀なくされたのである。

なお、日本銀行は破綻金融機関にたいする特別融資のほかに、このような市場の混乱に対応して、準備積み期間の中で資金を大幅に前倒しに供給するなど、市場の沈静化に努めた。11月27日には1995年7月以降行われていなかった担保付貸出（通常の日銀貸出）を復活させ、金利の計算方法も通常の両端入れ方式から12月末までの時限的特例として片端入れ（片落し）方式に切り替えた[6]。

危機対応においては大蔵省は無力であった。そして、ここで前面に出てきたのが自由民主党であった。同党は、11月25日に宮沢元首相を本部長とする「緊急金融システム安定化対策本部」を発足させ、住専処理以来タブーとされてきた公的資金の導入の検討を開始し、年内に総額30兆円の投入計画を作成した。住専関連の6850億円の公的資金の導入にたいしてあれほど反対した世論も、危機を経験した後ではおとなしいものであった。

この緊急対策は1998年2月に金融システム安定化関連二法（「預金保険改正法」および「金融機能安定化緊急措置法」）として成立し、即施行された。まず、預金保険改正法関連では、①預金保険機構債券の発行、②整理回収銀行の機能拡充、③特例業務勘定の設置（従前の一般金融機関特別勘定および信用協同組合特別勘定を改組・統合）、④特例業務に係る預金保険機構の債務にたいする政府保証、⑤特例業務勘定への7兆円の国債交付（特例業務基金の設置）が規定された。

これらの措置により預金保険機構の基金は大幅に拡充され、同時に金融機関危機が信用組合のみにとどまるものではないことが追認されたのである。

一方、金融機能安定化緊急措置法においては、①預金保険機構の金融危機管理業務（協定銀行への資金供給等）、②整理回収銀行による金融機関等の優先株等の引受等、③金融危機管理勘定の設置、④金融危機管理委員会の設置、⑤

図表 6-7　預金保険機構による金融安定化スキーム（1998年）

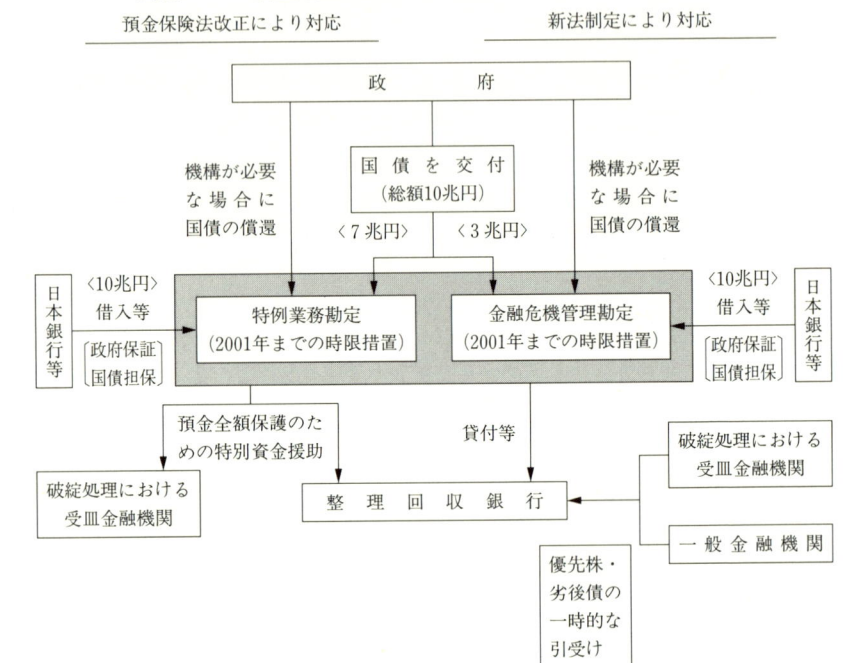

預金保険法改正により対応　　　　　　　　　　　新法制定により対応

```
                              政　　府
         ┌────────────────┬───────────────┬────────────────┐
   機構が必要            国 債 を 交 付              機構が必要
   な 場 合 に          （総額10兆円）             な 場 合 に
   国債の償還          〈7兆円〉〈3兆円〉          国債の償還
         │                │         │                │
 ┌───┐〈10兆円〉          ▼         ▼          〈10兆円〉┌───┐
 │日 │借入等    ┌──────────┐  ┌──────────┐   借入等  │日 │
 │本 │─────→│ 特例業務勘定 │  │ 金融危機管理勘定│←─────│本 │
 │銀 │政府保証  │(2001年までの │  │(2001年までの  │  政府保証│銀 │
 │行 │国債担保  │  時限措置)  │  │  時限措置)   │  国債担保│行 │
 │等 │        └──────────┘  └──────────┘         │等 │
 └───┘               │              │                └───┘
              預金全額保護のため    貸付等
              の特別資金援助        │           ┌──────────┐
                 │                 ▼           │ 破綻処理における │
         ┌──────────┐   ┌──────────┐   │  受皿金融機関   │
         │破綻処理における│  │整 理 回 収 銀 行│←──└──────────┘
         │ 受皿金融機関 │   └──────────┘     ┌──────────┐
         └──────────┘        ▲             │  一般金融機関  │
                                │             └──────────┘
                           優先株・
                           劣後債の
                           一時的な
                           引受け
```

注：1.「特例業務勘定」は、預金の1000万円を超える部分を保護するための勘定。
　　　「金融危機管理勘定」は、金融システムの危機管理という場合に限って、一般金融機関の優先株・劣後債を、一時的に引き受けるための新勘定。
　　2. 上記の勘定のほか、預金保険機構には、預金を1000万円まで保護するための「一般勘定」がある。
出所：『金融』第610号（1998年1月）114頁（一部変更）。

金融危機管理業務に係る預金保険機構の債務にたいする政府保証、⑥金融危機管理勘定への3兆円の国債交付（金融危機管理基金の設置）が規定された（図表6-7参照）。

　これはパニック的な状況が広がりかねない状況において、民間金融機関に破綻金融機関処理関連でこれ以上の負担を求めることができないこと、さらには1998年4月に導入が予定されていた早期是正措置を控えて、金融機関の「貸し渋り」が企業経営に深刻な影響を与えてきていること等から、金融機関の自己資本を早急に拡充する必要があることが認識されたことによる。貸出により収益を生み出す金融機関による「貸し渋り」が問題となるということはこの時期

図表 6-8　21行の優先株・劣後債（ローン）の発行条件

(億円、%)

	格付 Moody's	引受商品	申請金額	上限金額	申請条件（配当率・上乗せ金利）			引受条件（配当率または上乗せ金利）			ステップアップ
					0～5年	6～10年	11年～	0～5年	6～10年	11年～	
（都銀）											
東京三菱	Aa2	永久劣後債	1,000	1,000	0.90	2.40	2.40	0.90	2.40	2.40	1.50
第一勧銀	A1	優先株	990	990	0.75	(配当率)		0.75	(配当率)		
さくら	A3	永久劣後債	1,000	1,000	1.00	2.00	2.00	1.20	2.70	2.70	1.50
住　友	A1	永久劣後債	1,000	1,000	0.90	1.65	1.65	0.90	2.40	2.40	1.50
富　士	A3	永久劣後債	1,000	1,000	0.75	1.50	2.20	1.10	2.60	2.60	1.50
三　和	A1	期限付劣後債	1,000	1,000	0.55	1.25	―	0.55	1.25	―	0.70
東　海	A2	永久劣後債	1,000	1,000	―	―	―	0.90	2.40	2.40	1.50
あさひ	A2	永久劣後ローン	1,000	1,000	―	―	―	1.00	2.50	2.50	1.50
大　和	Baa3	永久劣後ローン	1,000	1,000	―	―	―	2.70	2.70	3.95	1.25
（長信銀）											
興　銀	A2	期限付劣後債	1,000	1,000	0.40	0.90	―	0.55	1.25	―	0.70
長　銀	Baa2	優先株	1,300	1,300	0.75	(配当率)		1.00	(配当率)		1.50
		永久劣後ローン	700	466	0.90	1.65	2.40	2.45	3.95	3.95	
日債銀	Ba1	優先株	600	600	1.00	(配当率)		3.00	(配当率)		―
		永久劣後ローン	2,300	0	―	―	―	―	―	―	―
（信託）											
三菱信託	Baa1	永久劣後債	500	500	1.00	2.00	2.00	1.10	2.60	2.60	1.50
住友信託	Baa1	永久劣後債	1,000	1,000	1.00	2.00	2.00	1.10	2.60	2.60	1.50
三井信託	Baa2	永久劣後債	1,000	1,000	1.00	1.70	1.70	1.45	2.95	2.95	1.50
安田信託	Baa2	永久劣後債	1,500	1,500	0.70	1.40	1.90	2.45	3.95	3.95	1.50
東洋信託	Baa1	永久劣後債	500	500	1.00	2.00	2.00	1.10	2.60	2.60	1.50
中央信託	Baa3	優先株	320	320	0.75	(配当率)		2.50	(配当率)		1.50
（地銀）		永久劣後ローン	280	280	―	―	―	2.45	3.95	3.95	1.50
横　浜	A3	永久劣後ローン	200	200	―	―	―	1.10	2.60	2.60	1.50
北　陸	Baa3	永久劣後ローン	200	200	―	―	―	2.45	3.95	3.95	1.50
足　利	Baa3	永久劣後債	300	300	1.50	2.50	2.50	2.95	4.45	4.45	1.50
合　計			20,690	18,156							

出所：『金融財政事情』1998年3月23日、13頁。

の金融システム危機がそれだけ深刻であったことを意味した。

　金融機能安定化緊急措置法に基づき、預金保険機構に設置された金融危機管理委員会は、1998年2月26日、公的資金による優先株等の引受けに係わる審査基準を制定・公表した。この公表を受けて、3月に21行（都銀9行、長信銀3行、信託銀3行、地銀3行）が総額2兆690億円の公的資金を申請した。これにたいして1兆8156億円の優先株、劣後債・ローンが整理回収銀行により引き受けられた（図表6-8）。

　都銀9行の申請金額はほぼそろって1000億円であり、同時に発表されたリス

トラ策(公的資金導入のための条件となった)もほぼ同様のものであり、ここでも銀行の横並び体質が批判されることとなった[7]。さらに、本来、公的資金の導入をもっとも必要としていたであろう日本長期信用銀行および日本債券信用銀行については、申請金額が削減され、引受条件も他行比較で厳しいものとなった。これは問題のある銀行を公的資金では救わないとの考えのものであろうが、やはり金融機能安定化緊急措置としてはおかしなものであった。

おそらくは1997年危機においては、銀行救済と銀行・金融機能、金融システムの維持を峻別すべきであった。「特別な存在」としての「銀行機能」は大切なものであり、拓銀の破綻の影響は、道内企業、北海道経済に非常に大きな悪影響を与えた。やはり拓銀をあのようなかたちで破綻させたのには問題があった。銀行倒産の影響の大きさは同時期に破綻した山一証券のそれによる影響がさほどのものではなかったことから明らかである。「準備預金に関する法律」は積み不足の場合、公定歩合プラス3.75%のペナルティを払えばよいという規定になっているし、そもそも拓銀が資金ショートを起こさないように日銀特融等で支えるべきであった。経営責任を明確にとらせ株主にも責任をとらせる(減資等の形態で)ことを明確にした上で拓銀の機能は存続させるべきであった。そして、1997年危機対応の金融機能安定化緊急措置においてもこの原則が明示されるべきであった。金融システム安定化関連二法はとりあえずのパニックを抑制する効果しかなかったのである。

VI 金融再生法と金融大再編

(1) 金融再生法による危機対応

1997年危機に対応した金融システム安定化関連二法とそれによる公的資金の注入は金融システム不安を払拭することはできず、信用収縮の動きも止まらなかった。本来であればこの時期に行政が何らかの手を打たねばならなかった。とりあえず1997年末に大蔵省によりとられたのは貸し渋り対策であり、その中

心内容は1998年4月1日実施予定の早期是正措置について国内業務に特化した金融機関については1年間導入を延期するというものであった。ここでも採用されたのは先送り措置であった。しかしこの1998年の前半の時期には大蔵省や日本銀行に過剰接待問題が噴出した。金融界の悪い面、金融機関と行政の馴れ合い、日本型システムの問題点が最悪の時期に暴かれることとなった。「選挙で選ばれた政治家は能力的にも人格的にも問題が多いが、難しい試験を通った官僚は優秀である」との神話はすでにかなり怪しいものとはなっていたが、ここにおいてそれは完全に崩壊した。

このような状態のなかで市場は弱った攻撃対象を探すかのような動きをみせるようになった。そのターゲットとなったのは日本債券信用銀行ではなく、長信銀2位の日本長期信用銀行であった。1998年6月には長銀の株価は急落し100円を割り込んだ。長銀は1997年7月にスイス銀行（SBC）との提携を発表していたが、同行との合弁会社の長銀ウォーバーグ証券が長銀株の売り注文を出していたことも市場に衝撃を与えた。長銀は住友信託銀行との合併の検討を6月26日に急遽発表せざるをえなくなった。このような状況から政府・与党は何らかの対策を打ち出さざるを得ず、7月2日に「金融再生トータルプラン（第2次とりまとめ）」を発表した。そのなかで「金融システムの安定化と機能強化」のための施策としてブリッジバンク制度の導入が打ち出された。これは危機の深化が、破綻金融機関を引き受ける民間金融機関不在といった事態の発生を招きかねず、これへの対応が喫緊の課題となってきたからである。これには拓銀破綻後の北海道経済の深刻な状況への反省をみてとることもできたのであった。

なお、1998年6月には、総理府の外局として金融監督庁が発足した。これにともない大蔵省の銀行局と証券局は廃止され、金融企画局が設置された。この段階では大蔵省金融企画局には、「金融制度・証券取引制度の企画立案等」の権限が残されたが、同じく6月に施行された「中央省庁等改革基本法」により金融監督庁は同法施行後5年以内（2001年1月1日目標）に金融庁への移行を開始することとされた。金融庁では国内金融に関する企画立案も担当すること

がこの時点で明らかになっていた。1990年代の大蔵省の金融行政の失敗はその弱体化へと帰結したのであった。

経済の混迷ばかりでなく、この時期に政治も混迷した。1997年の参議院選挙において自由民主党は大敗を喫し、橋本首相は退陣を表明した。長銀の破綻が予想されるなかで8月5日に政府・自由民主党は「ブリッジバンク法案」等からなる「金融再生トータルプラン関連法案」を国会に提出した。8月16日にはSBCとスイス・ユナイテッド銀行（UBS）が合併した新スイス・ユナイテッド銀行（UBS）が長銀との提携解消を表明し、長銀はますます追い詰められることとなった。この段階で政府が決断したのは民主党等の野党案を丸のみにすることにより法案の早期成立を図るという方法であった。9月3日に民主党等野党3会派は「金融再生関連法案」を提出し、これを一部修正して「金融再生関連法案（8法案）」が10月12日に成立した[8]。

「金融再生法」は、破綻金融機関に関して、①金融整理管財人による管理および②ブリッジバンクに加えて③特別公的管理制度を導入した。特別公的管理制度とは、銀行が破綻等の場合、金融再生委員会[9]が特別公的管理の開始と預金保険機構による当該銀行の株式の取得を決定・公告すると、一時的国有化の後、他の銀行への営業の譲渡等が行われるというものである（2001年3月までの時限措置）。これは長銀の処理策として与野党間で合意されたものであり、同行は法施行日の10月23日に特別公的管理の決定を受けた。

なお、「金融再生法」により、1998年2月に施行された「金融安定化緊急措置法」は廃止され、13兆円の公的資金枠は廃止された。一方、預金保険機構には「金融再生法」で金融再生勘定（18兆円）、「金融早期健全化法」で金融早期健全化勘定（25兆円）が新たに設置され、既存の預金者保護のための公的資金枠と合わせると計60兆円の公的資金枠となった。

この「金融再生法」により長銀の破綻の悪影響はある程度防止することができた。これは拓銀破綻後の北海道経済の状況と比べれば明らかであり、それが失敗であったと政府・行政当局等が認識したことによるものと思われる。結局、長銀は、ほぼ1年後の1999年9月28日にアメリカの投資会社のリップルウッ

ド・ホールディングを中核とする金融グループに譲渡されることが決定した。なお、日本長期信用銀行は、2000年6月5日に行名を新生銀行と変えて、個人取引強化等の新戦略を打ち出した。

　もっとも大混乱が避けられたといっても大規模金融機関の破綻がこれで終わりということではなかった。次に破綻する大手銀行としてほとんどの関係者が予想していたのが日本債券信用銀行であった。前述の通り拓銀と道銀が合併計画を発表した1997年4月1日に、日債銀にたいする増資の受入を大蔵省が各金融機関に要請した。これがいわゆる奉加帳方式である。また、4月10日には、他の破綻銀行と同様に外国金融機関（バンカース・トラスト）との業務提携を発表した。しかし、これでも日債銀の危機は終了しなかった。誰の目にも同行は多額の不良債権を抱えていると映っていたからである。

　1998年3月の金融危機審査委員会の審査による公的資金の導入に際しても日債銀の永久劣後ローンの申請は却下され、優先株600億円のみが引き受けられた。しかもその条件は申請を行った銀行のうちでもっとも厳しいものであった。しかし金融機能安定化緊急措置法が不良銀行にたいし公的資金注入を行うものではないという建前となっていたことからいえば、やはり日債銀への公的資金の注入は長銀へのそれと同じくおかしなものであった。もっともここでおかしかったのはむしろ建前の方であったのかもしれない。これは危機がいかに深刻なものであるかをアナウンスしなかった政府等の責任であり、公的資金ははっきりと危機対応のためと位置付けるべきだったのである。そして経営者にはより明確な責任をとらせるべきであった。

　結局、日債銀の状況は600億円の公的資金の導入程度ではどうにもならないほど悪化しており、長銀破綻の後は状況はさらに切迫したものとなった。同行は、ここでも他の破綻銀行と同様に合併による生き残りに最後の望みを託すことになった。その相手方は拓銀の本州店舗を引き受けた中央信託銀行であったが、1998年12月9日に両行は業務提携の検討について発表したが、中央信託銀行の側からは合併の選択肢がないことも表明された。実は11月16日の時点で金融監督庁は日債銀の債務超過を認定する検査結果を通知していた。合併が不可

能になったことにより、金融市場の混乱を避けるためにも政府は12月13日に日債銀の特別公的管理を決定した。金融再生委員会発足の2日前のことであった。

その後、日債銀は2000年6月6日にソフトバンク、オリックス、東京海上火災保険の3社連合に譲渡されることが決定し、9月1日に譲渡された。2001年1月からは行名をあおぞら銀行と変え再出発することとなった。

ここにいたってバブル崩壊後の金融行政は失敗の連続であったということが誰の目にも明らかとなった。危機を先送りし（これに種々の会計上のごまかし——土地再評価や有価証券の評価方法の変更——が加わった）、問題が表面化すれば対症療法的弥縫策でなんとかするという手法が間違いだったのである。基本を非裁量的な規制に置き、ディスクロージャーを徹底し、システム危機には果断に対応するといった姿勢が必要であったのである。

1990年代において政府公約において守られたただひとつのもの、それは「預金の全額保護」であった。これも当初のペイオフ解禁が2000年4月であったが、1999年12月29日に自民、自由、公明3党の政策責任者による協議で1年間の延期が決定され、これを政府も受け入れた。ここにおいても建前と実態の乖離が表面化している。預金保険制度というのは少額預金者の保護を建前としているが、実態的には金融システムの維持のためのセーフティネットとして機能している。ここでアナウンスされるべきはこの預金保険制度の本質であり、その発動対象となった金融機関の経営者の責任追及の明確なルールである。問題銀行の経営者は経営実態を隠そうとするであろうが、ディスクロージャーの規定に違反していれば、当然にその責任は追及されることとなるのである。21世紀には金融関連のセーフティネットの役割がより明確にされるようになるべきであろう。

(2) 本格的金融再編成の進展

金融行政がもたついている間に、民間金融機関の側では生き残りのために合従連衡の動きが相次ぐこととなった。それは地域金融機関、中小金融機関にとどまるものではなかった。

1990年代には、1990年4月に三井銀行と太陽神戸銀行が合併し太陽神戸三井銀行（さくら銀行）となり、1991年4月には協和銀行と埼玉銀行が合併し協和埼玉銀行（あさひ銀行）となった。さらに1996年4月には東京銀行と三菱銀行が合併し東京三菱銀行となった。前2例は都市銀行同士の合併であるが、最後の例は都市銀行と外国為替専門銀行（都市銀行として分類されることも多かったが）の合併である。これは専門金融機関制度のうちの外国為替専門銀行制度の実質的終焉を意味していた。その意義はかなり以前から、少なくとも1970年頃の金融効率化行政当時から失われていたにもかかわらず、この時点まで制度の改変はままならなかったのであった。

1997年危機そして1998年の長期信用銀行2行の破綻（一時国有化）を経て、ようやく業界は本格的再編成へと向かうこととなった。1999年8月20日、第一勧業銀行、富士銀行、日本興業銀行の3行は、共同持株会社を設立し、その下で組織の全面改革を目指す構想を発表し、12月22日には新銀行の名称をみずほフィナンシャルグループとすると発表した。通常非財閥系とされる同士であるとはいえ6大企業集団の中核銀行2行と長期信用銀行トップとの統合はこれまでの合併とはスケールの異なるものであった。そしてこの統合は、これまたその意義の失われていた長期信用銀行制度の実質的終焉を意味するものでもあった。未曾有の危機を通過して旧来的な秩序に寄りかかっていては沈没しかねないとの危機感によるものと分析できるが、逆からいえばそれなしには専門金融機関制度の変革は難しかったのではとも思わせるものであった。

みずほグループの統合発表は各方面に衝撃を与え、合従連衡の動きを加速化させた。10月7日には東海銀行とあさひ銀行が、2000年10月をめどに共同持株会社方式で経営を統合し、2001年秋以降に3大都市圏別の地域子会社に再編することに基本合意したと発表した。

さらに10月14日には住友銀行とさくら銀行が、2002年4月をめどに合併することを前提とし、全面提携することで正式合意したと発表した。財閥系の企業集団の中核銀行2行が財閥の枠を越えてまで合併すると、都市銀行は単独で生き残りをめざすというような選択肢がないような錯覚まで生じることとなった。

これはある意味では危険なことであるが業界の雰囲気はそうなってしまうのも事実である。

2000年に入ると3月13日に、前年に統合を発表した東海銀行、あさひ銀行の2行に三和銀行を加えた3行が、2001年4月をめどに共同で金融持ち株会社を設立し、事業統合することを発表した。

また、4月19日には、東京三菱銀行、三菱信託銀行、日本信託銀行、東京信託銀行の三菱グループ4行は、2001年4月に持ち株会社(三菱東京フィナンシャルグループ)方式で経営を統合することを正式に発表した。

このような急速な合従連衡の動きは当時者間の齟齬を生み出すこととなった。6月15日になると三和、東海、あさひの3行統合からあさひ銀行が離脱するとの表明を行った。しかし翌月の7月5日には、三和銀行、東海銀行に東洋信託銀行が加わり経営統合することが正式発表された。計画では、2001年4月に持ち株会社の下で経営統合した後、2002年4月をめどに三和、東海と、東洋信託の銀行部門が合併した新銀行と東洋信託の信託部門を母体とした信託銀行がそれぞれ、持ち株会社傘下となるとされている。3行は10月4日に、新金融グループの名称をUFJ(ユナイテッド・フィナンシャル・オブ・ジャパン)とすると発表した。

この段階において、すなわちバブルの崩壊、金融危機を経て再編成された日本の金融システムは4大金融グループ体制へと収斂していく方向性をみせていた。そしてこれにより制度疲労を起こしていた専門金融機関制度がようやく実質的に廃棄された。外国為替専門銀行制度および長期信用銀行制度はほぼ終了したとみなしてよいし、信託銀行もかつての専業7行は、そのほとんどが4大金融グループ体制に組み込まれることとなった。もともと信託銀行は「銀行法」等により免許を取得した銀行等が、「普通銀行等ノ信託業務ノ兼営等ニ関スル法律」により信託業務を兼営しているものであり、法体系上は新規参入が容易であった。1990年代前半の金融制度改革により証券会社等の信託銀行子会社や地方銀行等の本体参入等があり、さらに本格再編で専門金融機関制度としての位置付けは希薄なものとなったのである。そしてバブル崩壊を経て、未曾

有の金融危機を経過してしか、行政も業界の側も専門金融機関制度を廃棄できなかったというのが日本の金融システムの現実であったのである。

VII　おわりに

　以上でバブル崩壊後の日本の金融システムの混乱と金融行政の失敗の連続について検討したわけであるが、この混乱には日本型システム・慣行が悪い作用を及ぼしたといえる。「先送り体質」、「横並び体質」、「行政への業者の服従体質」、「無責任体質」等々である。そしてこれは政治におけるリーダーシップの欠如や珍しくもそれが発揮された際の情勢判断ミスおよびどうしようもない利権体質により増幅された。

　10年以上にわたる危機、確かに当初は認識が甘かったが、その後は危機認識はあったにもかかわらず対症療法的処置でごまかそうとするミスが重ねられた。この間、行政も業者も世界の金融の潮流が大きく変化しているにもかかわらず、安定構造の維持に気を使いすぎたのである。以上のことはあきらかに危機を深化させたが、考えようによっては危機を通じることなしに日本の金融システムの大改革はできなかったのかもしれない。

　混乱の過程で旧大蔵省は解体され金融機関の監督に関連する権限は2000年7月に発足した金融庁に移された。金融庁は2002年10月に「金融再生プログラム」をとりまとめたが、ここにおいて示された銀行の不良債権処理加速という姿勢は適当なものであったかどうかは疑問である。一方で預金保険制度におけるペイオフは数度の延長を経て、制度として完全実施されたのは2005年4月のことである。しかもその際には「決済機能の安定確保」の名目から全額保護の「決済用預金」が導入された。これらの措置はペイオフの実施は大口預金者の動揺を招き、金融システムを不安定化させるとの認識があったからに他ならない。そして現実に預金者に負担を強いるような事態は発生していないのである。

　ただし非効率と当局から認定された金融機関、主として第二地方銀行と信用組合は2001年度中を中心に市場から退場させられた。一方で、2003年6月にり

そな銀行支援に際しては株主責任は追及されなかった。これらのことは日本の金融システムがいまだ綱渡りの状態にあることを示しているといえる。また、4大グループ化と思われていたがUFJ銀行は検査忌避問題で結局は三菱東京フィナンシャルグループとの合併をせざるをえない状況に追い込まれた、3大金融グループ体制と暫定的に進むことが明らかとなった。日本の金融システムにはまだまだ不確定要素・不安定要素が多くあるというのが現実なのである。

　銀行界はバブルの崩壊と金融危機により多くのものを失った。しかしながら専門金融機関制度の解体は大手銀行の一部には多くのものをもたらしたのも事実である。1998年10月には銀行本体による投資信託の窓口販売が解禁され、以後このルートを通じる投資信託の販売高は急増した。2001年4月には保険商品の銀行窓販も開始、2004年12月には銀行の証券仲介業も解禁された。持株会社傘下に巨大銀行を中心として他業種を結集する動きから、金融コングロマリットという言葉も各所で使われるようになってきている。金融ビッグバンそして金融危機は結局大手銀行を中心とするグループを利しただけとの評価もあるかもしれない。しかしグローバル化の進展する金融市場において安定した強固な国内金融システムもまた国際通貨制度の動揺が予想される中で要請されるものでもあるのである。

注
1) 紹介預金とは、銀行が取引先企業の運用資金を別の金融機関に紹介することであり、バブル期に都市銀行等の大手金融機関と信用組合の間で行われた手法である。支店数に限りがある信用組合にとってはこれにより資金調達が可能となり、企業の方でも高利の運用ができる、大手金融機関の側でも企業にCPを発行させ手数料収入を得ることができたのである。木津信用組合の場合、ピーク時で三和銀行から3170億円、東海銀行から375億円、日本長期信用銀行から850億円の紹介預金があったとされている。
2) この覚書については1994年5月14日付けの朝日新聞によりスクープされ、各方面に衝撃を与えるとともに、大蔵省等への不透明な密室行政への非難が集中することとなった。

3) バークレイズ銀行自身、1990年代には英国内リーテイル業務中心の方向を明らかにしており、1997年秋にはインベストメント・バンキングからの撤退を表明した。その意味でも両行の提携発表は奇妙なものであった（斉藤［2000］参照）。
4) 群馬中央信用金庫が三洋証券に放出していた無担保コール（10億円）が債務不履行となった。
5) 日本の準備預金制度は、ある月の預金の平均残高（平残）に対応する準備預金をその月の16日から翌月の15日の間の平残で維持することを求めている。1997年11月15日は土曜日であり営業日ではなく11月14日が積みの最終日となった。
6) 日本銀行の貸出の金利の計算方法は、民間銀行とは異なり貸出日と返済日の両日を金利計算に含める方式（両端入れ）となっている。このため最高で（オーバーナイト貸出の場合）実効金利が約定金利の2倍となってしまうのである。
7) 山家［1999］は、この公的資金の導入について、優良銀行はそれを必ずしも必要としておらず、融資圧縮、金利引上げの要請を受け苦慮していた産業界のためのスキームであったために、このような事態となったとの評価をしている。
8) 「金融再生法」では、民主党等の主張を容れて「金融安定化法」が廃止されたが、自由民主党では、破綻前の健全な金融機関にたいする資本注入の道を残す必要があるとの観点から、10月7日に「金融機能早期健全化緊急措置法案」（新しい資本増強制度の創設）が提出され、修正の後10月16日に成立し、「金融再生法」等と同日に施行された。
9) 金融再生委員会は「金融再生委員会設置法」により国家行政組織法第3条の委員会として総理府の外局として設置され、金融監督全般を所掌し、金融監督庁は同委員会に置かれる形となった。

第III部　信用理論

第7章　手形交換所型中央銀行論の可能性
――原理論における支払決済システム――

I はじめに

　1984年に出版された『中央銀行』（西川［1984］）という本のはしがきにおいて、著者の西川元彦は「『中央銀行』という本が日本にも外国にもあまりない、というやや不思議な事実」（西川［1984］iii頁）は何故であるかという疑問を提示している。「中央銀行の実践」を表す「セントラル・バンキング」という言葉は国際的にも広く慣用されているが、その名を冠した本があまりないことの理由として、学問の分化の他に「古い中央銀行は300年の歴史を持っているのに、この言葉や概念が一般化したのは近々50年前頃からにすぎないこと」（西川［1984］iv頁）を挙げている。この「中央銀行」をいわゆる経済学原理論において説くことが可能であるか否かについてはマルクス経済学とりわけ宇野学派においてひとつの論争点となってきた。もちろん、セントラル・バンキングという言葉が近々50年前頃に一般化したという事実をもってして、ただちに中央銀行が原理論体系から排除されるべきものであるということにはならない。それはあくまで原理論の展開の過程で論証される得るか否かにより決定されなければならない。原理論は現状分析の基準となるが、同時に現状分析から原理論もさらなる発展のための材料を提供されるということはあるからである。さらにいえば原理論における中央銀行は、現実の中央銀行のある部分を抽象して措定されるものであり、現代における現実の中央銀行と結果的に似て非なるものとなったとしても、それはそれでかまわないということにもなろう。

　本章では従来の諸学説の検討は省略するが[1]、一般的にいって発券の集中および中央銀行は原理論において展開可能であるとの論証は必ずしも成功していないように思われる。そうすると当然のことながらこの発券の集中および中央銀行の成立という原理論の信用論における難問のひとつは「ほんらい説きえないことを、あるいはより積極的にいえば、説くべからざることを、むりに説こうとする」（大内［1978］306頁）ものであったということになり、それらは原理論体系から排除され、その分析は段階論および現状分析の課題となるという

こととなる。

　本章においては、中野広策の「中央銀行の生成と発券独占の論理」(中野[1980])等の論考を検討することとするが、その論点はいわば「銀行間信用の組織化という問題視角」と「貨幣論的問題視角」を統合することにより、発券の集中および中央銀行を原理論において論証しようとする興味深いものである。そしてさらにその議論は、原理論における支払決済システムをどのように捉えるかという問題へともつながり、原理論における信用機構の限界の考察においても重要な論点を提示していると思われるので、とりあえず以下で中野説の論点をサーベイしさらにその問題点を検討することとしたい。

II　中野説の論理構造とその批判的検討

　中野は、宇野弘蔵の論理を検討し、宇野にあっては「『発券の集中』問題は産業資本に接する個別銀行間の取引関係の組織化という視角からとらえられなければならないこと、そしてこの組織化の結果として『発券の集中』が現出する」(中野[1980] 7頁)という評価すべき視角はあるものの、「銀行業の組織化、発券の集中、独占の論理展開にとって不可欠の動力となっている」(中野[1980] 8頁)貨幣取扱費用の問題が無視されていると批判している。

　中野は銀行信用の展開により「各銀行間の取引関係は、各個別銀行の産業資本との取引が社会的に部分的なることを反映して、他行銀行券・他銀行を支払場所とする小切手・商業手形の受入れによる債権債務関係の形成として現れざるをえない。こうした各個別銀行間の債権債務の形成は、その相殺とそれに続く決済を必然化する。また相殺に伴って『社会的な空費の節約』＝貨幣取扱費用の節約として特殊な資本家社会的機関としての手形交換所が生みだされてくるが、各個別銀行間の決済によって産業資本の資金需給がいったん総括されるわけである。そしてその際、銀行間の資金融通という新しい銀行間の取引の問題が決済資金の過不足という形で生じてくる」(中野[1980] 10頁)ということを強調し、宇野にあっては、銀行間の取引関係の形成は産業資本の資金の需

要供給を調整するためにも現れるという論理展開となっていることを批判している。そしてそれは「いわゆる貨幣取扱の問題を銀行業にとって副次的なものとして捨象してしまっているところに遠因がある」(中野［1980］10頁) としているのである。

　こうした批判は、宇野の「産業資本の需給関係を調整するためにも」というレトリックをどのように評価するかという問題はあるものの、とりあえずは正当であると思われる。さらにいえば銀行間の取引関係の形成は債権債務の形成へとつながり、そこにおける新たな貨幣取扱費用を節約するために資本ではない特殊な資本家社会的機関としての手形交換所が形成されることを積極的に展開するといった従来の議論にはあまりみられなかった注目すべき論点もみられる。原理論の総過程論（分配論・競争論）は個別資本の競争を軸に展開されるわけであるが、信用論においては銀行信用の展開により社会的にいわば支払決済システムが形成されることとなり、その運営という観点からも競争する諸資本の間の協調関係も一部では形成されることとなる。手形交換所もまたそのような関係から生まれるものであり、原理論における手形交換所は手形交換所資本として競争に参加するといったものではない。それは現実の多くの手形交換所と同じように、その信用関係に伴う流通費用の削減効果を根拠として、各個別銀行資本の費用負担により運営される機関なのである。

　このような資本ではない共同機関の存在が原理論体系内部に存在するか否かということは、これまで必ずしも明示的には論じられてこなかったが、中野の論理はそれを明確に位置づけたという意味で意義のあるものといえる。そしてそれは中野の中央銀行導出の論理と密接にかかわりあっているのである。中野によれば、「日常的な銀行間の決済とそれにまつわる資金融通は、個別銀行間にあらわれる貨幣取扱費用の節約、資金需給の調整といういわば『社会的な空費の節約』を個別資本的にも問題たらしめ」(中野［1980］14頁) ることになり、「資本としての個別銀行としては、手形交換所の機能＝個別銀行間の債権債務の相殺機能とは異なる日常的な銀行間の決済にまつわる貨幣取扱業務を集中的に代位し遂行する共同の機関、銀行間のいわば共同金庫を要請することに

なり、そうした業務に伴う貨幣取扱費用が独立化したものとしてそれが資本家社会的に生成してくる」(中野［1980］15頁)とのことであり、しかもこの共同金庫業務は個別的資本により担われるとする。

この共同金庫業資本は、その顧客は銀行のみであるから歴史的に存在したいわゆる金匠銀行とは異なるものであろうし、決済業務を担当するわけであるから短資会社でもない。それは想像することがきわめて難しいものであるが、それに類似のものをあえて探すならば、現代の日本においては日本銀行支店のない地方の手形交換所における交換決済は幹事銀行を決めそこに交換参加銀行は預金口座をもち、その口座で決済を行っているわけであるが、その幹事銀行の決済口座とその見返勘定ということとなる。これに内国為替の資金の集中決済やインターバンク市場の資金決済を加えたとしても、それは資本として平均利潤を得る根拠が薄弱な存在としか考えられない。

手形交換 (clearing) それ自体はコストを要するものであり、手形交換所の運営費用もまた大きなものがあるといってよい。しかし、個別銀行がたとえば小切手を一枚一枚店頭呈示により取り立てることを考えるならばその費用削減効果は大きなものとなり、個別銀行はそのことを根拠に手形交換所の費用を拠出するのである。これにたいして手形交換の交換尻の決済そのもの (settlement) は日本においては一日に一回交換参加銀行の預金金額を手形交換所からの連絡に基づき書き換えるだけの作業である。したがって日本銀行の支店のない地方の手形交換所において幹事銀行は他の業務の傍らこの業務を行いうるわけであり、逆にいえばこうした業務だけを行う共同金庫業資本はその自立の根拠がきわめて薄弱であるといわなければならないのである。

ところで中野は、こうした銀行の決済にまつわる貨幣取扱業務を集中的に代位して行う共同金庫業資本は「個別銀行間の決済資金の過不足という形であらわれる個別銀行間の資金融通の要請を受けて」(中野［1980］15頁)銀行に転化せざるをえなくなるとしている。これは銀行間の債権債務関係の形成が支払準備の短期的な不均衡を生じさせ、その結果インターバンク市場的な調整の場を必要とするとともに、銀行の銀行への要請が生じ「諸銀行の間で支払い準備

金の重層的な、ピラミッド型の預託機構が形成される」（山口［1984］129頁）といった銀行信用の組織化論における「銀行の銀行」とは異なる存在である。というのは中野が共同金庫業資本から転化するという「銀行の銀行」の取引先は銀行に限られるからである。

中野がこのような想定をするひとつの理由は、原理論において「ピラミッド型の預託機構」を説いたり、上位・下位の銀行といった想定をすることは銀行間の規模格差を論理に導入することになり、原理論における純粋資本主義社会の想定とは異なるものとなってしまうとの考えがあるように思われるが、むしろ原理論の総過程論（分配論・競争論）においては銀行資本に限らず個別資本の規模が全く同じであるという想定はしないほうがよいのではないかと考えられる。それはともかくとして中野の論理における「銀行の銀行」は、銀行のための預金業務を行うと同時に当座預金設定（帳簿信用）による貸出業務を行う。さらにこれに加えて発券を行うわけであるが、その根拠はまず「産業資本の資金需給は景気循環の動向を反映しているわけであるが、産業資本の資金需給を反映する個別銀行間の資金需給はこの新しい銀行にも発券を迫る」（中野［1980］15頁）ことおよび「他方、資本としては当然のことであるが、いわゆる発券益を求めて発券を行う」（中野［1980］15-16頁）ことにあるというきわめて分かりにくい論理となっている。

そしてこの「銀行の銀行」による「資金創造としての発券により、個別銀行間の資金需給は拡大された規模で調整される」（中野［1980］16頁）とし、この新しい銀行の導出論理こそが宇野の「中央の銀行」の導出において看過された点であるとしている。ところでこの新しい銀行（資本）は、「個別銀行が自らのところにあらわれる『社会的な空費』を節約するという要請から生成してきた資本家社会的機関であるから、原理的には産業資本とは直接接しない」（中野［1980］16頁）し「そうした空費の節約の範囲内において、新しい銀行には競争のうちに平均利潤が与えられる」（中野［1980］16頁）としている。

ところでこの論理段階において発券を行っているのは、この「銀行の銀行」（複数）だけではない。各銀行もまた発券を行っているのである。次の論理段

階は発券のこの「銀行の銀行」への集中である。「銀行の銀行」の銀行券の登場により、「個別銀行にとって発券は帳簿信用の設定によって直接貸出しの手段としては重要性を失い、主として労賃の支払いなどのいわゆる一般的流通のために預金が引出されていく際におこなわれるにすぎないもの」（中野［1980］19頁）になっていることもあり、「一般的流通により適した銀行券が個別銀行の発券可能量より多く入手しうる可能性があれば、それが帳簿信用による貸出し規模をいっそう拡大し利潤率を高めうる可能性をもつから、発券を停止してもいっこうにかまわないということになる」（中野［1980］19頁）。また、「銀行の銀行の銀行券は個別銀行の銀行券より兌換信頼度が高く社会的性格をいっそう濃厚に示しており、流通界で貨幣の代位物として機能する期間、範囲は個別銀行の銀行券よりいっそう広くなろう。もしそうであれば銀行の銀行における兌換準備率は個別銀行のそれより低くなるのであって、逆に発券可能量は個別銀行より大となるということになる。そうした拡大した規模で銀行の銀行の銀行券が入手できるということであれば、個別銀行としては発券を停止」（中野［1980］19頁）することになるわけである。また、「他方で利潤率との関係から発券をおこなう個別銀行があったとしても、流通領域を反作用的に拡大していく銀行の銀行の銀行券の使用は個別銀行の銀行券の流通界からの駆逐を意味しており、個別銀行は銀行券を発行したくとも不可能ということになる」（中野［1980］19頁）というのである。

　こうして個別銀行の発券は放棄され、複数の「銀行の銀行」のみが発券を行っているという状況が出現することとなる。すべての個別銀行が発券を放棄するという想定は、「銀行の銀行」が発券をする際に「資本としては当然のことであるが、いわゆる発券益を求めて発券をおこなうこととなる」（中野［1980］15-16頁）という。発券益なるものが存在するとしたならば（筆者は現時点では負債の発行により利益は生じるわけではないことからその存在に否定的ではあるが）個別銀行においてもそれは当然に考えられる以上、論証が完全であるかという疑問は残るが、それはさておき中野の論理を追うことにしよう。

　次の論理段階は、いわば論理の最終段階としての中央銀行の生成と発券の独

第7章　手形交換所型中央銀行論の可能性　207

占である。銀行間に債権債務関係が形成されるのと同様に、銀行の銀行の活動は銀行の銀行間にも債権債務関係を形成することとなる。日常的に行われる債権債務関係の相殺および決済と「それに伴って必要とされる貨幣取扱費用に対する個別資本としての節約要請は、一方で相殺機能を遂行する手形交換所を生成せしめ、他方で決済機能を遂行する銀行の銀行のための共同金庫をただ一つ生成せしめることによって充足される。そして貨幣取扱費用の節約という個別資本の要請を極限において充足するためにはただ一つの共同金庫を生成せしめざるをえないということが、それから個別資本的性格を払拭させることとなる。かくて銀行の銀行は、この共同金庫の運営にかかる費用を共同拠出することになる。個別銀行から集中化した兌換準備金の一部が貨幣取扱費用の節約を実現するものとしてこの共同金庫に置かれることになり、共同金庫は決済を帳簿上の振替えによっておこなうことになるが、銀行の銀行間の決済資金の過不足という形であらわれる資金需給を帳簿信用を利用した商業手形の再割引によってさしあたり銀行の銀行から部分的に集中された金を媒介にして調整しなければならなくなる。そうなればこの共同金庫は銀行に転化したことになる」（中野［1980］21-22頁）。

　引用が長くなったが、以上が中野による中央銀行（ただ一つの共同金庫が銀行に転化したもの）導出の論理である。この中央銀行は、「銀行の銀行」から集中化している兌換準備金を基礎に発券を行うわけであるが、「中央銀行の発券に伴って個別銀行段階で考察したのと同じ理由によって銀行の銀行も発券を停止しうることになるが、他方では中央銀行券の真に社会的性格からして銀行の銀行の銀行券は流通界から駆逐されること」（中野［1980］22頁）になり、中央銀行による発券の独占が成立する。この中央銀行は共同金庫業資本や「銀行の銀行」資本と異なり、もはや最大限利潤を追求する運動体としての資本ではない。「最後の貸手」として資本家社会の資金需給の最終的調整者として受動的にのみ行動する機関であるというのである。

　以上のような中野による中央銀行導出の論理およびそれによる発券独占の論理にはいくつかの疑問が生じざるをえない。第一の疑問は、中央銀行成立後に

おいて「銀行の銀行」に果たして存在意義および平均利潤を得られる根拠があるのかということである。そもそも「銀行の銀行」は産業資本とは取引を行わず、また手形交換の交換尻の決済等に関する業務だけで平均利潤が得られるとは考え難いのではないかと思われるのであるが、中央銀行成立後はその意義がさらに消極化すると思われるのである。そうであれば「銀行の銀行」は、自らの存立基盤を脅かすような中央銀行に転化する「ただ一つの共同金庫」を要請などせず、その運営にかかる費用を共同拠出することなどないのではないだろうか。さらにいえば中央銀行成立後において個別銀行が中央銀行との取引から排除される根拠が中野の論理からは明確ではないように思われるのである。

疑問の第二は、中野の論理にあっては手形交換所がいわば二層的に存在することとなるが、そのことは「社会的空費」の削減効果を薄れさせるのではないかということである。「銀行の銀行」は個別銀行に対し手形交換（clearing）サービスおよび決済（settlement）サービスを提供し、自らの持出手形と一緒に「銀行の銀行」のための手形交換所で個別銀行の持出手形を交換すればよいのではないだろうかということである。これは日本において直接交換参加銀行が代理交換参加銀行にたいしていわば「銀行の銀行」としてのサービスを提供している姿と同じといってよい。ただしその際の直接交換参加銀行は代理交換参加銀行とだけ取引を行っているわけではないという大きな違いがある。

以上の疑問は、基本的には当初の共同金庫業資本の規定に無理があったことから生じたものであり、それは結局は中野がclearingにかかわる費用とsettlementにかかわる費用を同一視したことにその原因があるのではないだろうか。そうなると「銀行の銀行」は、やはり産業資本・商業資本とも広範な取引関係をもつ「ピラミッド型の預託機構」における上位の銀行であるというようにしたほうが妥当であると思われるのである。しかし中野は、原理論における諸資本の規模はすべて同じでなければならないと考えているがためにあえていささか無理と思われる共同金庫業資本に始まる論理展開を選択したとみなすことができるのではないだろうか。中野は資本ではない共同機関としての手形交換所を原理論に明確に位置づけたのであれば、論理展開としてはむしろ手形交

換所が発券を行い、それが中央銀行へ転化するとしたほうが無理のない首尾一貫したものになったのではないだろうか。周知のとおり19世紀後半から20世紀初頭にかけてのアメリカにおいては、各地の手形交換所が主として恐慌期において貸出証書から始まり交換所通貨を発行するに至ったという事実がある。また現代においてもドイツのように中央銀行が手形交換所を運営しているような例や、アメリカの Fed Wire や日銀ネットを考えればわかるように中央銀行は clearing を行っている場合もある。しかしながら原理論において手形交換所が中央銀行へ発展するという論理においては、銀行における発券の放棄を説きえないという問題点は依然として残ることとなる。というのは「ピラミッド型の預託機構」の最上位に位置する比較的少数の発券銀行（場合によってはひとつになることもある）が平時において手形交換所に発券させ、自らの発券を放棄するとは考えにくいからであり、同様の結果をもたらす中央銀行を設立することは権力的強制が働かない限りあるのだろうかという疑問にたいして反論が難しいからである。

こうしたこともあり中野は共同金庫業資本に始まる論理を展開したのであろうが、その論理展開は中野の商業銀行の限界から銀行信用を展開する際の貨幣取扱資本の位置づけと密接な関連を有している。次にその論理の検討とそれに関連して原理論における支払決済システムについての検討を行うこととしたい。

III　原理論における支払決済システム

中野は、「小切手の原理上の機能と位置」（中野［1984］）、「商業信用の限界と貨幣取扱業務」（中野［1989］）といった論考において信用論の体系の中に貨幣取扱資本を積極的に位置づけようとの試みを行っている。中野にあっても信用論は商業信用の限界から銀行信用へと展開されるべきであると考えられているわけであるが、その展開順序は銀行資本による信用代位業務→貨幣取扱業務→預金業務といったものではなく、貨幣取扱業務→貸出業務→預金業務となるべきであるとするのである。より具体的には商業信用関係の展開により新たに

発生することとなった流通費用（これを中野は受与信動機がありながら商業信用を成立させえない個別資本の諸事情とともに商業信用の二つの限界として捉えている）の削減要請から貨幣取扱資本が成立し、それが信用代位業務を行うことにより銀行資本へと転化するというものであり、これは中野における中央銀行成立の論理と良く似た展開となっているのである[2]。

　中野は、銀行資本における信用代位業務は満期手形の決済業務等の貨幣取扱業務を前提とするものであると捉えている。すなわち純粋資本主義社会においても遠隔地間の手形の決済は想定可能で、それに要する費用はかなりのものとなり、個別資本にとって無視しえないものとして節約の対象となるとするのである。「しかしこの節約は、債権債務関係を集中化して決済処理する以外に方法はない」（中野［1989］274頁）とし、ここに銀行資本が要請されるとしている。ここで要請されるのが貨幣取扱資本であるか銀行資本であるかは中野の論理展開からは若干不透明ではあるが、債権債務関係の集中決済は「ピラミッド型の預託機構」の上位の銀行における業務を除いて考えるならば、銀行資本成立後にその組織化の過程で手形交換所や為替の決済機構が形成されてくるということである。この段階で個別資本が要請するのは手形の取立サービスであり、集中決済を個別資本が要請するとは考えにくいのであるが、それはひとまず置くとしてもここでの問題は、貨幣という一般的等価物を外部に無媒介的に預けうるか否かということであろう。中野は預けうるという考えであり、「原理論は詐欺師を理論展開の主役とするわけにはいかない」（中野［1980］277頁）としている。

　貨幣を他の資本に預けるにはどのような条件がいるかということは難しい問題であろうが、最低限貨幣取扱資本が信頼しうる資本であるか否かについては検証されなければならないであろう。その信頼しうる根拠とはやはり原理論においては平均利潤を得る根拠を有しているか否かということになる。そうした根拠をもった自立した資本こそが信用しうる資本であり、原理論に登場しうる資本であるのであるが、結論からいえば貨幣取扱資本は自立した資本とは考えられない。というのはそれは銀行資本において信用代位業務と貨幣取扱業務が

統合された後においては消えてなくなってしまう存在であるからである。産業資本は商業資本の登場により消えてなくなることはないし、商業資本は銀行資本の登場によって消えてなくなることはない。しかし貨幣取扱資本は、それが銀行資本に転化するものとするにせよ、資本論のように商業資本の一亜種として信用論の前に位置づけられるにしても銀行資本成立後には消えてなくなってしまうのである。それがもし自立した資本であるならば、銀行資本成立後においてもその部門には新たな資本投下が行われ、それのみを業として行う資本が登場してしかるべきであるが、そのような想定をすることは難しいであろう。したがって貨幣取扱業務は、信用代位を行っている銀行資本が付随業務として行うものとして規定するのが適当であるということとなる。

　しかしこの貨幣取扱業務は単なる付随業務とはいえなくなる。というのはこの業務のほとんどは預金という銀行資本の新たな債務の振替として行われるわけであり、そうなると銀行の信用代位（与信）業務もまた基本的には（当座）預金設定（もしくは当座貸越）の形態をもってなされることとなるからである[3]。すなわち預金の登場により同じく銀行の債務である銀行券は設定された預金をおろすことにより市中に出回るものとなるのである（この預金業務については本書第8章において発券業務とほぼ同時期に説いてはどうかとの考えを持っていることを筆者は明らかにしている）。

　こうして信用代位（与信：信用創造）業務と貨幣取扱業務（支払決済サービス）という二つの業務は密接不可分のものとして銀行資本において統合される。そしてこの論理段階においては、銀行資本の信用創造（与信）は決済機能（銀行の債務である預金が決済手段として機能すること）を前提として可能であるという逆転が生じることとなるのである。銀行信用の展開に伴う個別銀行間の債権債務関係の形成は「ピラミッド型の預託機構」の形成、すなわち信用機構の重層的構造の形成へと向かうこととなる。この過程で銀行間における準備調整の場としてのインターバンク市場や支払決済システムを支える共同機関としての手形交換所や為替の集中決済機構等が形成されることとなる。またこうした過程で重層的構造における下位の銀行においては銀行券発行の意義が消極化

し発券の集中化傾向が現出することとなる。しかし、私的な債務証書たる銀行券は本来複数の方が自然な状態であるし、発券の意義がひとつを除いたすべての銀行において消極化するのは特異な状態であろう。また発券には銀行のステータスの問題もあるとすれば、長期にわたる単一の銀行による発券の独占はありえないこととなる。これが原理論における信用機構のおおまかな姿であるが、このことは原理論的世界にあっても支払決済システムの運営は銀行資本のみによりなされるということを示している。

　また、付け加えるならば原理論的世界においても銀行の債務である預金はマネーの一部をなすわけであるが、純粋資本主義社会におけるマネーはこの他に同じく銀行の債務である銀行券そして金貨幣がある。しかし純粋資本主義社会にあってもマネーの大部分は預金通貨でありこれに同じ銀行の債務である銀行券により日常的な取引の大半は遂行されるのである。そしてこれらの金貨幣を除くマネーを独占的に与信（手形割引・貸出等）により供給するものとして銀行資本は純粋資本主義社会においても位置づけられるのである。

IV　おわりに

　以上、中野の中央銀行導出の論理を検討し、商業信用から銀行信用へと信用機構が形成される過程で原理論における支払決済システムがいかなる形態をとり、そこに銀行資本がいかなる役割を果たすのかについて検討したわけであるが、結論的には中野の中央銀行導出の論理には無理があるといわざるをえない。それは貨幣取扱資本にしても共同金庫業資本にしてもそれを自立した、平均利潤を得る根拠をもった資本として原理論において措定することには無理があるからである。本章においては他の中央銀行導出論を検討したわけではないが、それらも必ずしも論証において成功していないとするのであれば、原理論においては中央銀行は論理展開のうちから排除されなければならないし、同様に発券の集中も集中傾向は説けても単一銀行による発券は説けないものと考えなければならないであろう。

なお、近年日本の研究者により19世紀のアメリカ・ニューイングランドのサフォークシステムの研究成果が発表されている（大森［2004］・佐合［2003］等）。これはアメリカにおける研究の進展もあってのことではあるが、自生的な中央銀行（銀行の銀行）の成立は可能かとの理論的課題の解明のための手ががりともなりうるように思われる。このサフォークシステムにおいては発券の集中ははみられない一方で、中央銀行的機能の萌芽が見られる。これはコルレスバンキングにおける上位行とも共通するものであろうが、銀行業は自らの債務（銀行券・預金）をマネーとするためには共同・連携して支払決済システムを運営しなければならないということを示している。手形交換所等のインフラストラクチュアの共同運営もこの観点から改めて理論的な位置付けを与えられるべきであろう。支払決済システムという観点からの銀行信用論が理論段階からも重視されるべきである。そして現実の中央銀行についても政府の一部門としてではなく「銀行の銀行」として「銀行業務」を行っているという側面が重視され分析されるべきであろう。

　これに関連するが、中野の論理展開には、銀行の与信形式が発券銀行においても結局は当座預金設定に落ちつく（中野にあってはそれは銀行信用の展開当初からのものであるが）としている点や銀行信用の展開に伴い銀行間に債権債務関係が形成され、それが資本ではない共同機関たる手形交換所の設立に結びつくとしている点等の積極的に評価してよい面が存在する。原理論の世界においても銀行資本は与信業務（信用創造）と支払決済サービス（貨幣取扱業務）を統合している存在として措定される。銀行資本はその債務である預金が決済手段として機能するからこそ与信によりこれを創出（信用創造）することができるという関係が信用機構論の最終段階においては成立するのである。そして原理論においても社会へのマネーの供給の大部分は銀行資本による信用創造により担われるのであり、銀行資本が信用創造によりマネーを供給することにより、純粋資本主義社会における流動性の供給はフレキシブルに行われるのである。また、銀行資本を中心とする信用機構は手形交換所や為替決済機構さらにはインターバンク市場等を自主的に形成し、これらが信用関係の展開に伴う流

通費用を削減し、個別銀行の準備の過不足を調整することとなる。

　しかしこうした原理論における信用機構は、その機構全体に関わる資金の過不足、信用不安・恐慌等に対しては不十分な対処しかできない。銀行資本の担う支払決済システムの安定はきわめて重要なものであることから、これへの対処の要請は社会的には存在するものの、個別資本やその組織する共同機関ではそれに応えることはできない。これが原理論における信用機構のひとつの限界をなすこととなるのである。いうまでもなくこうした社会的要請に応えることが可能なのは国家であり、それが国家をして中央銀行を設立せしめる動因となると考えられるのである。しかしながら中央銀行は銀行業を行う「銀行の銀行」としての役割が基本であり、現実の中央銀行は「半官半民の奇妙な混合物」や「あいまいな存在」と称されたりしても、その基本に変化はない。そしてその政府からの独立性が問題となるのは一種の資本主義の叡智といってよい側面を有している。その独立性が侵害される際にはインフレーションという通貨をひいては国家を台無しにする事態が発生するのが常だからである。

　本章においては共同機関としての中央銀行を原理論レベルで想定することに疑問を提示している。しかしながら「最後の貸手」としての中央銀行の成立そして金融政策の誕生（セントラル・バンキングの一般化）およびその後の活動の状況の分析が経済学体系において重要でないということを意味するわけではないことは当然のことである。それどころか現状を分析する際に中央銀行を中心とした「管理通貨制モデル」による分析は不可欠のものである。本書の第1章は多少なりともそのことを意識して書かれたものなのである。

注
1)　原理論において中央銀行をどう位置づけるかについての諸学説については、杉浦［1977］を参照されたい。
2)　中野が貨幣取扱資本が商業信用の展開の過程で明確に独立するものとしているか否かについては若干不透明ではあるが、信用論の展開方法を「何よりも貨幣取扱業務を貨幣取扱資本との関連でとらえ、この資本の銀行資本への転化という形で貸出業務→預金業務をとらえる」（中野［1984］153頁）としていること等か

ら、本章ではそのような解釈とした。
3) 本章では銀行の債務としての銀行券と預金の同質性を強調している。一方、中野は預金の振替指図書である小切手と銀行券を比較し、その違いを強調している（中野［1984］）。しかしやはり比較は銀行券と預金においてなされるべきであろう。ここでは詳説できないが、中野の強調する小切手の不渡りは、銀行が当該預金者（振出人）に対して振替指図金額までの債務を負っていないということであり、その意味では銀行券の兌換請求にたいして券面金額以上の支払いを銀行が行わないということとそれほど大きな違いはないのである。預金の振替指図書としての小切手は、まず第一に振出人がそれだけの預金残高（ないしは当座貸越枠）を有しているか否かをその受取人が判断しなければならないというのは重要な点であるにしても、銀行券と預金とを比較するならば両者ともそれはパーで払い戻されねばならない銀行の創造した債務なのである。

第8章　銀行業における信用リスクと流動性リスク

「(銀行の信用創造により)創出された預金は借り手の支払いを通じて当該銀行から流出する。これを隅々まで支店網を拡げて吸収するか、それは貯蓄機関的金融機関に委ねて、そこからインターバンク資金として受け入れるかは経営としての選択である。……預金であれ、インターバンク資金であれ、還流が期待できるか否かは、究極的には当該銀行の資産の健全性にかかっている。このことは最近の銀行破綻の中で、あらためて確認されることとなった」(吉田暁 [2002] 108頁)。

I　はじめに

　銀行業を分析するにあたっては、それがどのように収益を上げるかと同時にどのようにして損失を生じたり、経営が危うくなったりするかを分析することも重要である。すなわちそのリスクの分析が重要なのである。運用金利より調達金利が高くなる逆鞘状態では銀行経営は成り立たないし(金利リスク)、利鞘が順鞘であったとしても貸倒れが一定割合以上であれば銀行経営は成り立たない(信用リスク)。しかしこれらの事態は通常の状態ではそうそう発生するものではないようにも思われる。これにたいして一見銀行は常に流動性リスクに晒されているかのようにも思われる。経営に問題のない銀行においても預金準備率は約1％であるし、第2線準備の割合もそれほどではない。想像しやすいように住宅ローンを例にあげれば延滞の経験のない正常債権であったとしても資金回収を銀行から要請されたならばそれに応じられる債務者はほとんどいないに違いない。銀行の資産の流動化は即座に行いうるものではないのである。したがって銀行は経営に問題のないそれにおいても取り付けには弱いという体質を本来的にもっている。流動性リスクは銀行のバランスシートの構造からは常に存在しているようにみえるのである。ナロウバンク提案もこの銀行の流動性リスクの問題と関連して行われたものでもあるように思われる。しかし周知のように取り付け騒ぎは頻発するものではないし、流動性リスクは通常は顕在化しないのも事実である。それはなぜであるのかについて本章では銀行業の原理的規定に立ち返り以下で検討することとしたい。

II 山口-新田・宮沢論争の焦点

　山口重克の原理論体系は基本的に宇野弘蔵の体系を発展させ精緻化したものといいうるが、その『資本論』でいえば第III巻の「総過程論」、宇野原論でいえば「分配論」にあたる「競争論」は個別諸資本の競争が補足的市場機構としての商業機構および金融機構を展開するものとして構成されている。そしてこの過程で商業資本、銀行資本、証券業資本の分化独立が説かれる構成となっている。その中での銀行資本の分化独立は、商業手形の流通に種々の制約があることから、多数の業者を顧客とする銀行資本が商業手形を銀行手形により代位し、それが一覧払いの銀行券発行による手形割引業務へと展開する構成となっている。これがいわば銀行資本の基本形であるが、この銀行資本はその後貨幣取扱業務を兼務するようになり当座預金の取扱いを行う。本来的には貨幣取扱業務である当座預金業務はそれが与信の設定形態となって信用取引と一体化するわけであるが、それはともかくとして当座預金業務はその対応資産としての現金が銀行の本来的な債務である銀行手形および銀行券の支払準備となることから銀行資本は預金吸収に積極的となり利子付き預金（当座預金は無利子）業務まで展開するようになる[1]。この段階で想定されている銀行資本は資産として現金および割引手形等があり負債として銀行手形、銀行券、当座預金、利子付き預金そして自己資本があるというものである。

　この銀行資本は分化独立するためには平均利潤を得られる根拠がなければならず、何よりも成立が保証されなければならない。山口のこのような銀行資本の展開方法について新田滋（新田 [1997] および [1999]）および宮沢和敏（宮沢 [1996] および [1997]）から疑問が提示された。その内容を筆者なりにもっとも単純化していえば「山口の展開する銀行資本はマチュリティ・ギャップがために流動性リスクが大きく成立しえない」との内容であるように思われる。その批判点について以下でまずみることとする。

　新田・宮沢は、銀行手形による信用代位と銀行券によるそれの間に大きな断

絶をみている。銀行手形は期限付き債務であるのにたいし銀行券は一覧払い債務であり、他方、資産側の割引手形は期限付き債権であるから、前者はともかく後者は非常にリスキーな業務であることになる。銀行の債務としての当座預金もまた一覧払い債務であり、これもまた非常にリスキーな業務であることでは同様ということはいうまでもない。新田は「一覧払い形式を取れば不時の兌換支払請求に備えるという要請が問題」(新田［1997］19頁) となるという。そしてこの業務は受信者側の需要に応えていやいや銀行が行う業務であり「銀行自身には直接的なメリットはない」(新田［1997］19頁) というのである。そして「銀行手形から銀行券への形式的な転換は、貨幣取扱費用の節約にかかわる業務を銀行信用業務に組み込むということなのであって、単なる形式上の転換というわけではない」(新田［1997］19頁) という点が強調されている。そのもっとも重要な点は銀行券が一覧払い形式であるということであり、銀行券の発行は現金性をもった信用貨幣の創造という新たな機能を演じることであるという。しかし一覧払い形式である以上、銀行は兌換請求のための準備を保有しなければならず、ここに銀行手形では問題とならなかった事態が新たに発生するとしているのである。

このように一覧払い債務の創造が非常にリスキーであることを強調する新田は、「発券銀行信用の延長線上に貨幣取扱業務 (当座預金) が説かれ、さらにその延長線上に利子付定期預金 (引用者注：山口自身は多くの場合「利子付預金業務」といっている) が説かれる」(新田［1997］21頁) という山口の銀行信用論の展開順序に疑問を提示する。この点は宮沢の議論においてより明確に提示されているわけであるが、それについてはひとまず措いて新田の見解を追うこととする。新田によれば「当座預金も銀行券同様に一覧払い的な性格をもっているので、それをもって兌換準備金に流用できるとは考えにくい」(新田［1997］21頁) ことから有期債務である定期預金が兌換準備のため有用であるという結論が導きだされている。これを筆者なりにいうならば、定期預金の吸収によりマチュリティ・ギャップが解消され、銀行業は成立の根拠を有するようになると新田は考えているということであろう。銀行券や当座預金といっ

た一覧払い債務は流動性リスクの観点から銀行としては本来取り扱いたくないものである一方、「定期預金の集積は即時支払い債務の支払準備金の補強の機能を果たし、リスク低減機能をもたらすものとして、銀行に選好される一業務となる」（新田［1997］23頁）というのである。

　上記の新田の観点は、宮沢の論稿ではより明確な形であらわれている。宮沢は『資本論』のように銀行業の展開に先立ち貨幣取扱業の展開を説くことは「経済主体が貨幣取扱業者を信用して自分の貨幣を預託することの根拠が不明であること」（宮沢［1996］104頁）が問題であり、これにたいして「商業信用から銀行信用を展開するという方法の一つのメリットは、信用代位業務を行って高利潤をあげている受信能力の高い資本の存在を明示することによって、預金の受け手としての銀行の成立を理論的に無理なく展開しうることに」（宮沢［1996］104頁）あるとしている。

　しかしこの展開方法において山口のように期限付銀行手形による信用代位から一覧払い債務である銀行券による信用代位を説く展開方法は、そこにある大きな断絶を考えるならば不適切であると宮沢は考えているようである。一覧払い債務としての銀行券は兌換請求がいつあるかわからない以上、すぐにこれを理論的に展開するのには無理があるというのであろう。そうすると銀行手形の後に展開されるべきは同じく有期債務である有期預金の吸収ということになる。宮沢によれば「有期預金の生成は、銀行と有期預金を行っている経済主体とのあいだに一定期間の固定的な債権債務関係を発生させ」（宮沢［1996］105頁）、この「銀行に一定期間の固定的な債権をもつ経済主体は、銀行が存続することにメリットを見出す」（宮沢［1996］105頁）としている。そして銀行はこの段階で初めてこの層にたいして一覧払い債務による信用代位を行うことが可能となる。これはこの層が銀行の一覧払い債務にたいする請求を自制し、それがために銀行は一覧払い債務の発行による流動性リスクを回避することに成功しうるからである。こうして宮沢にあっては、山口が銀行手形→銀行券→当座預金→利子付き預金という信用論の展開順序をとっているのに対し、銀行手形→有期預金→当座預金・銀行券というそれが提示されているのである。

こうした批判にたいする山口の反批判は概略以下のとおりである。山口は銀行業における債務に対応する準備率は理論的には規定できないと考えている。一方で、準備率ではなく準備金については「たとえ『商業手形債権と銀行手形債務』とがバランスしていても、『原理的に』商業手形債権に貸倒れリスクがある以上、準備金は『原理的に』も問題となる」（山口［2001］130頁）としている。筆者としてはこの説明は種々の混乱を引き起こす原因となっていると考えるが、その点については後述する。それはともかくとして銀行手形に対応する債務の貸倒れ率は100％ということは考えられない以上、この準備は銀行の債務に対して100％である必要はないとしている。

また、同じく銀行の債務、ただし一覧払い債務である銀行券や当座預金についても全額が常時支払い請求を受けるわけではないことから、部分的な準備で済むとしている。ここにおいて山口は銀行業務の基本形を銀行手形（期限付き債務）による信用代位とし一覧払い債務によるそれと区別しているような印象を受けるが、それはともかくとして一覧払債務においても100％準備は必要ないとしている。ただしここにおいて準備の意味は若干異なっている印象を受ける。

山口によれば、支払準備の問題の基本とは前者の銀行が債権を取得した際に創出した銀行の自己宛債務が、債権回収が確実ではないために自己資本からの返済を余儀なくされることにある。もちろん「銀行の債権と債務がバランスしていて、しかもこの債権の回収が確実に行われるのであれば、実質的には、この回収分で、それよりは利子相当分だけ少ない債務の返済に応じることができるわけであるから、支払準備は必要ない」（山口［2001］134頁）わけである。

しかしながら支払準備の問題には、以下のような二次的な問題があるという。それは債権の満期の期限と債務の返済期限のズレの問題である。しかしそれは一応形式的な問題に過ぎず、「一方で多数の債権が累積し、他方で多数の債務が累積していて、その決済関係が相互に交錯している状況を前提にすれば、一対一の対応で考えた場合の問題は本質的な問題にはならない」（山口［2001］135頁）としている。そして一覧払い債務の問題はこのズレの極限の問題であ

り、本質的な問題ではないとしているのである。ここで山口は一覧払い債務の返済要求にたいしては多数債権の一部の返済還流で応じうるとしているといえる。また、銀行券については「発行銀行の支払能力が信用されている圏内を流通している限りでは、ほとんど現金貨幣にまがう流通力をもって流通しているのであって、減多に支払請求を受けることはない」(山口 [2001] 136頁)と考えるべきであり、新田・宮沢の懸念は杞憂に過ぎないとしているのである。

また預金業務についてはあくまで外生貨幣を銀行が受動的に貨幣取扱業務として受け入れ、結果的にそれが支払準備の補強として流用される点を強調するが、このうちの当座預金については一覧払い債務ではあるが安定的な滞留があることを強調している。山口は、新田・宮沢のように一覧払い債務の返済請求リスク(流動性リスク)を重視せず、その「リスクの根源は割引手形(貸出)の貸倒れリスク、いいかえれば割引手形(貸出)の円滑な回収=返済還流リスクにある」(山口 [2001] 142頁)としているのである。これを山口は銀行の貸借対照表の分析によっても裏付け(詳細は省略)、「一覧払い債務による返済還流の先取りとしての信用創造を制約しているものは、まさに先取りした返済還流が円滑かどうか、しかも個別的にというよりも、当該銀行のそれが全体として円滑かどうか、さらには当該銀行が属している市場経済社会のそれが全体として円滑かどうか、という問題であって、リスキーな一覧払いの債務にたいする準備ないし準備率の問題が信用創造の本質的な制約をなしているのではない」(山口 [2001] 146頁)としている。

なお、山口は宮沢により明確に主張されている有期預金を先に説くという信用論の展開方法に関しては、「銀行が存続することにメリットを見出す」のは有期預金者のみか(当座預金者も一種の固定的取引関係にあるはずである)という疑問を提示し、そもそも銀行が存続する根拠は銀行が優良な割引手形を保有していることにあると繰り返している。

以上でみた山口-新田・宮沢論争の焦点は筆者なりのいい方をすれば、銀行業における信用リスクと流動性リスクの関係をどう捉えるかにある。新田・宮沢には明らかに銀行の流動性リスクの顕在化についての誤解があり、商業銀行

業にたいする無理解がある。そもそも定期預金業務とは貯蓄銀行業務であり本来的な商業銀行業務とはいい難い。資産側が短期の割引手形や短期の流動性資金貸出がほとんどである銀行にとって定期預金などは必要としない。せいぜい1970年代までのイギリスにおいて一般的であった通知預金（7日前に払い出し予約）があれば十分である。多少のマチュリティ・ギャップのある銀行において流動性リスクが顕在化しないのは山口のいうとおり資産側に問題がない場合、すなわち信用リスクに問題がない場合である。その意味でこの論争はほぼ山口の論点が正しいといってよいわけであるが、筆者には山口の説明の仕方に新田・宮沢のような誤解を引き出しかねない要素が若干ではあるが含まれているとの思いもある。次にその点についてみることとしたい。

III 銀行業における信用リスクと流動性リスク

信用リスクに問題のない銀行が流動性リスクに晒されることは通常はないわけであるが、銀行業において信用リスクがゼロということはありえない。このため山口は「貸倒れが生じる可能性があるとすれば、返済支払いのための資金に不足が生じる可能性がある」（山口［2001］157頁）ことから、そのための支払準備が必要であるという。この説明は支払準備を貸倒引当金のようなものと誤解されかねない表現である。しかし山口は「銀行は資産としての債権の貸倒れの予想に対して、その見積り額に応じて負債勘定の側に貸倒れ引当金を積み、貸倒れが生じたら、引当金から資産の側の減額と同額の減額を行う」（山口［2001］158頁）といっている。そうであれば支払準備に関する山口の説明はやはり銀行業における信用リスクと流動性リスクの関係について誤解を招く要素があるといってよい。

銀行において信用リスクが現実化する場合、すなわち貸倒れが発生した場合、自己資本が毀損される。この場合事前に貸倒引当金を積むという行為は、その繰入れ行為自体が自己資本が毀損されているということであり、貸倒れ発生時に負債勘定が減額されているだけだといっても自己資本の毀損であることには

違いはない。ゆえに自己資本は貸倒れ損失等のバッファーとして役立つわけであり、山口はこのことすなわち「信用リスクに対しては自己資本がバッファーとして役立つ」ということのみを述べるべきであった。自己資本とは負債対比の資産超過分であり、別に金庫にとってあるわけではないから当然に対応資産は存在する。そのことさえはっきり指摘しておけば山口のこの説明は無用であり、信用リスクと流動性リスクを取り違えるタイプの議論を封じることができたのではないかと思われるのである。

　なお、山口には支払準備における二次的な問題として債権の満期と債務の返済期限のズレの問題の指摘があり、これについては一方で多数債権の累積、他方で多数債務の累積があればこのズレは本質的な問題にはならないとの説明がある。この問題は基本的には銀行手形による信用代位が頭にあるようであるが、一覧払い債務の問題はこのズレの極限をなすものであっても先の貸倒れのための準備に比べれば二次的な問題であるとの説明がなされている。しかし銀行業における流動性リスクとは基本的にはズレの問題というよりは銀行が資金調達に困難をきたすことと捉えられるわけであるが、一覧払い債務の支払請求の問題は一応この問題の範疇に入ることになる。ここでも山口の説明は多数与信と分散還流という想定により流動性リスクは通常発生しないという論理構成となっており、返済還流が準備補強の役割を果たすことを必要以上に強調するものとなっている。ここでは信用リスクが小さいことがいわば流動性リスクの回避と直結されてしまっているのである。山口は銀行券の兌換請求に応えるには1債権者1債務者モデルでは限界があることから、多数債務者および順調な返済還流というモデルを導入し、ここに部分準備銀行業の成立根拠を求めた。しかしこの点は批判者達の誤解の種となり流動性リスクの面からみて不十分との批判が発生したのではないだろうか。

　当然のことながら、山口自身は銀行業において信用リスクが小さければ流動性リスクに晒されることは通常はないことは十分に理解している。ただし準備に与える返済の効果は金利分を除けば中立的といってしまった方がよいと思える。ここでは敢えて当座預金設定による貸出によるきわめて単純なモデルを考

えることにする。図表8-1-［1］はA銀行が業者Xに貸出を当座預金の設定により行った際のバランスシートである。とりあえずA銀行はこのような形態での与信が可能である。業者Xは支払いの必要がありこのような借入れをしたわけであるから、小切手を振り出し取引相手のYに支払う。Yはこの小切手を自らの取引銀行（B銀行）へと預金する。このときのB銀行のバランスシートは図表8-1-［2］のとおりとなる。B銀行は小切手を手形交換所に持ち出し（直接A銀行に請求してもよい）、A銀行はこれにたいする支払いを行わなければならない。このときのバランスシートの構成はとりあえず図表8-1-［3］のようにならざるをえないのであるが、これは通常はありえない。というのはA銀行の準備はマイナスとなっているからである。しかし無準備の自己宛一覧払い債務の創造による与信が成り立たないのかというとそうではない。A銀行は何らかの形で資金の調達を行えばよいのである。ここでももっとも単純な例を敢えて設定すればA銀行はB銀行からインターバンク市場を通じて資金調達を行えばよく、これでA銀行における流動性リスクの問題はとりあえずは解消するのである。これが図表8-1-［4］の状態であり、一度A銀行による貸出により創造された預金はA銀行からは流出したとしてもB銀行において消えずに存在していること、インターバンク市場は準備の融通の場であるという意味がわかるであろう。

　問題は業者XがA銀行に返済を行った場合である。業者Xは何らかの形で返済資金を手当する。ここでもあえて業者Xは外生貨幣を調達するというよりは、C銀行から貸出を受けた業者Zによる支払いを受けこの資金を預金に入金するという単純化した例を考えることとする。業者XがA銀行に入金した時点で預金および現金＝準備が同額だけ増加するというのが図表8-1-［5］である。ここで利息を敢えて無視すると返済の時点では貸出金および預金が消えることになり、準備がコールマネーと対応している。この姿が図表8-1-［6］である。ようするに準備に与える返済の効果は中立的であり、他形態の資金調達をこの期間行っていれば表面的にはプラスに見えるが、それは本来的には当該資金調達により準備が補強されているとみなすべきということである。利息分を

図表 8 - 1　銀行による当座預金設定後の諸変化

[1] （Xに貸出）A銀行

| 貸出金 | 100 | 預金 | 100 |

[2] （Yが小切手を入金）B銀行

| 現金（小切手） | 100 | 預金 | 100 |

[3] （手形交換後）

| 準備 | 100 | 預金 | 100
-100
→0 |

[4] （インターバンク市場で資金調達）

| 準備 | 100 | コールマネー | 100 |

[5] （Xが返済用資金を入金）

| 貸出金
準備 | 100
100 | コールマネー
預金 | 100
100 |

[6] （返済＝相殺）

| 準備 | 100 | コールマネー | 100 |

[7] （コールマネー返済）

| 準備 | 100
→0 | コールマネー | 100
→0 |

（Zに貸出）C銀行

| 貸出金
準備 | 100
-100 | 預金 | 100
→0 |

（インターバンク市場で資金調達）

| 貸出金 | 100 | コールマネー | 100 |

除けば貸し出した資金が返済されることにより準備がプラスとなることはないのである。

ここで確認しておきたいのは、図表8‒1のような関係が成り立つのは業者Xが優良債務者であることが条件となるということであり、そうであればインターバンク調達等の資金調達により銀行は流動性リスクを回避できるということである。ついでながら銀行の創造した預金は当該銀行から流出したとしても消失することはなく、それは返済により消滅すること（図表8‒1‒[7]のB銀行の預金は当初のA銀行が創造した預金が残ったものではなく──それはすでに返済により消滅している──C銀行が創造した預金である）についても確認しておきたい。

なお、山口には銀行の一覧払い債務である銀行券は滅多に支払請求を受けることはないという想定があるが、これには若干の疑問がある。銀行券は、不断の還流（支払い請求）と不断の創造（発行）があり、収縮・増発を繰り返しながら傾向的には発券量が拡大していくという想定をするのが原理論レベルでも普通ではないかと思われる。そしてこの兌換銀行券の流通根拠は資産の側の健全性であることはいうまでもない。吉田暁も兌換銀行券の流通根拠について「兌換銀行券の時代でも、兌換は銀行券の信認を高めるために必要であったことは確かだが、真の流通根拠は銀行券の発行の態様にあったのではないだろうか。つまり、経済取引のなかの信用関係がまずあって、銀行券にしろ預金通貨にしろ、その信用関係を代位するという形で信用貨幣が発行（創出）される。いい方を変えれば再生産過程に根ざした貨幣の発行還流こそが、真の流通根拠であるとすべきではないだろうか」（吉田［2002］78頁）とほぼ山口の見解と同様の見解をとっている。それはともかくとして、山口の銀行券が発行されれば還流することなしに流通界に留まり続けるという不自然な想定は預金業務の取扱いに関連しているように筆者には思えてならない。以下ではその点を中心に山口信用論についての再検討を行うこととしたい。

IV　山口信用論の再検討

　先にみたように山口信用論において預金業務の取扱いはあくまで外生貨幣を銀行が受動的に貨幣取扱業務として受け入れ、結果的にそれが支払準備の補強として流用される点を強調している。そして山口においては預金業務は銀行業務のいわば基本形ではないとの認識がある。山口の初期の著作においては「近代的銀行にあっては預金は必ずしも理論的に積極的な意味をもつものではない」（山口［1961］140頁）との記述がある。このいい方は、「理論的に」というところに大きな意味があり、また、銀行をたんなる金融仲介機関と捉え、外生貨幣を預金として受け入れ、これを貸し出すという預金先行説に対抗するものとして評価できる部分はあるにしても、現実の銀行をみるならばやはり違和感を拭い去ることはできない。銀行業の歴史をみるならば多くの銀行が放棄してきたのは山口が本来的としたはずの発券業務の方であった。たとえ権力的な強制があったとしても、それが本当に本来的な業務であり預金業務では代替不能であるのならば、業界はそれに大反対したはずである[2]。

　上記の山口の信用創造理論の展開方法は日本の信用論の発展において非常に重要な位置をもつものではあるが、吉田暁がその著書の「はしがき」において、山口の論点（山口［1961］）を当時の日本ではほとんど論じられていない点を論じたものとして評価しつつも「私は山口が銀行券で論じているのを預金通貨に読み替えて、その考え方の基準とした」（吉田［2002］iv頁）と書いていることには大きな意味があると考えられる。

　吉田は同書の他の箇所では以下のように書いている。

　「マルクス経済学の信用論にあっては——といっても私の狭い知識の範囲にとどまるが——、原理論レベルでの展開ということもあって、本来の貨幣が後景に退いてしまった20世紀後半の現実に対する有効な説明原理を与えてくれない。また原論レベルにおいても、商業信用から銀行信用への展開——それが私にとっては現代の信用創造にもつながる基本と考えるものであるが——と、貨

幣取扱資本としての銀行への現金預金の集中および現金での貸付(その回転によるいわゆる現金的信用創造論)との二元論が展開される場合が多い。銀行の成立を説く場合に、歴史的事実として双方の系譜があったことは否定できないが、理論としては出来上がった銀行がこの両面をどのように結びつけて機能しているかを明らかにすることが必要と考える」(吉田［2002］85頁)。

　ここにおける吉田の批判は、日本におけるマルクス経済学のいわゆる主流派的見解にたいして行われたものであり、山口信用論を批判したものではない。また、山口はいわゆる現金的信用創造論をその信用論において展開しておらず、筆者もそれについては無用なものと考えているが、吉田のこの議論は預金業務を原理論においてどう位置付け、それにより現状分析にどのように役立たせるかという観点からは興味深い。山口自身も原理論の現状分析のための基準としての役割を繰り返し強調している。この観点からは原理論においても信用論においては預金とは遊休貨幣資本が銀行システムの外部に形成され、それを源泉とするものがその主流をなすものであるというようなものにしない方がよいのではないだろうか。より具体的には預金業務は銀行券発行による信用代位と同時期ないしは発行された銀行券を受け入れるものとしてその直後に説かれるべきではないかと考えられる。そうすれば発行銀行券が還流することは稀で一旦発行されれば非銀行部門に保有され続けるという無理な想定をしなくともすむのである。むしろ創造された一覧払い債務(銀行券および預金)はマクロ的には銀行組織のなかに還流するのを通常と考え、そこから市中保有銀行券の増大や現金保有の増大(銀行券兌換や預金の払い戻しによる)の影響を考察する展開の方が好ましいのではないか。そうすると銀行の与信業務はむしろ基本が当座預金設定によるものとなり、銀行券は預金の引出しにより市中に出回るというものになる。さらに、銀行信用を論ずる際にはマクロの金融市場の観点をより積極的に導入し、インターバンク市場についても明確に位置付けるべきである。このような面から考えても預金業務を銀行業の基本形から排除することには大きなデメリットが存在するのである。

　筆者は、信用論において銀行手形による信用代位を説く積極的な意義はあま

り認められず、展開後の銀行資本の業務において重要な意味をもつ業務とはなりえないと考えられるので、信用論の展開の過程からは排除されてもよいと考えているが、それはともかくとして銀行券発券業務と預金業務とをほぼ同時に説くメリットは、預金とは銀行の与信行為により内生的に創造されるものであること、そしてそれが還流するものが主流であることが明らかにされることにある。そして与信業務（貸出業務）とペイメント・サービスが密接不可分なものとして展開されること、その面では発券による与信よりも当座預金設定による与信の方がメリットが大きいこと等を明らかにしうる。さらには銀行券と預金との銀行の債務としての同質性を強調する面でも望ましいと思われる。

　吉田は「近代的銀行の本質は自己宛一覧払債務（現在は預金）を貸し付けるところにある。これにより銀行は信用創造をしながら同時に金融仲介を行う。銀行がペイメントシステムの担い手であるということは、上記のことを別の側面からみたものにすぎない」（吉田［2002］83頁）ともいっているが、この観点はたとえばナロウバンク論批判として非常に有効な論点であり、その基礎規定を原理論レベルで与えることの意義は大きいと考えられるのである。

　なお、山口の信用創造の「将来の資金形成を先取りして現在の資金を創出している」ことという規定は、「現金準備以上」という点が「創造」の意味ではないということを強調している点で非常に重要である。そして信用関係が経済過程の順調な進行に裏付けされているという意味においてもそのとおりである。しかし商業信用関係におけるその強調は、貨幣（通貨）概念の安易な拡張の根を残しかねない懸念がある。その意味では、現時点においては、信用創造の規定は「銀行が貸出等の与信行為を自己宛一覧払い債務（銀行券ないし当座預金）の創造により行うこと」と定義した方がわかりやすいのではないだろうか。このことは商業信用の意義、というよりは商業手形の通貨性を山口より低く評価することにつながる。商業信用は「将来の資金形成を先取りして現在の資金を創出している」というよりは、商業手形では代金の支払いは完了しておらず、最終的な決済は現金ないし銀行券・預金で行われなければならない点こそが強調されるべきであろう。商業手形については「現在の資金を創出している」と

考えるよりは「支払いが繰り延べられている」と考える方が自然である。その意味からも期限付きの銀行手形による信用代位は重要ではなく、一覧払い債務による信用代位こそが重要視されなければならないのである。もっとも手形が転々流通する場合は新たな展開が生じる。手形流通の中間に入る資本（一方の手で信用を与え、一方の手で信用を受ける）については、通常の場合は手形は「支払の繰り延べ」とはいえず「絶対的に貨幣として機能する」（マルクス）ことになる。そしてこの場合でもデフォールトの際の支払請求はありうるわけであり、「手形の貨幣性」については限定的に捉えるべきであると考えられるのである。

　信用創造の上記の規定および商業手形の貨幣性を限定的なものと捉える考え方は、商品貨幣説批判にたいする反批判および貨幣（通貨）概念の安易な拡張に歯止めをかける上でも有効である。山口自身は精力的に商品貨幣説批判にたいする反批判を展開しており、不換銀行券についても、その兌換銀行券との差異をそれほど認めず、商品との縁は切れていないことを強調する。現代においてはクレジットカードなどは「現在の資金を創出している」と考えられることから「第三の通貨」と評価する向きもあるが、これについては身分確認と預金口座保有確認がなされているだけで、それによる支払いが行われているわけではない。現に商品購入の対価としてクレジットカードが引き渡されることはないし、支払いは通常預金により行われているのである。その他、デビットカードについては特に欧米の場合は小切手（預金の支払い指図であり支払いは預金によりなされる。したがって小切手による商品の購入も預金による購入・支払いと認識されるべきである）の代用的な側面が強いし、預金による支払いという点ではクレジットカードと同様である。また、プリペイドカードについては現金ないし預金により購入されるものであり、従来あった商品券や回数券と本質的に異なったものではない。技術革新と通貨概念の拡張とは混同されてはならないのである。

　ここでは山口自身にこのような混乱があると主張しているわけではない。しかしその周辺から商品貨幣説批判や地域通貨や電子マネーに関連して安易に通

貨概念を拡張するような議論が登場している。筆者の提案する「信用創造」概念の修正や、商業手形の通貨性の低評価は、そうした議論の根を断つ上で重要であると考えられるのである。地域通貨についてはその意義を否定するわけではないが、それは従来あった地域内での助け合いを円滑化するための工夫であり、貨幣論・金融論レベルで取り上げるものではないという印象がある。また、電子マネーについては少し前までは一大金融革新であり、これにより銀行が消滅するとの議論さえあったが、現実に世界各地でその実験は失敗し続けている。これは技術革新としては大きなものであっても性格的にはプリペイドカードとほぼ同様なものであること、その利用において現金やデビットカード、クレジットカードに比べての優位性のないことが大きいと思われる。それはともかくとしてもその他にも航空会社のマイレージ・ポイントにまで限定をつけながらも通貨性を認める議論さえある（須藤・後藤［1998］）。しかしこれは明らかに値引きないし顧客サービスの一形態であり、ここまで拡張されてしまえばチョコレートを買った際に「金の星シール」がもらえ、それをいくつか集めれば貯金箱がもらえるといった場合の「金の星シール」にまで限定をつければ通貨概念は拡張されてしまう。このような議論に対抗するためにも原理論レベルにおいては信用貨幣を含めた貨幣（通貨）とは基本的に現金および銀行券・預金通貨であると規定しておく方がよいと考えられる。

　なお、現代における通貨とは中央銀行券および預金通貨であるが、前者については金兌換は行われておらず不換銀行券となっている。山口［2000］の第二部第二章［付論］「不換銀行券と商品貨幣説」においては「不換銀行券が貨幣でありうるためには、商品との縁は切れない」（山口［2000］194頁）ことを強調している。第二部第二章は新田［1999］を批判し、山口としては珍しく不換制下の信用創造について言及したものである。ここでは山口と新田の論点は必ずしもかみ合ったものとはなっていないような印象を受けるが、山口はここでは兌換制と不換制との間の差異をそれほど大きなものとはみなしていない。（貨幣当局者は）「不換制の場合にも貨幣は単なる紙切れではないし、紙切れであってはならないということを示さなければならない」（山口［2000］189頁）

との記述は近年の日本の金融政策との関連で興味深いものがある[3]。

V　おわりに

　以上で検討してきたことの中心は、部分準備銀行業がいかにして成立しうるかということになるのであろうか。山口信用論の批判者達はマチュリティ・ギャップの問題を必要以上に重視したが、これは銀行業における信用リスクと流動性リスクの問題を誤解したからに他ならない。批判者達は、銀行をアメリカの国法銀行制度成立以前の州法銀行時代の山猫銀行のようなものとみなしたのではないだろうか。しかし銀行券の兌換請求を恐れて店舗を山奥にもっていった山猫銀行は結局のところその資産の質（および経営者の質）に問題があったのであって、これを一般的な銀行の姿とすることはできない。当然、そのような銀行が定期預金業務を展開したと仮定しても、そうした銀行は流動性リスクから逃れることなどできないのである。

　部分準備銀行業への批判ないし懸念は、銀行業が信用リスクをとること自体にも向けられる場合がある。そうすると銀行業とは100％準備であることが要請される。この議論の流れの中にナロウバンク論、コアバンク論はあるわけであるが、この種の議論は基本的に銀行危機の際に出てくるものである。しかしすぐにわかるように100％準備銀行の収益性には疑問符が付けられる。また、これらの議論は銀行をたんなる金融仲介機関と捉え、どのようにマネーサプライが増加していくかのメカニズムを明らかにしていない場合が多い。

　銀行は自らの一覧払い債務の創造により与信行為を行う。今日ではそれは預金であるが、それは借り手の支払いにより当該銀行からは流出する。しかしながら他行の創造した預金を吸収することにより銀行は失った準備金を回復することができるし、インターバンク市場を通じる準備金の調達も可能である。ここに部分準備銀行業の成立の根拠はあるわけであるが、そのためには銀行の資産の質が良好でなければならない。それはたとえば短期国債のみに投資すべきという意味ではなく、自らの判断によりリスクをとりつつ信用創造を行うとい

うことである。そしてその資産の質が悪化しない限り通常は銀行は流動性リスクに晒されることはなく、預金ないしインターバンク市場等を通じる資金調達には困らないというのが銀行の流動性リスクに関する正しい考え方であろう。銀行が流動性リスクに晒されるのは、その資産の質に疑念が生じた場合がほとんどであり、全体的な経済状態による場合もあるが、それは部分準備制度そのものに由来するものではないのである。

注
1) もっとも山口は、かつてはこのような論理展開の順序はとらずに、銀行手形による手形割引と自己資本による支払準備を説いた後に、当座預金と利子付き預金による準備金の補強を説き、銀行券の発行はその後に説くという展開方法をとっていた（山口 [1971]）。
2) 建部 [2001] は、西村 [1985] の議論を紹介し、19世紀イギリスの商業銀行において銀行券の役割は小さく預金通貨（および金貨）が重要であったことから、それらは発券業務を行っていたとしても「本質的に預金銀行に転化していた」としている。なお、西村 [1985] は、マルクス=エンゲルスがこの点（当座預金設定による信用創造）をあまりみていないのは通貨論争で関心の中心が銀行券であったことの影響を強く受けていたこと、『資本論』第Ⅲ巻第33章のノートとしての性格を示すものと解釈している。また、建部 [2001] はマルクスの信用創造論において現金的信用創造論と振替的信用創造論の二面があることを明らかにしつつも、その本質は後者であるとして信用論は展開されなければならないとしている。
3) 1990年代の日本の金融政策およびそれについての論争については本書第3章を参照されたい。なお、1990年代前半の「マネーサプライ論争」について、山口 [2000] では「いわゆる『現代通貨論争』」という1節において、その理論的な対立点について簡単に論評している。その内容は、不換制のもとで貨幣供給が内生的か外生的かを論じるのはあまりに原理的にすぎるとか、原理論でも銀行による信用創造は必ずしも受動的なものではなく、現実分析レベルにおいては中間理論が必要といったものである。この評価について簡単に感想を述べるならば、まず「現代通貨論争」というのは一部のマルクス経済学者が「マネーサプライ論争」を「通貨論争」の現代版とみなしうるとしただけで、いわゆるといいうるほど一般的な呼称ではない。具体的な論点については論争当事者の文献を紹介せずに、

「信用理論研究学会」等の議論を紹介するというのはマルクス派以外との論争を拒否するような態度で残念であるといっておきたい。また、この論争自体は貨幣供給が内生的か外生的かが論点となったわけでもない。論じられたのは日本銀行がベースマネー供給を行えばマネーサプライが増加するかどうかであり、そのような調節が金融政策として適当か否かであった。ただここにおいて貨幣供給の内生性を強調する論者（一般にはマネーサプライ論争の当事者とはみなされない論者も含めて）は、ガーレイ=ショー以降のアメリカ金融論の一般的な傾向である銀行をたんなる金融仲介機関としかみなさないような議論に対抗するものとして、金融関係の始点をベースマネー供給（ハイパワードマネーといういい方自体外生説的である）ではなく銀行による当座預金設定とみている点は認識されるべきであろう。そしてそれはフィリップス的な「本源的預金」が「派生的預金」を生み出すという類の信用創造論を否定し、少なくとも現代においては「本源的預金」なるものは存在しないことを主張している点も見逃されてはならない点である。そして内生的貨幣供給説ないしはホリゾンタリストと呼ばれる議論は、銀行が非銀行部門の需要に応じて貸出により信用創造を行うということにおいて、銀行が顧客の信用調査等による選別を行うということは当然のこととして含意されている。山口の議論にはこれらの点等について若干の誤解があるように思われる（この点については斉藤［2001］も参照されたい）。

第 8 章補遺

　本章の初出論文（斉藤［2003］）に対して、本章が検討した山口重克（山口［2004］）および新田滋（新田［2005］）が反批判を展開している。これは論文を書いた時点においてマルクス経済学、とりわけ宇野学派からはこの種の批判が想定できたものである。

　山口の批判は、ひとつには拙稿が山口の議論を誤読し、銀行券は兌換請求を滅多に受けることはないとの趣旨を「銀行券は滅多に支払い請求を受けることはない」と解釈しているというものである。私は銀行券の兌換請求が「滅多にない」かについては疑問であるが、種々の銀行券還流を認めていないとの評価を山口説にたいしているわけではない。たとえていうならば、「要求払預金はいつでも引き出されるので銀行は流動性リスクがあり存立できない」という類の議論にたいして、流動性リスクは制御可能であることを強調するあまり「預金は滅多に引き出されることはない」という誤解を与えるような言い方は好ましくないということにある。

　もうひとつの論点は拙稿が原理論レベルにおいて「預金業務を銀行券発行による信用代位と同時期ないしは発行された銀行券を受け入れるものとしてその直後に説く」ことを提案したことについて、発券の先行性は明らかであるとのものである。山口の論理はよくわからないが、産業資本の運動の過程で形成される遊休貨幣資本の存在が信用関係の基礎であることおよび手形割引により形成される預金は「外部的に形成されるものを銀行システムが先取りして内部的形成であるかのように創造するのである。事後的にせよ形成するのはあくまで銀行の外部の産業資本なり商業資本である」（山口［2004］ 4 頁）ということが理由であるようである[1]。

　これは常に内生的貨幣供給説にたいする批判としてあるものであるが、銀行による信用創造がマネーを生むということは、実体経済による裏付けがなければならないのは当然のことである。問題としているのは現実の銀行業の統合さ

れたバランスシートでもマネーサプライ統計でもよいが、そこにおけるマネーのうちで銀行により創造されたもの以外のものがあるかということである。金本位制下においては金貨幣があるではないかとの批判はあるであろうが、私としてはそれはかなり消極的にとらえてよいもののように考えている。これは金本位制の実態を分析した最近の実証研究（たとえば金井［2003］）においては、金本位制下においても金貨は少額取引に用いられていたに過ぎないとのことであり、管理通貨制下と大きな違いはないと考えてよいのではないかと考えている。

　なお、山口は当座預金設定を重視しそれを銀行業の基本をなすものとするメリットというかそうしないことによるデメリットは考えられないとしている。本章で述べたとおり初期の山口の論稿においては預金業務は非常に消極的な位置づけしか与えられていなかったものが、現在ではかなり重視されるようになってきているように読める。本章における提案はそれをさらに推し進めてはとのものであるが、山口には預金業務は銀行組織の外部に存在する貨幣を取り扱う貨幣取扱業務に淵源があるとの考えが読み取れる。当座預金設定による信用創造はその後の業務展開の過程でたまたま行われるようになったにすぎないとの観点があるのかよくわからないが、このことは貨幣取扱（業）資本をどう位置づけるかという問題とからんでくるように思われる。『資本論』第Ⅲ巻の第19章では貨幣取扱資本が利子論・信用論に先立って展開されているが、宇野学派の原論においてはそのような形では明確な位置づけがなされてはいないように思われる。本書の第7章においては貨幣取扱資本を自立した資本とすることに疑問を提示したわけであるが、銀行の預金業務をあまりに貨幣取扱業務に引き寄せて発想することに本章は疑問を提示しているわけである。銀行の預金業務について銀行組織外にある金、それもその発生は銀行組織とはかかわりのないものが預金されるというものを大きくとらえる発想である。これについては理論段階といえども極小化して考えてよいのではという提案を本章では行っているわけであるが、これには新田［2005］からも疑問が提出されている。

　新田の疑問は、新田が「金融システムは、原理論のレベルにおいても、短期

金融＝信用創造の論理だけで単系列的に展開されるのではなく、貨幣取扱＝決済システム（当座預金、銀行券）、長期金融＝貯蓄投資媒介（間接金融、直接金融）を別系列とする複合的システムととらえなければならない」（新田［2005］35頁）としているのを誤解し、商業銀行業にたいする無理解があると批判しているというものである。しかし新田の議論においてはやはり貨幣取扱＝決済システム（これは銀行業の一面であり別系列のものと筆者自身は考えないが）に関連して流動性リスクがあり「それがどれだけ小さな確率であっても、金融機構の存立構造の根幹にかかわる問題」（新田［2005］36頁）であることを重視している。本章においては基本的に小さな確率であればそれは制御可能であることをいったつもりであるが、これに加えて銀行は貸出業務により利益を生む存在であることを強調しておきたい。リスクや費用面ばかりにこだわると銀行資本の存立の基盤が見えなくなってしまうからである。また、「ある程度のリスクは甘受せざるを得ないのが資本主義社会におけるペイメントシステムの宿命」（吉田［2002］47頁）ではあるが、それが銀行業が自立しえないことには直結しない。新田はどうしても商業銀行業を不安定で自立不能なものとしたいのであろうか。しかし所与のものとしての産業資本はそれほど安定的なものかとの疑問も浮上する。流通過程は「命がけの飛躍」であり商品には売れ残りリスクがある。これにより産業資本は破綻するリスクを抱えている。これは資本主義機構の根源に関わることであり、商品の売れ残りリスクが解決されない以上資本主義社会の継続は説きえないのであろうか。理論に国家を導入し計画経済や財政出動を説くのであろうか。リスクはあっても制御可能であればたとえ周期的恐慌が想定されようともよいのではないのだろうか。発生論的に展開する新機構（資本）にはリスクがほとんどなければ自立は説けないというのは疑問である。銀行業が成り立ちえないかのような例示が、それで実際に倒産したわけでもない豊川信用金庫の取り付け騒ぎであるのなら、実際に多発している事業会社の倒産はどうなるのであろうか。倒産もしていない例が金融機構の存立にかかわり他方はシステムの存立にはかかわらないというのはよくわからないのである。

また新田のもうひとつの批判点は、拙稿は「預金通貨を用いた決済システムが高度に完成し、信用創造業務も金融仲介業務も、すべて預金通貨による決済システムを通して行われるようになった歴史的な状態を前提した議論」（新田［2005］48頁）にすぎず、そこから「銀行券発券業務と預金業務とをほぼ同時に説く」という一種の暴論が展開されているとのものであり、この点の批判は山口と同様の側面もあろう。拙稿は基本的にペイメント・サービスを銀行業務の一側面ととらえ、銀行の信用創造業務はペイメント・サービスそのもの（銀行券も預金も）であるととらえる観点から、預金を重視してはとの提案である。銀行券はそれ自体ペイメントのための手段であり、手交が基本のものである。しかしながら預金通貨においてはそれをペイメントのための手段とするには、銀行間の協働や手形交換システムのようなインフラストラクチュアが必要となる（銀行券にもこのような側面がないわけでなない）。そしてこれがなければ銀行の信用創造も不可能であることから、両者を密接不可分のものとしているわけである。

　ただいわゆる発生論的立場からは方法論的に不明確ということなのであろうが、それは外生貨幣→貨幣取扱業務→預金業務という発想にとらわれすぎているからではないだろうか。発生論において当初の銀行資本は単数か複数かはよくわからないが、新田は単数としその自立の根拠を必死で捜し求めているような印象がある。しかし銀行業において重要なのは自らの債務、しかも自らが創造する債務をマネーとするためにはインターバンクのシステムが必要であるということであろう。方法論的には難しいかもしれないが筆者は別に発生論的展開にそれほどこだわる必要はあるのかとの思いもある。発生論的に展開される信用論・金融論がどれほど素晴らしいかは、それに基づく素晴らしい現状分析により証明されなければならないのではないだろうか。そうでなければその素晴らしさは、少なくとも他学派には伝わらないに違いない。

　本章は、すべてを明確にしているわけではないかもしれないが、現状分析のために理論段階から貨幣論・信用論を大きく改変していくことも考えてはどうだろうかとの提案である。このままでは実証分析の側からは、現実に多くの研

究者がそうしていると考えられるように「原論を忘れて」分析するしかないことになってしまうようにも思われる。もちろん本書の第1章で検討したような管理通貨制モデルを用いて分析すればよいとの観点もあろうが、その際の原論の位置づけはどうすればよいかはよくわからない。さらに加えるならば、現代において価値形態論や貨幣論（特に価値尺度論）が現状のような形で経済学体系のなかにある意義はかなり消極化してきているのではないか。若い世代の経済学徒が、そのような経済学に魅力を感じるのだろうかという疑問がある。リアリティを失った「商品から始まり景気循環で閉じる美しい体系」に魅力を感じる層はどんどん減少していくに違いないと思われるのである。

注
1) 本章においては、原理論において銀行券を説いた直後に預金を説くことを提案しているわけであるが、筆者がそのような見解をもつにあたって影響を受けた議論の一部を参考のために紹介したい。たとえば辻信二の『新版　金融と銀行』の以下の記述には大きな影響を受けた。「銀行券の誕生と相前後して、預金通貨が生まれている。たとえば、前述の goldsmith（金匠）の場合、その領収書を使用する代わりに、顧客Aが、金匠宛てに為替手形を振出し、保管してある金の一定額を第三者Bに支払うよう指図して、この手形をBに渡せばどうなるか。AからBに支払が行われたと同様であり、手形は今日の小切手として機能している。知名度の高い貴族や地主層はこの方法を用い、それほど知られていない人たちは、前述の金匠の領収書（引用者注：goldsmith note のこと）を用いたといわれる。銀行券と預金通貨は、一つの源から発した二つの流れなのである」（辻［1995］78頁）。ただしこの辻の議論は、両者の同質性および発生の同時性を強調している点は同意できるが、銀行券も預金も発生の淵源を外生貨幣を吸収するものから説いている嫌いがある。他方、バジョットは、銀行家はその債務＝銀行券により貸付等を行いうることを述べた後に、それが預金銀行業の序曲をなすとしている。すなわち銀行券を保有する人々がそれを銀行に預けることが預金銀行業の始点であるとし、結局、銀行の負債において預金が主要なものとなっていくとしているのである（Bagehot（邦訳）［1941］90-95頁）。バジョットは預金銀行の発達している場所としてスコットランドを挙げ、スコットランド諸銀行およびイングランド銀行を近代銀行業の始まりとしているが、吉田暁（吉田［2002］206頁）も

ゴールドスミスやアムステルダム銀行を近代銀行業の先駆者としつつも、それがそのまま近代銀行業になったわけではないことを強調している。イングランド銀行が国債保有の代償としてえた特権は銀行券発行であり、これは商人への貸付により発行された（＝本格的な信用創造）。銀行券という通貨形態は私的債務の貨幣化（貸付・割引）により創出されたのであり、その還流は返済または預金によることを強調しているのである。

参考文献

Bagehot, W. [1873] *Lombard Street: a description of the money market*, Henry S. King. (邦訳『ロンバード街』[1974] 岩波文庫)

Bernanke,. S., Laubacch, T., Mishkin, F. S. and Posen, A. S. [1999] *Inflation Targeting*, Princeton University Press.

Clouse, J., Henderson, D., Orphanides, A., Small, D., and Tinsley [2000] "Monetary Policy When the Nominal Short-Term Interest Rate is Zero", *Finance and Economic Discussion Series 2000-51*, Federal Reserve Board.

Corrigan. E. J. [1982] "Are Banks Special ?", *Federal Reserve Bank of Minneapolis Annual Report*.

Corrigan. E. J. [1987] *Financial Market Structure—A Longer View*, Federal Reserve Bank of New York, Jan. 1987. (邦訳：日本銀行金融システム研究会『金融財政事情』1987年3月9日号、3月16日号、3月23日号、3月30日号、4月6日号)

Corrigan. E. J. [2000] "Are Banks Special ? A revisitation", *The Region,* Vol. 14 No. 1, Mar. 2000.

Galbraith, J. K. [1990] *A Short History of Financial Euforia*, Whittle Direct Books. (邦訳『バブルの物語』[1991] ダイヤモンド社)

Gorton, G. [1984] "Private Clearinghouses and the Origins of Central Banking", *Business Review*, Federal Reserve Bank of Philadelphia, Jan/Feb.

Gorton, G. [1985] "Clearinghouses and the Origins of Central Banking in the United States", *Journal of Economic History*, June.

Krugman, P. [1998] "It's baaack: Japan's slump and the return of the liquidity trap", *Brookings Paper on Economic Activity*, No. 2.

Krugman, P. [2000] "Thinking about the Liquidity Trap", *Journal of the Japanese and International Economics*, Vol. 14.

Selgin, G. H. and White, L. H. [1987] "The Evolution of a Free Banking System", *Economic Inquiry*, Vol. 25-3.

Trivoli, G. [1979] *The Suffolk Bank: A Study of a free-enterprise clearing system*, Adam Smith Institute.

相沢幸悦 [1995]『日銀法25条発動』中公新書。

飯田経夫［1996］『日本の反省』PHP新書。
板倉譲治［1995］『私の金融論』慶應通信。
伊藤修［1997］「日本の金融機関破綻処理政策」渋谷博史・井村進哉・中浜隆編『日米の福祉国家システム』日本経済評論社、第8章。
伊藤隆敏［2001a］「金融政策の目的と手段」『エコノミックス』第6号。
伊藤隆敏［2001b］『インフレ・ターゲティング』日本経済新聞社。
岩田規久男［1993］『金融政策の経済学』日本経済新聞社。
岩田規久男編著［2000］『金融政策の論点』東洋経済新報社。
植田和男［2005］『ゼロ金利との闘い』日本経済新聞社。
リチャード・A. ヴェルナー［2001］『円の支配者』草思社。
大内力［1978］『信用と銀行資本』東京大学出版会。
大森拓磨［2004］『サフォーク・システム』日本評論社。
岡正生［1988］『金融グローバル化と銀行経営』東洋経済新報社．
翁邦雄［1993］『金融政策』東洋経済新報社。
翁邦雄［1999］「ゼロ・インフレ下の金融政策について」『金融研究』（日本銀行金融研究所）1999年8月号。
翁邦雄・小田信之［2000］「金利非負制約下における追加金融緩和策：日本の経験を踏まえた論点整理」『金融研究』（日本銀行金融研究所）2000年12月号。
翁邦雄・白塚重典［2000］「非不胎化介入論の『錯覚』」『週刊東洋経済』2000年1月15日号。
翁邦雄・白塚重典［2004］「コミットメントが期待形成に与える効果：時間軸効果の実証的検討」『日本銀行金融研究所ディスカッション・ペーパー・シリーズ』2003-J-13。
小田信之［2004］「量的緩和下での短期金融市場と金融政策——日銀当座預金残高ターゲティングの分析——」『日本銀行金融研究所ディスカッション・ペーパー・シリーズ』2002-J-19。
小野英祐［1978］「銀行券の本質」日高普他編『マルクス経済学——理論と実証』東京大学出版会。
小野英祐［1978］「預金の必然性」『経済学論集』（東京大学）第44号。
加藤出［2001］『日銀は死んだのか？』日本経済新聞社。
加藤出［2004a］「金融市場の現場で何が起きているか」『経済セミナー』6月号。
加藤出［2004b］『メジャーリーグとだだちゃ豆で読み解く金融市場』ダイヤモンド社。

加藤出・山広恒夫［2006］『バーナンキのFRB』ダイヤモンド社。
金井雄一［2004］『ポンドの苦闘　金本位制とは何だったのか』名古屋大学出版会。
軽部謙介［2004］『ドキュメント　ゼロ金利』岩波書店。
菊地英博［2000］『銀行の破綻と競争の経済学』東洋経済新報社。
北原徹［1993］「金融の自由化と金融政策」岡本磐男・井上裕・高山洋一・北原徹『国際化する日本金融』第3章、時潮社。
北原徹［1995］「バブルと銀行行動」青木達彦編『金融脆弱性と不安定性』日本経済評論社、第3章。
北原徹［1998］「内生的貨幣供給と金融危機の三段階」『金融構造研究』第20号。
北原徹［2003］「量的緩和政策と現代信用貨幣制度」『武蔵大学論集』第50巻第3号。
共同通信社社会部編［1999］『崩壊連鎖』共同通信社。
黒田晁生［1992］『金融政策の話（新版）』日本経済新聞社。
黒田晁生［1997］『金融改革への指針』東洋経済新報社。
小菅伸彦［2003］『日本はデフレではない』ダイヤモンド社。
後藤新一［1997］「銀行不倒神話の崩壊と1986年以降の金融機関破綻」『証券経済研究』第10号。
小宮隆太郎［1988］『現代日本経済』東京大学出版会。
斉藤美彦［1995］「日本における破綻金融機関処理方式と預金保険制度」渋谷博史・北條裕雄・井村進哉編著『日米金融規制の再検討』日本経済評論社、第6章。
斉藤美彦［2000］「1990年代のイギリス四大銀行」『証券経済研究』第28号。
斉藤美彦［2001］「（書評）山口重克著『金融機構の理論の諸問題』」『流通』（日本流通学会）No. 14。
佐伯尚美［1997］『住専と農協』農林統計協会。
佐合紘一［1999］「サフォーク・システムの生成と崩壊」『経営研究』（大阪市立大学）第50巻第1号。
佐合紘一［2004］『ニューイングランド繊維株式会社とボストン金融機関』泉文堂。
清水功哉［2004］『日銀はこうして金融政策を決めている』日本経済新聞社。
下壮而［1985］『現代経済の透視』都市文化社。
白川方明［2001］「ゼロ金利制約とB/S調整下の金融政策」『エコノミックス』第5号。
白川方明［2002］「『量的緩和』採用後一年間の経験」小宮隆太郎・日本経済研究センター編『金融政策論議の争点』日本経済新聞社、第4章。
杉浦克己［1977］「中央銀行」佐藤金三郎他編『資本論を学ぶV』有斐閣。

白塚重典［1998］『物価の経済分析』東京大学出版会。
白塚重典［2005］「わが国の消費者物価指数の計測誤差：いわゆる上方バイアスの現状」『日銀レビュー』2005-J-14。
鈴木淑夫［1984］「金融革新と金融システム」『証券経済時報』24-5号。
鈴木淑夫［1993］『日本の金融政策』岩波新書。
須田慎一郎［1998］『長銀破綻』講談社。
須田美矢子［2004］「量的緩和政策について」『日本銀行調査月報』1月号。
須藤修・後藤玲子［1998］『電子マネー』ちくま新書。
髙尾義一［1994］『平成金融不況』中公新書。
髙尾義一［1998］『金融デフレ』東洋経済新報社。
建部正義［1997］『貨幣・金融論の現代的課題』大月書店。
建部正義［2000］「新しい金融論の誕生へ向けて」『商学論纂』第41巻第6号。
建部正義［2001］「マルクスの信用創造論について」『商学論纂』（中央大学）第42巻第5号。
立脇和夫［1998］『改正日銀法』東洋経済新報社。
辻信二［1995］『新版　金融と銀行』学文社。
坪谷二郎［1997］『金融破綻と銀行経営』中央経済社。
靎見誠良［1991］『日本信用機構の確立』有斐閣。
外山茂［1980］『金融問題21の誤解』東洋経済新報社。
中島将隆［2004］「国債の補完供給制度と新現先方式のレポオペ」『証研レポート』第1625号。
中野広策［1974］「『発券の集中』問題についての一考察」『金融経済』第145号。
中野広策［1979］「商業流通・一般的流通と『発券の集中』問題」『山形大学紀要（社会科学）』第9巻第2号。
中野広策［1980］「中央銀行の生成と発券独占の論理」『金融経済』第181号。
中野広策［1984］「小切手の原理上の機能と位置」『山形大学紀要（社会科学）』第14巻第2号。
中野広策［1989］「商業信用の限界と貨幣取扱業務」『山形大学紀要（社会科学）』第19巻第2号。
中原伸之［2002］『デフレ下の日本経済と金融政策』東洋経済新報社。
那須正彦［1987］『現代日本の金融構造――資金循環分析による実証と国際比較』東洋経済新報社。
西川元彦［1984］『中央銀行』東洋経済新報社。

西村閑也［1985］「信用制度のもとでの流通手段」富塚良三・服部文男・本間要一郎代表編集『資本論体系』第6巻。

西村閑也・林直嗣編著［1993］『現代世界の金融政策』日本経済評論社。

新田滋［1997］「信用創造論の批判的検討——フィリップス説と山口・小島説の問題点から——」『人文学部紀要・社会科学学科』（茨城大学）第30号。

新田滋［1999］「資本市場と恐慌」『人文学部紀要・社会科学論集』（茨城大学）第32号。

新田滋［2004］「支払準備、貸倒引当、自己資本について」『茨城大学政経学会雑誌』第74号。

新田滋［2005］「信用創造と今朝維システム——預金設定原理主義の批判——」『人文学部紀要・社会科学論集』（茨城大学）第41号。

日本銀行金融研究所／翁邦雄・白塚重典・田口博雄編著［2001］『ポストバブルの金融政策』ダイヤモンド社。

日本銀行銀行論研究会編［2001］『金融システムの再生に向けて』有斐閣。

日本経済新聞社編［1996］『誰が銀行をつぶしたか』日本経済新聞社。

日本経済新聞社編［2000］『金融迷走の10年』日本経済新聞社。

浜田宏一［1999］「自縄自縛の日本銀行」『週刊東洋経済』1999年3月6日号。

浜田宏一［1999］「日銀の不胎化政策は間違っている」『週刊東洋経済』1999年11月13日号。

花原國吉［2000］『金融行政の崩壊』同時代社。

原田泰［1999］『日本の失われた十年』日本経済新聞社。

春田素夫［1962］「中央銀行」鈴木鴻一郎編『信用論研究』法政大学出版局。

深井英五［1928］『通貨調節論』日本評論社。

深尾光洋・吉川洋編［2000］『ゼロ金利と日本経済』日本経済新聞社。

藤井良弘［2000］『頭取たちの決断』日本経済新聞社。

藤井良広［2004］『縛られた金融政策——検証日本銀行——』日本経済新聞社。

北海道新聞社編［1999］『拓銀はなぜ消滅したか』北海道新聞社。

堀内昭義［1998］『金融システムの未来』岩波新書。

本田敬吉［1995］『これならわかる為替』有斐閣。

増渕寛隆［1998］「リスク管理債権の開示について」『金融』第613号。

松澤卓二［1988］「金融回顧」『第58回都市銀行研修会講義集』。

松本朗［2003］「超金融緩和政策と『デフレ』が共存する条件——インフレ発生の可能性をめぐる一試論」『武蔵大学論集』第50巻第3号。

丸山真人［1980］「発券の集中と銀行組織の形成」菅原陽心他著『価値と市場機構』時潮社。
丸山真人［1981］「信用制度と利子」『経済学研究』（東京大学大学院）第24号。
丸山真人［1984］「中央銀行と資本の論理」伊藤誠・桜井毅・山口重克編『利子論の新展開』社会評論社。
三重野康［1995］『日本経済と中央銀行』東洋経済新報社。
宮崎義一［1992］『複合不況』中公新書。
宮崎義一［1997］『ポスト複合不況』岩波書店。
宮沢和敏［1996］「現代信用論の展開――一覧払い債務の流通根拠をめぐって」『月刊フォーラム』8月号。
宮沢和敏［1997］「一覧払債務の流通根拠――山口重克氏の銀行信用論の検討――」『茨城大学政経学会雑誌』第66号。
山一證券株式会社社史編纂委員会編［1998］『山一證券の百年』山一證券株式会社。
山口重克［1961］「商業信用と銀行信用」鈴木鴻一郎編『信用論研究』法政大学出版局、III.（山口［1984］に第三章「信用機構と銀行券流通」として再録）。
山口重克［1971］「金融の原理的機構」小野英祐・志村嘉一・玉野井昌夫・春田素夫・山口重克共著『現代金融の理論』時潮社、第一章（山口［1984］に再録）。
山口重克［1983］『資本論の読み方――宇野弘蔵に学ぶ』有斐閣。
山口重克［1984］『金融機構の理論』東京大学出版会。
山口重克［1985］『経済原論講義』東京大学出版会。
山口重克［2000］『金融機構の理論の諸問題』御茶の水書房。
山口重克［2001］「金融システムの原理」山口重克・小野英祐・吉田暁・佐々木隆雄・春田素夫共著『現代の金融金融システム：理論と構造』東洋経済新報社、第1章。
山口重克［2004］「銀行信用論ノート」『アソシエ21ニューズレター』7月号。
山田伸二［2003］『静かなるデフレ』東洋経済新報社。
山脇岳志［1998］『日本銀行の真実』ダイヤモンド社。
山家悠紀夫［1997］『偽りの危機　本物の危機』東洋経済新報社。
山家悠紀夫［1999］『日本経済気掛かりな未来』東洋経済新報社。
山家悠紀夫［2005］『景気とは何だろうか』岩波新書。
楊枝嗣朗［1983］「銀行資本、預金・発券業務成立の必然性」『佐賀大学経済論集』第16巻第2号。
楊枝嗣朗［1983］『貨幣・信用・中央銀行』同文舘。

横山昭雄［1977］『現代の金融構造』日本経済新聞社。

吉田暁［1976］「都市銀行のシェア低下と資金偏在」大内力編『現代資本主義と財政・金融3　現代金融』東京大学出版会。

吉田暁［1992］「金利自由化と金融政策」熊野剛雄・龍昇吉編『現代の金融［下］現代日本の金融』大月書店、第2章。

吉田暁［2002］『決済システムと銀行・中央銀行』日本経済評論社。

龍昇吉［1999］『日本の金融恐慌は再来するか』学文社。

渡辺努［2001］「デフレーションと金融政策」『エコノミックス』第5号。

初出一覧

第1章	「内生的貨幣供給説としての日銀理論」	『広島県立大学論集』第4巻第1号	2000年
第2章	「金融政策」	『繁栄と破綻』(日本経済評論社) 第4章	1998年
第3章	「1990年代の金融政策」	『金融システムの変容と危機』(御茶の水書房) 第10章	2004年
第4章	「『量的緩和』後の金融政策」(陳迅との共著)	『証券経済研究』第49号	2005年
第5章	「金融自由化の進展と都市銀行の対応」	『証券研究』第93巻	1990年
第6章	「預金取扱金融機関」	『繁栄と破綻』(日本経済評論社) 第1章	1998年
	「戦後日本型システムの転換－バブル崩壊と金融行政－」	『市場化とアメリカのインパクト』(東京大学出版会) 第7章	2001年
第7章	「中央銀行論の方法」	『市場システムの理論』(御茶の水書房) 第8章	1992年
第8章	「銀行業における信用リスクと流動性リスク」	『武蔵大学論集』第50巻第3号	2003年

索 引

【あ行】

アウトサイドマネー 17
アコード 71
後積み制度 38
板倉譲治 29
一般物価 45
岩田規久男 6
インターバンク金利 7
インターバンク市場 18, 19, 37, 41, 115, 183, 227, 231
インパクトローン 118
インフレーション・ターゲティング 73, 81, 97
エクイティ・ファイナンス 45, 136, 151
円建BA市場 112
追い貸し 163
大口定期預金 117
オープン市場 41
翁邦雄 6, 70

【か行】

カードローン 126
外国為替専門銀行制度 191
改正日本銀行法 35
外生的貨幣供給説 9, 54, 70
外生貨幣 224
貸し渋り 184
貸倒引当金 225
片端入れ 55
加藤出 75
貨幣取扱資本 210
貨幣取扱費用 202
期待インフレ率 8, 96
業態別子会社方式 154
業務分野規制 110
銀行券 20, 221, 224
銀行の証券業務に関する3原則 144
金融コングロマリット 194
金融再生委員会 188
金融再生トータルプラン 187

金融再生プログラム 193
金融再生法 188
金融先物市場 112
金融三法 176
金融システム安定化関連二法 183
金融自由化 109
金融制度調査会 143
金融庁 187
金利規制 110
金利減免 163
金利の非不制約 70
金利リスク 219
クルーグマン 84
クレジットカード 233
クレジットライン 92
決済勘定 30
決済用預金 193
原価法 143
現先市場 111
コアバンク論 235
公開市場操作 40
交換所通貨 209
公定歩合（操作） 9, 39, 54, 60
公的資金 185
コール市場 19, 98, 115
コールレート 60, 85
ゴールドスミス 29
国債価格支持政策 71
国債の大量発行 110
国債の補完供給制度 90
国債引受シンジケート団 139
個人信用情報センター 126
国家紙幣 26
小宮隆太郎 23
コリガン 30

【さ行】

債券レポ取引市場 56
在日外国銀行 91
債務者預金 119
裁量行政 165

サフォークシステム　213
三業種規制　162,173
三洋証券　181
CP市場　112
資金援助方式　169
自己資本比率規制　49,136,151
資産価格　45
市場金利連動型預金（MMC）　117
実効金利　119
実質金利　8
支払準備　225
ジャパン・プレミアム　175
自由金利預金　113
修正母体行方式　175
住専処理法　175
住宅金融専門会社　172
住宅ローン　126
準備預金（制度）　6,9,18,37
紹介預金　170
償却原価法　90
商業銀行業務　225
商業銀行主義　123
証券取引審議会　144
譲渡性預金（CD）　111
消費者信用　125
消費者物価指数　63,73,81,85
商品貨幣説　233
商品有価証券売買益　134
上方バイアス　63
所要準備　12
新金融安定化基金　175
新銀行法　111
新現先方式によるレポオペ　90
真正手形主義　123
信用貨幣　25
信用乗数　8,24,68,95
信用創造（論）　14,36,39,160,232
信用リスク　219,224
スタグフレーション　109
スプレッド貸出　118
スワップ取引　130
政策委員会　35
成長通貨の供給　89
制度問題研究会　154
ゼロ金利政策　9,53,69
セントラル・バンキング　25,201

専門金融機関制度　110,191,192
早期是正措置　176,187
総合取引　121
総量規制　162,173

【た行】

貸借関係　25
兌換請求　222
建部正義　28
短期国債（TB）　141
短期国債オペ　58
短期プライムレート　118
短資会社　13,72
中央銀行信用　16
中央銀行の独立性　35,36,102
中間目標　61
中期国債ファンド　111
中期利付国債　141
中小企業向貸出　121
超過準備　7,9,85
超過準備ターゲティング　12
超過累進制　42,58
長期貸出　123
長期国債買切りオペ　9,69,88
長期信用銀行制度　168,191
貯蓄銀行業務　225
積みの進捗率　8,38,67
低価法　143
定期預金　221
ディスインターミディエーション　109,111
ディスクロージャー　121,163,169
手形交換所　202,209
手形市場　115
手形割引業務　220
手数料収支　132
デビットカード　233
デフレ・スパイラル　53
電子マネー　234
東京オフショア市場　112
当座預金　221
当座預金設定　231
独占禁止法　136
特定金銭信託　130
特別公的管理　188,190
特例法方式　154
とばし　182

索引　257

外山茂　23

【な行】

内外資本移動規制　110
内国為替手数料　133
内生的貨幣供給説　13, 23, 26, 30, 54
中野広策　202
中原伸之　83
ナロウバンク論　235
西川元彦　25, 201
日銀券ルール　88
日銀特融　55
日銀理論　13
日米円ドル委員会　111
日米金融摩擦　111
新田滋　220
日本銀行当座預金残高　85
日本債券信用銀行　189
日本長期信用銀行　189
日本版ビッグバン　176

【は行】

派生的預金　14, 30
発券益　206
発券の集中　202
バブル　46
バランスシート規制　153
非不胎化政策　9, 69
ファンドトラスト　130
フィリップス　14
深井英五　13
不換銀行券　26
札割れ　85, 87
物価の安定　36, 39
不動産融資規制　49
部分準備銀行業　226, 235
プラザ合意　43, 159
ブラックマンデー　46
プリペイドカード　233
不良債権　163
ペイオフ　169, 190, 193
ベースマネー・コントロール　66, 82

ベースマネー・ターゲティング　12
変動金利貸出　124
法貨規定　28
ポートフォリオ・リバランス効果　83, 94
簿価通算　130
補完的項目　49
母体行　173
北海道拓殖銀行　180
ボルカー・ショック　82
本源的預金　14, 30

【ま行】

マイナス金利　92
マクロード　29
マチュリティ・ギャップ　220, 225
窓口指導　41, 42, 60
マネーサプライ　18, 61
マネーサプライ論争　6, 65
マネーポジション　19
マネタリスト　10
宮沢和敏　220
無担保コール市場　60

【や行】

山口重克　220
預金業務　231
預金準備率操作　39, 40, 42
預金の全額保護　169, 170
預金保険機構　166
横山昭雄　14
吉田暁　28, 219, 230

【ら行】

リスクウェイト　152
流動性の罠　101
流動性リスク　219, 224
「量的緩和」政策　81, 84
両端入れ　55, 68
臨時金利調整法　110
レギュラトリー・タックス　42
ローンポジション　19
ロクイチ国債　140

【著者紹介】

斉藤　美彦（さいとう・よしひこ）

1955年　北海道生まれ
1979年　東京大学経済学部卒業
同　年　全国銀行協会連合会（現 全国銀行協会）入社
1986～87年　ロンドン大学（LSE）大学院研究生
1990年　(財)日本証券経済研究所入所
1992年　ロンドン大学（SOAS）客員研究員
1995～96年　オックスフォード大学（セント・アントニーズ・カレッジ）シニア・アソシエート・メンバー（スワイヤ・キャセイ・パシフィック・フェロー）
1997年　広島県立大学経営学部助教授
現　在　獨協大学経済学部教授
　　　　(財)日本証券経済研究所客員研究員、中央大学経済研究所客員研究員を兼務。博士（経済学）
主な業績　『リーテイル・バンキング―イギリスの経験―』時潮社、1994年
　　　　『イギリスの貯蓄金融機関と機関投資家』日本経済評論社、1999年

金融自由化と金融政策・銀行行動

2006年9月15日　第1刷発行　　定価（本体3200円＋税）

著　者　斉　藤　美　彦
発行者　栗　原　哲　也
発行所　株式会社　日本経済評論社

〒101-0051　東京都千代田区神田神保町3-2
電話　03-3230-1661　FAX　03-3265-2993
E-mail: nikkeihy@js7.so-net.ne.jp
URL: http://www.nikkeihyo.co.jp/
印刷＊藤原印刷・製本＊美行製本
装幀＊渡辺美知子

乱丁落丁本はお取替えいたします。　Printed in Japan
© SAITO Yoshihiko, 2006　　ISBN4-8188-1879-8

・本書の複製権・譲渡権・公衆送信権（送信可能化権を含む）は㈱日本経済評論社が保有します。
・JCLS〈㈱日本著作出版権管理システム委託出版物〉
本書の無断複写は著作権法上での例外を除き禁じられています。複写される場合は、そのつど事前に、㈱日本著作出版権管理システム（電話03-3817-5670、FAX03-3815-8199、e-mail: info@jcls.co.jp）の許諾を得てください。

オンデマンド版

イギリスの貯蓄金融機関と機関投資家
斉藤美彦 著
A5判 三八〇〇円

友愛精神により創設された英国の貯蓄金融機関（住宅金融組合等）は、いま、吸収合併、銀行への転換を迫られている。金融自由化を背景に、機関投資家との関連で分析する。

安定成長期の財政金融政策
——オイルショックからバブルまで——
財務省財務総合政策研究所 編
A5判 五四〇〇円

昭和四〇年代後半以降において財政、金融、対外経済の混合政策がなぜ必要とされたか、政府内のどのようなプロセスによって決定されたかなどを明らかにし、総括する。

決済システムと銀行・中央銀行
吉田 暁 著
A5判 三八〇〇円

経済システムは基本的には預金振替のシステムであり、これを通じて預金はマネーとなるという認識の下に、電子マネー、金融の不安定性から、当面の金融政策に至る論点を提起。

繁栄と破綻
——金融機関バブルのコスト——
小林和子 編著
四六判 二六〇〇円

バブル経済崩壊後の長期不況にある日本経済。「バブルの時代」から何を学び、何を学ばなかったのか。銀行、証券、保険、ノンバンクの行動と金融行政の政策と責任を分析。

アジア通貨危機とIMF
荒巻健二 著
A5判 二八〇〇円

アジア危機の原因は各国の構造問題にあったのか、それともグローバル化した金融市場の不安定の現われだったのか。IMF、米国と日本の対応の違いを検証する。

（価格は税抜）　日本経済評論社